アレクサンドリアとオールド・カイロの調査写真
(2008年11月／著者撮影)

写真1-1　聖マルコ教会内部にある福音史家マルコのモザイク像

写真1-2　同教会内部

写真1-3　同教会にあるパンと魚のモザイク

写真2-1　アレクサンドリア市内にある遺跡公園

写真2-2　ポンペイウスの柱（カエサルが宿敵ポンペイウスを称えるためにこれを建てたとの逸話に基づいてこの名で呼ばれてきたが，実際は紀元後3世紀末の建造物）

写真2-3 ポンペイウスの柱の下にある地下回廊遺跡入口。柱の下にはかつてセラピス神殿（セラペイオン）と小図書館があったことが知られている

写真2-4 地下回廊に続く壁龕群（niches）。ここには巻物ないしは祭具が収蔵されていたとみなされている

写真3-1　世界各国の言語が刻まれた新アレクサンドリア図書館の外壁

写真3-2　同図書館の内部

写真3-3　同図書館の内部

写真3-4　同図書館内の考古学博物館に展示されているパピルス写本

写真3-5　前2世紀頃の犬のモザイク（新図書館建設時の1993年に建設現場から発見された）

写真3-6　古代のランプ（同）

写真4-1　アレクサンドリア市内からアブ・ミーナ遺跡に向かう国道沿いに続くマレオティス湖と砂漠の風景（ユダヤ人フィロンの『観想的生活』に描かれた禁欲主義集団テラペウタイの居住地とされる）

写真4-2　世界遺産に指定されたアブ・ミーナの遺跡（4世紀に殉教した聖メナスの奇跡によって8世紀まで有名な巡礼地として各地から多くの巡礼者を集めたが後に廃墟となる）

写真4-3　同遺跡の入り口に建てられた礼拝堂（聖メナスの聖遺物を収めている）

写真4-4　1959年に創立されたアブ・ミーナ修道院内のコプト教会の聖マリア教会
　　　　（アブ・ミーナ遺跡に隣接）

写真5-1　アレクサンドリア沿岸風景

写真5-2　地震によって倒壊したファロスの灯台跡に15世紀のマムルーク朝時代に建てられたカイト・ベイ要塞

写真6-1　近年海底から発掘されたセラピス神像
（アレクサンドリア国立博物館に展示）

写真6-2　同　ファラオの頭部像

写真7-1 聖家族が避難したとの福音書伝承に基づき，オールド・カイロ地区に建てられた聖ゲオルギウス修道院

写真7-2 ローマ帝国時代の塔の上に建てられたコプト教会のムアッラカ教会

聖書解釈者オリゲネスとアレクサンドリア文献学

聖書解釈者オリゲネスとアレクサンドリア文献学

復活論争を中心として

出村 みや子 著

知泉書館

目　次

略語一覧 …………………………………………………………………… viii

序　論 ……………………………………………………………………… 3
　1. 問題の所在 …………………………………………………………… 3
　2. オリゲネス研究史の回顧 …………………………………………… 9
　3. オリゲネス研究の新たな展開 ……………………………………… 14
　4. 本書の構成 …………………………………………………………… 25

第1章　オリゲネスとアレクサンドリア文献学 …………………… 31
　Ⅰ　初期キリスト教とアレクサンドリア ……………………………… 31
　　1. 古代都市アレクサンドリア ……………………………………… 31
　　2. 最初期のアレクサンドリア教会に関する資料 ………………… 39
　　3. オリゲネスとアレクサンドリア文献学 ………………………… 45
　Ⅱ　オリゲネスとアレゴリー解釈 ……………………………………… 50
　　1. アレクサンドリアの聖書解釈の系譜 …………………………… 51
　　2. オリゲネスの聖書解釈の方法 …………………………………… 54
　　3. 「サラーハガル伝承」の解釈 …………………………………… 60
　　4. オリゲネスのパウロ引用（ガラ 4:21-24） …………………… 65
　　5. アレゴリー解釈から転義的解釈（トロポロギア）へ ………… 71

第2章　オリゲネスの復活理解とギリシア思想 …………………… 77
　Ⅰ　『ケルソス駁論』における論争の問題 …………………………… 78
　　1. 『ケルソス駁論』の成立の経緯 ………………………………… 78
　　2. 『ケルソス駁論』における論争的手法 ………………………… 90
　　3. 『ケルソス駁論』における修辞的手法 ………………………… 91
　Ⅱ　復活をめぐる論争と聖書解釈 ……………………………………… 96

1.「黄泉帰り」と「甦り」……………………………………………97
　　2. 福音書の復活物語は幻覚の産物か………………………………104
　　3. 魂の不滅か、身体の復活か………………………………………107
　　4.「変化」の概念の論争的意義……………………………………114
　　5. オリゲネスとプラトン主義………………………………………119

第3章　オリゲネスと初期キリスト教の復活理解……………125
Ⅰ　初期キリスト教の復活論とグノーシス主義……………………127
　　1. 復活に関する証言とオリゲネス…………………………………127
　　2. 新約聖書の復活理解とユダヤ教の黙示思想……………………130
　　3. 反仮現論モティーフとその展開…………………………………136
　　4. 肉体の復活信仰と殉教……………………………………………143
Ⅱ　オリゲネスと反異端論者のグノーシス主義論駁………………145
　　1. パウロ書簡の受容の問題…………………………………………145
　　2. 反異端論者の論争の特徴…………………………………………147
　　3. 反異端論者の傾向性と論争の争点………………………………150
　　4. 正統的教会の復活理解の一定式…………………………………153
　　5.『諸原理について』における復活定式の使用…………………155
　　6.『諸原理について』成立の経緯と反異端論争…………………160

第4章　オリゲネスの復活理解と反グノーシス主義論争…………165
　　1. 復活・顕現伝承理解と霊的解釈法（アナゴーゲー）…………165
　　2.「エピノイア論」…………………………………………………172
　　3. オリゲネスとアレクサンドリアの聖書伝承……………………178
　　4.『ヨハネ福音書注解』における反グノーシス主義論争………184
　　5.『マタイ福音書注解』における「パウロ主義」………………192

第5章　オリゲネスの聖書解釈とユダヤ教……………………………199
　　1. オリゲネスと反ユダヤ主義………………………………………199
　　2. オリゲネスのヨセフス引用………………………………………203
　　3. オリゲネスの福音書解釈と反ユダヤ主義………………………209
　　4.『ヘクサプラ』の編集意図………………………………………214

第6章　オリゲネス神学が異端とみなされた経緯 …………………… 221
1. アレクサンドリア退去問題……………………………………………222
2. 禁欲主義の隆盛とオリゲネス主義……………………………………226
3. エピファニオスの『パナリオン』と反異端論の系譜………………233
4. 『パナリオン』64における「異端者」像……………………………237
5. オリゲネスの復活論批判………………………………………………243
6. 「球体の体」の問題……………………………………………………247
7. オリゲネスの神学的遺産と「テクスト共同体」……………………250

結　論……………………………………………………………………………255

あとがき……………………………………………………………………………263
参考文献表…………………………………………………………………………267
索引（人名・文献・用語）………………………………………………………281

略号一覧

オリゲネス著作略号表

Com	Commentary
Hom	Homily
Ser	Commentariorum series
Fragm	Fragmenta
Sel	Selecta
Exc	Excerpta
CCels	Contra Celsum
PArch	PeriArchon

叢書等略号表

ANRW	Aufstieg und Niedergang der römischen Welt
GCS	Die griechischen christlichen Schriftsteller
HThR	Harvard Theological Review
JThS	Journal of Theological Studies
LCL	Loeb Classical Library
NTS	New Testament Studies
PG.	Patrologia Graeca
PL	Patrologia Latina
SC.	Sources Chrétiennes
S.V.F.	von Arnim (ed.) Stoicorum Veterum Fragmenta
ZKG	Zeitschrift für Kirchengeschichte

新約聖書略号表

マタ	マタイによる福音書		Ⅰテモ	テモテへの手紙一
マコ	マルコによる福音書		Ⅱテモ	テモテへの手紙二
ルカ	ルカによる福音書		テト	テトスへの手紙
ヨハ	ヨハネによる福音書		フィレ	フィレモンへの手紙
使	使徒言行録		ヘブ	ヘブライ人への手紙
ロマ	ローマの信徒への手紙		ヤコ	ヤコブの手紙
Ⅰコリ	コリントの信徒への手紙一		Ⅰペト	ペトロの手紙一
Ⅱコリ	コリントの信徒への手紙二		Ⅱペト	ペトロの手紙二
ガラ	ガラテヤの信徒への手紙		Ⅰヨハ	ヨハネの手紙一
エフェ	エフェソの信徒への手紙		Ⅱヨハ	ヨハネの手紙二
フィリ	フィリピの信徒への手紙		Ⅲヨハ	ヨハネの手紙三
コロ	コロサイの信徒への手紙		ユダ	ユダの手紙
Ⅰテサ	テサロニケの信徒への手紙一		黙	ヨハネの黙示録
Ⅱテサ	テサロニケの信徒への手紙二			

聖書解釈者オリゲネスと
アレクサンドリア文献学

―― 復活論争を中心として ――

序　論

---

1. 問題の所在

　地中海の真珠と称えられるアレクサンドリアの地は，西洋思想史において2世紀の天文学者で天動説を唱えたプトレマイオスや医者ガレノス，ユダヤ人フィロン，キリスト教神学者のクレメンスとオリゲネス，3世紀の新プラトン主義哲学者プロティノスらを輩出した学術・文化都市として記憶されている。近年フランスの捜査隊が，後に地震やたび重なる災害のために海底に沈んだプトレマイオス朝時代の遺跡を次々と発掘する中で都市の全貌が徐々に明らかになり，今世紀初頭にはユネスコによるアレクサンドリア図書館の再興事業が完成し，古代地中海世界において稀有な文化的繁栄を画した古代都市アレクサンドリアに現在世界の関心が集まっている。

　この書のテーマであるオリゲネスの生誕の地であり，後にアレクサンドリア学派と称されるような聖書解釈の伝統の成立と継承という点でも重要な役割を果たした古代都市アレクサンドリアであるが，今日訪れてみるとかつてヘレニズム時代を代表する古代都市として栄えた輝きの跡はほとんど何も残っていない。それはその後のアレクサンドリアの地が辿った変遷の歴史と関係している。ヘレニズム時代にこの地の異教とキリスト教，ユダヤ教の学者たちによって築かれた宗教・文化的伝統は，4世紀のキリスト教の公認後に出された異教禁止令のゆえに，まずは異教の学術研究の伝統に終止符が打たれ，その後多くのユダヤ人が都市から追放され，やがて642年にアラブの将軍アムルがエジプトを占領して以降はイスラームの支配下でキリスト教の宗教・文化学的伝統も途絶えてしまったからである。

　筆者は2008年11月に調査のためにアレクサンドリアを訪れ，2002

年にオープンした新アレクサンドリア図書館やコプト時代のキリスト教遺跡を訪ねる機会を得たが，オリゲネスの時代のアレクサンドリアについて知るには目下のところ文献資料の考古学的研究，つまり過去の断片的証言をふるい分けながら，当時の状況を再構成するしかないことを確認した[1]。従って本書は，残された文献資料を手掛かりとして，オリゲネスと古代アレクサンドリアの宗教・文化的伝統との関わりを，彼の聖書解釈に定位して歴史的に明らかにしようとする試みである。

　古代都市アレクサンドリアの名は，東方遠征を行ってヘレニズム文化圏を築いたマケドニアの王アレクサンドロスにちなんで命名されたものである。彼の死後，プトレマイオス朝の三代の王たちは交易によって得た富をこの都市の文化事業につぎ込み，世界の七不思議に数えられたファロス島の灯台や王立図書館，Museum の語源となったムーセイオン（学芸の守り神ムーサイを祀る聖域）と呼ばれる学術研究センター，神殿セラペイオンとその聖域内の姉妹図書館を建設し，国内外から優秀な学者たちを招聘して経済的に支援し，アレクサンドリアは国際的な学術都市としても，また交易と金融の中心としても繁栄することになり，後に初期キリスト教の時代には早くから重要な宣教の拠点となった。

　このアレクサンドリアにおいて異教とキリスト教，ユダヤ教の関係は，異教による迫害や抗争事件も頻発していたものの，比較的長い間微妙な均衡を保っていた。しかし4世紀末のテオドシウス帝の時代（379-396年）になると，帝国の迫害の対象となっていたキリスト教の立場がキリスト教の国教化政策によって大きく転換したことを機に異教禁止令が出され，この地の図書館や神殿が破壊されてそこで推進されていた学術研究の伝統に終止符が打たれた上，多くのユダヤ人が町から追放されることになった。

　近年の宗教学において西欧の近代化に対する批判と相まって，ユダヤ

---

1) 出村みや子「調査報告　アレクサンドリアの新図書館と古代遺跡を訪ねて」，『ヨーロピアン・グローバリゼーションと諸文化圏の変容研究プロジェクト報告書II』東北学院大学オープン・リサーチ・センター，2009年3月，466-471頁。なお近年の海底の発掘調査について，ジャン・イヴ・アンプルール『甦るアレクサンドリア』周藤芳幸監訳，河出書房新社，1999年，フランク・ゴディオ［総合監修］，近藤二郎［日本展監修］『海のエジプト展　海底からよみがえる，古代都市アレクサンドリアの至宝（2009年に横浜で開催された展覧会の日本語図録）』2009年，朝日新聞社参照。

教，キリスト教，イスラームといった一神教の暴力性，排他性の問題が盛んに指摘されるようになったが，歴史的経緯を辿ってみると事態はさほど単純ではない。イエスによるユダヤ教内改革から出発した原始キリスト教は，その後多様な歴史・文化的背景を有する多元的な地中海世界に進展するにつれて，地中海世界の各主要都市を拠点として数多くの共同体を生み出していった。キリスト教は古典ギリシア・ラテン文化と並んで西欧文化の源流となるという歴史的展開を遂げてゆくが，地中海世界の各地に散在したキリスト教共同体は当初は周辺世界から孤立した「セクト」的状態にあり，ほとんど目立たない少数集団であった。古代教会が周辺世界との交流・衝突を通じてヘレニズム世界に浸透し，その後揺るぎない地位を確立してゆくまでには，地中海世界への伝道の拡大の過程でヘレニズム社会の文化的伝統との葛藤・衝突，ローマ帝国による迫害，グノーシス主義やモンタノス主義などの異端的集団の問題，キリスト論論争などの様々な問題に直面しなければならなかった。

　新興の取るに足らない宗教集団として地中海世界に現れたキリスト教会が激しい迫害の対象となりながらも，4世紀以降にはどのように帝国の支配的な宗教となっていったのかという問題の解明には，周辺世界の文化的状況との関わりが大きく作用したことを考慮する必要がある。この問題の解明にとって重要な鍵となっているのが，古代地中海世界有数の文化都市アレクサンドリアで生まれた教会著述家オリゲネス（185-254年頃）であった。というのもキリスト教はその成立当初から一枚岩ではなく，むしろ成立当初においては他宗教との多様な関係（それは相互交流の場合もあれば抗争の場合もある）を通じてそのアイデンティティを形成していったが，オリゲネスの著作にはそうした古代教会の取り組みの痕跡が豊富に残されているからである。オリゲネスが残した多くの神学的著作は西欧精神の形成にとって，しばしばアウグスティヌスと並べられるほどの影響力を持つと言われる。

　このように古代教会史において重要な位置を占めるオリゲネスは，伝統的な教理史や教父学の対象であるのみならず，多様な価値観の平和・共存が求められる現代のグローバル化した宗教・文化的状況において急速に学問的関心の対象となってきている。というのも古代アレクサンドリアは，多様な文化や宗教の出会いの場として，異質な諸文化の混交・

融和を成し遂げた古代有数の都市として歴史に刻まれており，この都市において形成されたオリゲネスの著作には，宗教多元主義，宗教間対話，テクスト解釈論，反異端論駁，反ユダヤ主義やアンティ・セミティズムといった現代社会の宗教に関わる問題状況を歴史的に考察する上で示唆的な資料が豊富に含まれていることが明らかになってきたからである。

　様々な宗教が競合していたオリゲネスの時代のアレクサンドリアにおいては，宗教集団としては新参者であったキリスト教共同体は周辺世界からの批判にさらされており，外部からの批判に答えるために著されたオリゲネスの神学的著作を研究することは，特に古代ヘレニズム諸思想，グノーシス主義諸派，ユダヤ教という三つの主要な陣営との競合関係にあった当時のキリスト教会の置かれていた具体的な状況を知る重要な手掛かりとなる。というのもオリゲネスは，初期キリスト教が未だ確固とした地位を獲得しておらず，これらの三つの陣営との境界がしばしば曖昧に見える状況の中で，キリスト教のアイデンティティの確立を正典（カノーン）としての聖書解釈に求め，聖書の解釈を通じてそれらの陣営との論争を展開しつつ，キリスト教に確たる位置づけを与えることになったからである。

　さらにオリゲネスを論じる上で避けて通ることができないのが，後代の彼に対する異端宣告の問題である。オリゲネスは多くの聖書注解やホミリアを生み出し，『ヘクサプラ』を編纂したことによって後代のキリスト教神学の伝統，特に聖書神学に多大な影響を与えたものの，4世紀以降にオリゲネスの正統性を巡る論争（いわゆるオリゲネス論争）が生じ，6世紀には彼に対して下された異端宣告のためにその著作の多くが失われた。ユスティニアヌス帝は543年にコンスタンティノポリスの主教メナスに手紙を送り，十箇条から成るオリゲネスとその教説に対する断罪を行い[2]，さらに553年の第二コンスタンティノポリス公会議の直前にオリゲネスに対する十五箇条から成る異端宣告文を公刊すると共に，公会議後に出された議事録の異端宣告文の異端者リストに，アレイオス

　2）　オリゲネスとその神学に対するユスティニアヌス帝の異端宣告について，John A. McGuckin ed., *The Westminster Handbook to Patristic Theology*, London, 2004, pp.199-200, 小高毅編『原典　古代キリスト教思想史2　ギリシア教父』教文館，2000年，424-426頁，水垣渉・小高毅編『キリスト論論争史』日本キリスト教団出版局，2003年，233-243頁参照。

やエウノミオスなどと並んでオリゲネスの名を加えた。これらの異端宣告文において重要な位置を占めるのが，本書で論じる復活論の問題である。

『メナス宛て書簡』の第五箇条には，「復活の時，人間の体は，現在われわれがまとっている体とは似ても似つかぬ球形でよみがえると言う者，あるいは考える者は排斥される」とあり[3]，公会議直前に出された異端宣告文の第十箇条には「復活後の主の身体はエーテル状のものであり，球形のものであり，復活した他の者たちの身体も同様のものとなるであろう。また，キリストがまず第一に自分に固有の身体を脱ぎ捨てた後，同様にすべての身体の本性は存在せざるもの（τὸ ἀνύπαρκτον）になるであろう。このように言う者はだれであれ排斥される」と記されている[4]。

後述するように，このように極端なオリゲネスの復活理解の定式化は論外であるとしても，オリゲネスの復活理解は聖書のアレゴリー解釈の問題とも相まって激しい批判の対象となり，オリゲネスはキリスト教の中心的教説である体の復活に対するキリスト教の希望を否定した，ないしは彼は復活の身体についてあまりに霊的理解を抱いていたために，それはもはや身体とは言えないといった批判が繰り返されてきたのである[5]。

ところで，オリゲネスの異端宣告が彼の死後かなりの期間が経過してからなされたのは，これがオリゲネス自身の神学の問題というよりは，彼の神学が後の修道士たちに与えた影響によって引き起こされ，それにアレイオス論争やネストリオス主義をめぐる論争の問題も加わって，いわゆるオリゲネス論争の複雑な関係の中でオリゲネス批判が進展していったためであり，その間にキリスト教会が置かれた状況が劇的に変化したためである。4世紀後半にはキュプロスの主教で反異端論者として有名なエピファニオス（315頃-403年）が，アレゴリー解釈と復活論を

---

[3] 「メナス宛て書簡」のテクストは，PG 86/1,973A. 邦訳が小高毅編『原典 古代キリスト教思想史2』433-435頁に収録されている。

[4] ユスティニアヌス帝の異端宣告文のテクストは，PG86/1,989C. 邦訳が小高毅編『原典 古代キリスト教思想史2』435-443頁に収録されている。

[5] オリゲネスの復活論に対して加えられた批判について，John A. McGuckin ed., *The Westminster Handbook to Origen,* London, 2004, pp.183-185 に記載された「復活」の項参照。

中心とした激しいオリゲネス批判を展開し，その後のオリゲネスを巡る一連の論争に大きな影響を与えた。

エピファニオスは「彼〔オリゲネス〕から生じた異端（ἡ ἐξ αὐτοῦ φῦσα αἵρεσις）は最初にエジプト人の地に生じ，今や最も著名な人々や，修道的生活を受け入れているように見える人々の間に見られるが，彼らは隠遁生活へと退き，自発的貧困（ἀκτημοσύνη）を選んだ人々である」[6]と述べて，オリゲネスの神学がエジプトで生じた砂漠の隠修士や，エピファニオスの時代の著名な人々や禁欲的修道士たちに多大な影響を及ぼしていることを示すと共に，オリゲネスを教会内にその後生じた異端の祖とみなしている。

さらに本書の主題との関わりで言えば，エピファニオスはオリゲネスの復活論を次のように批判した後，アレゴリー解釈の問題に移っていることが重要である。

「彼〔オリゲネス〕は死者の復活を不完全なものにした（τὴν δὲ τῶν νεκρῶν ἀνάστασιν ἐλλιπῆ ποιεῖται）のであり，彼は時に言葉の上ではこれを支持し，時にはこれを完全に否定し，他の場合には部分的な復活を主張した。最後に彼は，可能な限りのアレゴリー解釈を行った（ἀλληγορεῖ δὲ λοιπὸν ὅσαπερ δύναται）――楽園，その水，天上の水，地下の水など――。彼はこれらの愚かな事柄や他のこれに類した事柄を語ることを決して止めなかった」[7]。

本書の以下の論述で示すように，エピファニオスの反異端論争におけるテクストの引用は傾向的で，極めて不正確であることはよく知られており，後世のオリゲネス理解に及ぼした影響は，多数の著作が喪失されたことを含めて計り知れないものがある。従って歴史的に様々な批判を浴びたオリゲネスの復活論やアレゴリー解釈の内実とその意義を明らか

---

6) 『パナリオン』64,4,1. テクストは, *Epiphanius II, Panarion haer.34-64,* herausgegeben von Karl Holl, Berlin : Akademie-Verlag, 1980 を用いた。なお英訳版 *The Panarion of Epiphanius of Salamis, Book II and III (Sects 47-80, De Fide),* translated by Frank Williams, E.J.Brill, 1994 が *Nag Hammadi and Manichaean Studies* のシリーズとして出ている。

7) 『パナリオン』64,4,10-11.

にするためには，後代のオリゲネス論争の影響を排して実際の彼自身のテクストを当時の社会・文化的文脈に取り戻して再検討する必要があると思われる。

　本書の目的は，教会史において繰り返し問題視されてきたオリゲネスの復活論およびアレゴリー解釈を彼自身のテクストの証言に焦点を当てて考察することにある。本書の表題を『聖書解釈者オリゲネスとアレクサンドリア文献学——復活論争を中心として』としたのも，エピファニオスの前述の批判に見られるような後代のオリゲネス論争によって歪められたオリゲネス像を，オリゲネス自身の聖書解釈のテクストに当たることによって現代の視点から再検討することを目的としているためである。本書ではオリゲネスのアレゴリー解釈と復活論のテクストに焦点を当てて検討する際に，特にオリゲネスが神学的活動を行った古代アレクサンドリアの宗教・文化的文脈に光を当てることを試みたいと思う。

　オリゲネスが神学的活動を行った古代アレクサンドリアは，ヘレニズム諸宗教，哲学諸思想が活発に交流する古代有数の文化都市であり，いわば古代世界における多文化主義の具体的展開の実例と見ることができる。現代に至るまで賛否両論が絶えないオリゲネスの神学思想の形成のダイナミックな意義を十全に評価するためには，初期キリスト教が一元的に統合されてゆく以前の，このアレクサンドリアの宗教・文化的文脈を視野に入れてオリゲネス自身の著作を検討することが不可欠であると思われる。さらにオリゲネスに対する異端宣告の経緯についても可能な限り文献テクストに基づいて考察し，異端宣告によって長い間正当に評価されてこなかった聖書解釈者としてのオリゲネス像を現代的視点から再評価したいと思う。

2. オリゲネス研究史の回顧

　本書は，古代アレクサンドリアの多元主義的文化状況を視野に入れてオリゲネス自身の聖書解釈を検討する試みであるが，アレクサンドリアにおける初期キリスト教の発展についての資料は驚くほど乏しく，それに伴ってアレクサンドリアの宗教・文化的環境がオリゲネスの宗教思想形成に及ぼした影響についての研究も，その必要性は意識されながらも最近までほとんどなかったのが実状である。実際日本におけるオリゲネ

ス研究の先駆者にして,神学的解釈学の立場からオリゲネス研究を行った有賀鐵太郎は『オリゲネス研究』において,オリゲネスが「単に当時のアレクサンドリアの文化的環境の中においてキリスト者として生きていたというだけではなく,かれ自身がその環境の一部を成していた。即ちかれ自身が一面にはキリスト者であり,又一面には教養あるギリシア人であった」[8]ことを示唆するに留まっている。さらにオリゲネスの翻訳と研究で知られる小高毅も,今後のオリゲネス研究の方向を示す次のような記述を行っている。

「オリゲネスを教会的神学者として理解することに対して,特にプロテスタントの学者からの反対があることを認めねばならないが,アレクサンドリアの教会が,あるいはパレスティナの教会が,現在の我々と同じ状況にあるものと考えているわけではないし,オリゲネスの教会観にしても現代神学の教会観とはるかに異なるものであることは否定し難いことである。「オリゲネスの正統性,したがって普遍性を回復しようとする意図がカトリックの学者に認められる」としても,その正統性,普遍性は,あくまでも当時の状況を踏まえた上でのことである。何人も,全面的にオリゲネスの思想が正統信仰を代表するものであり,教会の信仰そのものであるとは言えないのである。むしろ,キリスト教の教理の発展をかんがみると,明らかに誤りと言うべきもの,キリスト教的啓示と両立し得ないものが,オリゲネスの思想のうちに含まれていることを認めねばならない。我々がオリゲネスを再評価する時に,確かに,後代のニカイア公会議以後の神学からみて異端として断罪されてしまったオリゲネスを,彼の生きた時代の文化状況,教会の状況,神学を考えて,彼を正当に評価することである」[9]。

このように,異端宣告によって長らく歪められてきたオリゲネス像を回復し,彼が同時代において果たした役割を適切に評価するためには,彼の神学的活動の文化的背景を研究することの必要性は認識されてはい

---

8) 有賀鐵太郎『オリゲネス研究』創文社,1981年,160頁。
9) 小高毅『オリゲネス──『ヨハネによる福音注解』研究』創文社,1984年,序章参照。

た。しかし資料上の制約から，従来の研究ではオリゲネスの聖書解釈におけるアレクサンドリアの文化的状況の影響については十全に解明されたとは言えない状況であった。

　一人の著者によるバランスのとれた記述として定評がある H. クラフトの『キリスト教教父事典』において，クラフトはオリゲネスを以下のように評している。

　「オリゲネスを通して理論的神学，つまり固有の意味での神学が，教会の思想の中にその場所を獲得した。彼はキリスト教使信の表現としてプラトン主義的表象を選択した最初の人物であるというのではない。生成途上の教会の外ではグノーシス主義が，また教会の内では弁証論者と〔アレクサンドリアの〕クレメンスとがそうしたのであり，オリゲネスの仕事はこうしたことによって準備されたのであった。オリゲネス以後の神学者はすべてオリゲネスの思想に向かってその思想を方向付け，大体はオリゲネスが準備をし，あるいは少なくとも企画した場所で少しの拡張をなしたのであった。その卓越した権威のために，次の世代は彼の異端的見解にも堪え，あるいは黙って修正した。その死後 300 年経って彼が断罪されたとき，彼の精神は教会の思想を貫いており，そのため，その断罪は彼の著作の伝承を損なうことはあっても，彼の思想の伝承まで損なうことはできなかった」[10]。

　以上のクラフトの記述は，オリゲネスが周辺世界の宗教・哲学思想との相互影響の中から独自の神学的立場を形成し，後世の神学の発展に絶大な影響を及ぼしたことを評価している。だが同時に，彼の神学からその後異端的見解が引き出されていった事実を考慮して，オリゲネスの神学的評価には今日にいたるまで非常に複雑な問題が伴っていることをもはっきりと表明しているように思われる。

　実際オリゲネスほどにその後世の評価が異なる初期キリスト教の神学者は稀であり，彼の残した業績には後代に対する影響の点で否定的評価

10）H. クラフト『キリスト教教父事典』水垣渉・泉治典監修，教文館，2002 年，130 頁。

が絶えず不可分な形で下されてきた。彼の神学的思想は，一方では彼の存命中から様々な物議をかもし，6世紀にユスティニアヌス帝によって異端宣告を受けた結果，その著作の多くが失われる結果となった。しかし他方では，オリゲネスが教会史に及ぼした影響はアウグスティヌスに次ぐものと言われており，彼の神学的影響は後代の修道制および東方教会の神学的伝統に深く及んでいる。

後代の教会に及ぼしたオリゲネスの影響の大きさとその特異性を指摘したフォン・バルタザールはその事態を，「オリゲネスは同時に様々な側面から教会によく知られていたので，それ以来彼の遺産は匿名の形でアウグスティヌスに及び，そして彼を通じてさらに彼の道を辿って中世盛期に至った。……器がこなごなに砕けても，またその制作者の名が誹られ貶められても，そこに芳香が立ちのぼり，家中を充たすのだ。教会にはオリゲネス以外には，見えないままで遍在する人物は存在しない」[11] と評している。

従来のオリゲネスの研究史について概観するためには，アンリ・クルゼルによる詳細な文献目録 *Bibliographie Critique D'Origène* が重要である。これは，2世紀の文献から1969年までのオリゲネスに関する研究資料を年代順に挙げ，その多くの研究に簡潔な説明を付与した700頁近い大著であり，1971年に *Instrumenta Patristica VIII* として刊行された。その序論でクルゼルはこの目録の刊行意図について，序論で以下のように述べている。

「この文献目録は何よりも研究の道具となり，将来の研究者に，海のような広大な思索の探求に――これは古代的イメージである――，そしてそれらのニュアンスとアンチテーゼもあって非常に困難なために，以来17世紀以上にわたって最も対立する評価を絶えず呼び起こすような思索の探求に，深さと厳密さにおいてさらに遠くに駆り立てることを許す諸要素を与えることを意図している。神学，解釈学，キリスト教の霊性の形成に対するオリゲネスの重要

---

11) Hans Urs von Barthasar, *Geist und Feuer,* Sarzburg/Leipzig, 1938. 引用は，Robert J. Daly S. J. による英訳版を用いた (*Spirit and Fire,* C.U.A.Press, 1984, pp.1-2)

性は，ますます知られるようになってきた。彼からすべてを摂取した偉大な教父たちの世紀，4世紀のギリシアとラテンの教父を通じて，彼の思索の最上のものがわれわれに届けられたのだ」[12]。

さらにクルゼルは，匿名のままに教会史に多大な影響を及ぼし続けてきたオリゲネス像を再発見するために，具体的なオリゲネス研究の方向性を示す。「この普遍性を認めるために，オリゲネスは彼の固有の作品のうちわれわれに残されたすべてにおいて研究されるべきであり，再度バルタザールが言ったように「枯れた骨」において，つまり彼以降の後続の世紀と近代人の多くがオリゲネス主義者と反オリゲネス主義者へと追い込まれるに至った体系において研究されてはならない。オリゲネスに帰されたものにはしばしば異論の余地があるからである。オリゲネス研究と後代のオリゲネス主義の研究は混同されてはならず，また後者の結論を前者に投影しないように用心しなければならない」[13]。

　20世紀を代表するオリゲネス研究者クルゼルは，オリゲネスが後代のキリスト教神学，解釈学，霊性に及ぼした影響を高く評価する。そして以上に示した展望のもとにオリゲネス自身の著作と思想内容を，後代のオリゲネス主義の理解から切り離しつつ研究する方向を示した。さらにクルゼルは，6世紀になされたオリゲネスの異端宣告のため，彼の多くの著作が失われたにもかかわらず，その後の西欧のキリスト教史の流れの中に匿名の形でその後も影響を及ぼしてきたオリゲネスの遺産の掘り起こしと，それに伴うオリゲネスの再評価という研究の流れを確立し，いわばオリゲネスの復権に向けて多大な貢献をしたと言える。実際クルゼルはオリゲネスの『諸原理について』のフランス語対訳の校訂本を *Sources Chrétiennes* のシリーズとして刊行する際に，テクストの確定に力を尽くした。さらにその後1982年にクルゼルによって，その補遺が *Supplément I* として刊行されたが，こちらの補遺には前書に収録されなかった文献資料が増補され，1980年までの研究が収録されている。この間の研究史の流れについては，小高毅が詳細な情報を提供してい

---

12) H. Crouzel, *Bibliographie Critique D'Origène,* Instrumenta Patristica VIII, 1971, pp. 7-8.
13) *Ibid.,p.8.*

る[14]。

　そうした近年のオリゲネスの再評価に向けたここ30年間の研究の流れを知るためには，1973年以来四年毎に開催されているオリゲネス学会の発表論文を収めた論集，*Origeniana* が非常に役立つ。これらを年代順に概観すれば，オリゲネス自身の著作の文献学的研究が進展するとともに，教理の面でのオリゲネスの評価を再検討する研究が多く見られるようになった点がまず挙げられる。さらに従来のキリスト教の教理史におけるオリゲネス理解を再検討する流れの中で注目されるのが，聖書学や哲学，歴史学などの関連諸分野がオリゲネス研究に与えた影響の重要性が増大していることである。このことは，オリゲネス学会の流れの中にはっきりと表れている。すなわち第1回から第4回までの *Origeniana* 各巻に収録された研究発表内容を見ると，その主題はほぼ，神学，哲学，カテケーシス，霊性，文献学，聖書解釈，後世のキリスト教思想への影響といった，ヨーロッパを中心とした狭義の神学的枠組みの強い研究が支配的であったことがわかる。

3. オリゲネス研究の新たな展開

　古代アレクサンドリアの文化的状況を視野に入れたオリゲネス研究の先鞭をつけたのがチャールズ・カンネンギーサーであった。カンネンギーサーは1986年にアメリカのノートルデイム大学で「アレクサンドリアのオリゲネス──彼の世界と彼の遺産」を主題とした国際学会を開催し，オリゲネスと当時のユダヤ教との関係やアレクサンドリアの文献学的伝統の影響に新たな光を当てた[15]。さらに1989年にアメリカのボストンカレッジで開催された第5回のオリゲネス学会は，そのような伝統的研究状況に変化が見られるようになったきっかけとなった。これは，それまでヨーロッパを中心として開催されたオリゲネス学会の開催地を初めてヨーロッパ以外に選んだ特記すべき回であり，この回以降オリゲネ

---

[14] H. Crouzel, *Bibliographie Critique D'Origène,* Instrumenta Patristica VIII A, Supplement I, 1982. 小高毅『オリゲネス──『ヨハネによる福音注解』研究』序章参照。なお最新の研究について詳しくは，Charles Kannengiesser, *Handbook of Patristic Exegesis,* vol.I, 2004, Brill, pp. 554-574 掲載の文献表を参照。

[15] Charles Kannengiesser & William L. Petersen (ed.), *Origen of Alexandria─His World and his Legacy,* University of Notre Dame Press, Indiana, 1988.

ス研究の流れが他の人文主義諸科学の分野にも拡大し，同時に研究者の層と学術的関心も神学や文献学のみならず，歴史，哲学，社会思想史などの関連諸学へと拡大してきたからである[16]。

さらにその後2001年の夏にピサで開催された第8回オリゲネス学会では，現代世界の問題状況を反映して，「オリゲネスの著作と思想の背景におけるアレクサンドリアの諸文化」という主題が選ばれた。このテーマはユネスコによる古代アレクサンドリア図書館の再建事業と軌を一にして，オリゲネスの思想をその文化的コンテクストにおいてとらえることに焦点を当てている。それは今日のグローバル化した世界状況の中で多様な文化の活発な交流地点であった古代都市アレクサンドリアの文化状況に研究者たちの関心が集まっている現状を反映して，古代アレクサンドリアの宗教・文化的状況におけるオリゲネスの著作活動の意義の再発見を目指すものである。

本書で筆者は，オリゲネスの神学活動の背景としてアレクサンドリアの多元主義的状況の重要性を指摘し，オリゲネスがギリシア思想，グノーシス主義，ユダヤ教との間で交わした論争を新たな視点から考察することを試みた。それは，4世紀以降に進展した反オリゲネスの動きがアレクサンドリアにおける多文化主義の終焉と呼応していることを明らかにするものである。そこで次に，新たな動向を形成しつつあるアレクサンドリアの文化的状況を考慮したオリゲネス研究について手掛かりとなる先行研究について概観したい。

フェドゥの研究の試みとその限界　最初に取り上げるM.フェドゥの『オリゲネスの『ケルソス駁論』におけるキリスト教と異教』は，80年代のオリゲネス研究の流れから見れば新局面を拓こうとするカトリックの立場からの研究の嚆矢ということができるだろう。というのもフェドゥはその研究を宗教多元主義の立場からの問題提起に言及することか

---

[16] この時期にアメリカでは，初期キリスト教の多様な流れについての研究が盛んに行われ，オリゲネス研究にも大きな影響を与えていた。その例として，エリザベス・シュスラー・フィオレンザ『初期キリスト教の奇跡と宣教』出村みや子訳，ヨルダン社，1987年，ロバート・L・ウィルケン『ローマ人が見たキリスト教』三小田敏雄・松本宣郎・坂本浩・道躰滋穂子共訳，ヨルダン社，1987年。

ら始め，オリゲネス研究との関連で多元論（pluralism）の視点を導入する試みを行っているからである。

> 「これはここ20年以来急速に広まっている。これは先行する解釈が，まだ臆病であり過ぎることを非難する。それによれば「包括主義」はキリスト教の側からの優越性の態度を前提しており，非キリスト教的宗教との真の対話の状況を尊重しない。「コペルニクス的転回」が実際に必要である。すなわち異なる伝統は，イエスによって創設された伝承のみによっては評価されるべきではなく，人類の偉大な諸宗教において展開された神ご自身の神秘によって評価されねばならないのであり，こうした諸宗教は従って「神の唯一のリアリティに対する人間の相異なる応答」として認識されることになる。こうして我々が採り上げる領域において，現代神学の根本的な方向性をこのように要約することができるのだ」[17]。

しかしフェドゥはそれに続く記述において，現代の宗教多元論の問題提起を彼のオリゲネス研究と直接関係づけることを慎重に避け，次のように言明している。

> 「オリゲネスの思考がこれらの多様な傾向に対して非常に直接的な評価を下すことへと導くことは必ずしも期待されない。むしろそれは少なくとも，キリスト教が他の諸宗教と交わした論争を解明し，導く余地のあるような，何らかの識別の極を提起するのではないだろうか。我々の結論はこの点において疑いなく表明されねばならない。さらに研究の対象となっているこの著者についてはまず，彼の固有の視座に従って聞かれなければならない。同時に我々は，我々の仕事の集大成において我々の時代の問題ないしは議論についていかなる発展をも回避するだろう。しかし我々が選ぶ迂回は，それ自体として正当化され，厳密化されねばならない。どうしてとりわけ『ケルソス駁論』に関心を持ち，いかにしてこの著作の読みに取り

---

[17] Michael Fédou, *Christianisme et Religions Païennes dans le Contre Celse d' Origène*, Paris, 1988, pp. 36-37.

組むのか」[18]。

　フェドゥは宗教多元論からの問いかけに対する一応の応答として，オリゲネスの『ケルソス駁論』を採り上げるが，それは従来のオリゲネスの『ケルソス駁論』研究に欠けていた点，特に従来の研究の関心がオリゲネスよりは彼の論敵のケルソスに向けられてきたからであり，その意味で従来オリゲネスの意義が十分評価されてこなかったからだという。

　「『ケルソス駁論』はキリスト教と異教の諸宗教の間に存する対峙の視座のもとで，探求されるに値する唯一のテクストでは明らかにない。他の教父テクストも類似の研究を可能にする。特にキュリロスによる『ユリアヌス論駁』や『神の国』の最初の十巻が想起されよう。しかしながらオリゲネスを最も重要であるとみなすことを許す理由がいくつかある。まず最初に想起されるのは，彼が2-3世紀のアレクサンドリア人に効果的に呼びかけることができたことである（我々の著者は，パレスチナのカイサレイアで『ケルソス駁論』を書いたのではあるが）。エジプトの首都は当時，文化と宗教の真の交流点であった。この都市はそのヘレニズム的過去を継承した諸伝承の痕跡を帯びており，ユダヤ人共同体とキリスト教徒の共同体の現存によって特徴づけられ，地中海のこの港において交わされた西欧と東洋の間の数多くのやり取りが広めた，教義および霊的動向に開かれていた。その上我々の興味がより特別にオリゲネスの『ケルソス駁論』に向けられるとすれば，それは異教哲学者によって最初に構築され，体系化されたキリスト教に対する攻撃に対して，この著作が反論を行ったためである。この論争はほぼ，後代のポリュフィリオスないしユリアヌスとの論争に匹敵する価値のある資料によって把握可能なのである。結局『ケルソス駁論』は今後さらに研究される価値があるのであり，しかもそれはとりわけここで採用された視座のもとにおいてであるということが我々に明らかになるのだ」[19]。

---

18) *Ibid.*, p. 37.
19) *Ibid.*, pp. 43-44.

以上のフェドゥの論述の展開は，オリゲネスの『ケルソス駁論』研究を現代の宗教多元論の問題的を視点に入れつつ研究すべきことを示唆している限り，1988年当時としては従来の教父学の枠を打破しようとする意欲作であることは確かである。ただし宗教多元論の視点から出発してオリゲネス研究を行うとの彼の研究の冒頭に示された意図にも関わらず，オリゲネスの著作を論じる際してフェドゥの研究には先に言及した「迂回」の方法を含めていくつもの重大な限定が付けられているために，実際にはこの課題が十分に遂行されてはいないことに注意しなければならない。

　第一には研究対象を『ケルソス駁論』に限定すると共に，その他の著作については「キリスト教と異教の諸宗教」に関するオリゲネスの神学的思想を解明するものである限りにおいて言及するということ，第二にユダヤ教との関係の問題は扱わないということ，そして第三に「異端」とみなされるグノーシス主義諸派の問題も扱うべきではないという立場を堅持していることである。

　この研究が出版された当時，すでにナグ・ハマディ文書の研究が盛んに行われていた時期であっただけに，対グノーシス論争において極めて重要な役割を果たしたと思われるオリゲネスの該当箇所が扱われていないことは非常に残念であり，また現代において重要な神学的課題となっている反ユダヤ主義との関係も慎重に回避されている。その結果，彼の研究の射程は「異教世界の宗教的表現に対するオリゲネスの神学的判断を決定すること」に限定され，現代の宗教多元論の立場からの問題提起を十分に受け止め得ないという限界が認められる。

　ストロウムサの多文化主義の視点　　オリゲネスを生み出した古代アレクサンドリアの宗教・文化的状況に新たな光を当てることによって，従来の神学的，教理的枠組みを超えてオリゲネスに接近する試みを提案するのが，第8回オリゲネス学会のオープニング・セッションで行われた宗教学者ストロウムサによる「アレクサンドリアと多文化主義の神話」と題する主題講演である。この講演のなかでストロウムサは，オリゲネス理解の視点として古代アレクサンドリアにおける多文化主義の問題に注意を促している。

「地中海世界の他のいずれの中心都市と同様，アレクサンドリアはそれ自身の神話を導き出していた。この神話は権力や信仰，理性に関わるというよりは，知識および人類の文化的記憶を体系的に育成することに多くかかわっていた。それは多文化主義の神話（the myth of multiculturalism）で，この神話に基づいて，諸文化の生産的な出会いが，異なる共同体の日常生活から生じていた。この神話には，異なる民族的，宗教的，文化的共同体の共存が平和的であるということ，さらにそれには集中的なコミュニケーションと交流が，相互の有益な影響に伴うという二重の主張が含意されている」[20]。

ストロウムサはこれによって，キリスト教徒，ユダヤ人，ギリシア人の三者を交流へと導き，独自の文化の育成へと促した古代アレクサンドリアの多文化主義の神話をオリゲネスの神学的活動の背景に想定し，オリゲネスを現代の宗教多元論の議論の地平に引き出そうとしている。ストロウムサは，このような神話を想定することによって，古代アレクサンドリアにおいて，民族・宗教・文化を異にする人々の平和共存が可能となり，それらの人々の間に有益な相互の交流が生み出されていた状況がかつて存在していたことを指摘するために，まずアレクサンドリアのクレメンスが比喩的に描いたこの都市の描写を例に挙げて説明している。

「アレクサンドリアのクレメンスが 2 世紀の終わり頃に住んでいたアレクサンドリアは，その全盛期を過ぎていたとはいえ，まだ豊かで印象的な巨大都市であり，恐らくは百万人の住民を数えていた。彼がこの世界を一つの交響曲に例えたとき，合理的な都市計画がなされ，多様な共同体が共に住むこの都市なればこそこのようなメタファーを促進しえたのだと推測してもよいかもしれない。「砂漠を都市に」に関するアタナシウスの有名な表現を用いれば，アレクサンドリアはこの時宇宙全体を一つの都市にもたらしたと言い得ただ

---

20) G. G. Stroumsa, "Alexandria and the Myth of Multiculturalism" in *Origeniana Octava*. Leuven, 2003, pp. 23-29（引用は 23 頁）.

ろう」[21]。

　その創設以来，多様な文化と宗教の出会いの場となっていた古代アレクサンドリアについては，近年になって文化史的関心が急速に高まり，フォスターを嚆矢として注目すべき研究が次々に出されている。古代アレクサンドリアは「学問のコスモポリス」として知の文化交流の一大中心地であったのであり，その後のアレクサンドリアにおける文化的衰退は，知の伝統の悲劇の象徴として描かれてきた。まさに「アレクサンドリアはギリシアがキリスト教に至るための場所であり，それは東方起源の諸宗教ではなく，ユダヤ教を経由してであった」[22]。しかしストロウムサが，実際にはそうした文化的交流が行われていた時期においても，必ずしも異なる共同体に属する人々の平和的共存に結びつかなかったことをも指摘している。

> 「これらの異なる民族的，宗教的共同体がこの都市の五つの区域に一緒に，あるいは近接して暮らしていたということ，さらに彼らが程なくして同一の言語を話すすべを学んだという事実も，彼らが共に豊かに暮らして，多様な形態の文化的交流を発展させたことを意味しない。……歴史においてはたいていの場合，共存は必ずしも平和的なものではない。われわれが知る限り，これらの共同体は絶えざる緊張の中で暮らし，しばしば憎悪や暴力が噴出した。だがしかし，アレクサンドリアの文化的偉業は異論の余地なきものである。そうであればわれわれは，どのようにして社会の相互関係と文化的ないし宗教的交流の間の食い違いを説明できるだろうか。文化的共生の限界をもっとよく理解すれば，オリゲネスが成長し，彼の思想を形成した環境に何らかの光を当てることになろう」[23]。

　ストロウムサのこの講演は，オリゲネスには直接言及することなく，オリゲネスの宗教思想を理解する背景としての古代アレクサンドリアの

---

21) *Ibid.*, p. 23.
22) *Ibid.*, p. 26.
23) *Ibid.*, p. 24.

多文化主義的状況に注目すべきことを提言して講演を終えており，オリゲネスにおけるアレクサンドリアの多文化主義の影響を具体的に示してはいない。しかし彼の指摘は，古代アレクサンドリアにおける諸宗教の共存と相克の問題との関連でオリゲネスを理解する可能性を示唆しており，オリゲネス研究に新たな局面を拓くものと思われる。

　ノースの多元主義の視点　　さらにストロウムサが「ローマ帝国における宗教多元主義」について論じた研究は，アレクサンドリアの多文化主義的状況における諸宗教の競合状況をオリゲネスの宗教思想の形成の重要な要因として位置づけようとする本書にとって重要な示唆を与えるものである[24]。ストロウムサは「多文化主義 (multiculturalism)」の視点をジョン・ノースによる先行研究に負うものであることを示しているので，見ておきたい。ノースは A. D. ノックの古典的な回心についての研究から重要な示唆を得て，ノックの回心体験の心理学的局面の考察を社会史的局面に適用し，ヘレニズム世界とその後のローマ帝国における宗教多元論的状況の考察を展開している。

　彼はこの時代の宗教の機能が「都市国家に根ざしたものから，人間の経験の不合理さを理解するために，異なる性質の宗教の教説，異なる経験，洞察，あるいは異なる神話と物語を提起する異なるグループの間で個人が選択するものへと移行した」ことを示す際に，ピーター・バーガーが用いた「諸宗教の市場化」というメタファーを借用して表現し，この過程が共和制下のローマにおいてすでに進行していたことを指摘する。ノースは共和制後期に生じた「世俗化」を分析し，この世俗化の現象が伝統的諸宗教の衰退と諸宗教の競合という形で宗教的多元主義の発展を促したために，キリスト教の最初の数世紀において「自由な宗教市場」が現出したとみなしている。そしてキリスト教は新たに出現した競合グループの中でも高い位置につくことができたのは，「この宗教全体が回心，つまり選択の観念に基づいて確立されていたためであり，新たなこの宗教の構造は自らのアイデンティティのために何らかの文化的ないし

---

24) Guy G. Stroumsa, "From Anti-Judaism to Antisemitism in Early Christianity ?", in O. Limor, Guy G. Stroumsa, eds., *Contra Iudaeos: ancient and medieval polemics between Christians and Jews,* J.C.B.Mohr (P. Siebeck), 1996, pp.1–26.

は民族的伝統をはっきり拒絶していたからである」と述べている。「選択の観念」に関するこの指摘は，オリゲネスが他宗教と論争する際に，即座に論争相手を否定するのではなく，論争相手の立場をキリスト教の立場と比較検討しつつ，最終的判断を読者に委ねる手法をなぜ採用したのか，またそれがなぜ有効だったのかを説明するものである[25]。

さらにストロウムサがローマ帝国における宗教多元主義の終焉について論じている箇所は，教会史において反オリゲネスの動きが優勢となる4世紀以降の社会史的背景を説明するものである。ストロウムサは4世紀になるとノースが記述する「市場の状況」はある徹底的な仕方で変化を遂げたことを次のように指摘している。

「皇帝の回心は同時に，現実に多数の宗教が存在すること（the actual existence of religious plurality）の消滅よりも，宗教的多元主義（religious pluralism）の消滅を，つまりその正当化の消滅をもたらした。キリスト教がまだ非合法宗教（religio illicita）であり，初期キリスト教徒の知識人が知的尊敬を得ようと努めていたときには，彼らは宗教的寛容と，それゆえに多元主義（pluralism）の必要性について首尾一貫した議論を発展させた古代世界の最初の人々だった。奇妙なことに，宗教的多元論の非合法化を遂行したのは，4, 5世紀の彼らの後継者たちだった」[26]。

オリゲネスが生きた時代は，まさに非合法宗教とみなされていたキリスト教が周辺世界に対して自他ともに宗教的寛容を求めた時代であり，オリゲネスは諸宗教の平和・共存を主張する宗教多元主義の実例であった。しかし「皇帝の回心」後に生じたオリゲネス論争は，オリゲネス神学の持つ多元主義的傾向を許容することを不可能にし，ニカイア正統主義の旗印のもとでオリゲネスを後続の異端の祖とみなすことにより，オリゲネス主義修道士を教会から追放し，一元化の方向を辿ることになっ

---

25) J. North, "The development of Religious Pluralism", in J. Lieu, J. Northand T. Rajak, eds., *The Jews among Pagans and Christians in the Roman Empire,* London-New York: Routledge, 1992, pp. 174–193.

26) Stroumsa, "From Anti-Judaism to Antisemitism in Early Christianity ?", p. 18.

たのである。

　「初期キリスト教多元論」の視点　最後に紹介するのが，ジョン・F・デショウの『初期キリスト教における教義と神秘主義――キュプロスのエピファニオスとオリゲネスの遺産』である[27]。デショウの研究の主眼は4世紀のエピファニオスを中心とした後代のオリゲネス論争を明らかにすることにあり，この研究はオリゲネスの復活論理解に対して後代の視点から光を当てることを可能にする上，オリゲネスの聖書解釈の評価の変遷をその後の教会史の流れの中で検証することを可能にするものである。というのもこの研究は，オリゲネスの著作活動が，諸宗教が競合する中でキリスト教が周辺世界から見ればユダヤ教やグノーシス主義諸派とほとんど区別のつかないセクト的な集団とみなされていた状況下であったのに対して，オリゲネス批判の急先鋒であったエピファニオスが活動した4世紀の後半になるとキリスト教を取り巻く環境が劇的変化を遂げたことを明らかにし，オリゲネス像の理解とその遺産に対する評価も急速に変わったことを示したからである。

　オリゲネスはキリスト教に対する外部からの様々な批判に対して聖書解釈を通じて弁明すると共に，彼の読者に対しても正しい聖書の読みと解釈を示す試みを行い，後代のキリスト教の発展に多大な影響を及ぼす著作を数多く残したが，彼の死後に砂漠の修道士たちの出現と禁欲主義の隆盛，そして迫害される側から帝国の主要な宗教的役割を担う共同体へと変化を遂げたキリスト教において彼の影響が無視できないものとなり，オリゲネスの遺産を巡る論争が，もっぱら教会政治的関心から展開されることとなった。

　デショウによれば，6世紀に下されたオリゲネスの異端宣告に決定的な役割を演じたのが，4世紀後半に活躍したキュプロスの主教で反異端論者として有名なエピファニオス（315頃-403年）である。彼は376年に著した『パナリオン（薬籠）』64においてオリゲネスに対する七つの告発のリストを提示しているが，デショウはこれらを分析することによって，オリゲネス批判の中心が彼の復活論とアレゴリー解釈にあった

---

　[27]　Jon F.Dechow, *Dogma and Mysticism in Early Christianity Epiphanius of Cyprus and the Legacy of Origen,* Mercer University Press, 1988.

ことを明らかにするとともに，これによってオリゲネスは決定的に信用を失うことになったことを示した。

デショウは，エピファニオスがオリゲネスを後世の教会内に生じた異端の祖とみなし，彼のアレゴリー解釈を痛烈に批判したことに対して，「いかなる異端的逸脱をも正当化するようなアレゴリー解釈の型を提供し，すべてのキリスト教の教義に影響を及ぼした一連の反動の出発点となるアレクサンドリアのアレゴリー解釈の流れ全体の鍵となる代表者として，彼はオリゲネスを選び出している」と評し[28]，そのためにエピファニオスは「正統的教会からオリゲネスの思想と彼の記憶を消し去るために可能な限りのあらゆる精力を費やしたのだ」[29]と結論づけている。そしてエピファニオスの批判が実際には「4世紀のオリゲネス主義の修道士たちの禁欲主義的熱意によって引き起こされた」[30]ものであり，彼らに対するオリゲネス神学の影響力を何としても阻止しようとしたエピファニオスが，オリゲネスのイメージを失墜させたことを示したのである。

本書の第6章で示すように，エピファニオスの反異端論争におけるテクストの引用は傾向的で，極めて不正確であることはよく知られており，後世のオリゲネス理解に及ぼした影響は，多数の著作が喪失されたことを含めて計り知れないものがある。デショウが示したように，エピファニオスの批判はオリゲネス自身の神学を必ずしも正確に理解した上でなされたものではない。本書ではオリゲネス自身のテクストを詳しく考察することによって，どのような過程を経て後世オリゲネスが異端とみなされるようになったのかを考察したい。

さらにデショウの研究「オリゲネスと初期キリスト教多元論（Origen and Early Christian Pluralism）」[31]は，反オリゲネス主義の形成におけるエピファニオスの役割の批判的考察に基づき，現代的観点からオリゲネス神学を適切に評価するとともに，オリゲネスに対する異端宣告の不当

---

28) Dechow, "The Heresy Charges", p. 116; Cf. *Dogma and Mysticism,* p. 336.
29) Dechow, *Dogma and Mysticism,* p. 118
30) *Ibid.*, p.350.
31) Jon F. Dechow, "Origen and Early Christian Pluralism", in Charles Kannengiesser and William L. Petersen, eds., *Origen of Alexandria: His World and His Legacy,* University of Notre Dame Press, 1988, pp. 337–356.

性を明らかにした先駆的研究と見ることができる。

　デショウが「初期キリスト教多元論（Early Christian Pluralism）」という表現を用いることによって示したのが，マルキオン，ヴァレンティノス，バシリデースなどのグノーシス主義的諸派であり，また単純なキリスト教理解として，モンタノス派の忘我的預言，擬人神観（たとえばテルトゥリアヌス），千年王国的物質主義（パピアス，ユスティノス，エイレナイオス，アテナゴラス），逐語主義的聖書理解を持つキリスト教徒の存在である。デショウはオリゲネスが当時のアレクサンドリアのキリスト教の中に上記のような多様な立場が存在していたことを前提しつつ，聖書主義に基づく多元主義的立場から著述活動を行っていたことに着目しており，ここにはフェドゥの研究が考察の対象から除外したキリスト教グノーシス主義の諸派の問題も考察の対象に入れられている。デショウはオリゲネスがこうした立場とどのように関わったかについて，「彼らとの違いを述べる際には常に平和的な態度をとり，最良の証言，解釈，議論を得るために，諸観念の相互作用を受容していたように見える」と述べて，オリゲネスがグノーシス諸派の聖書解釈を批判する際に，他の反異端論者とは異なる独自の立場をとっていたことを指摘している。さらにオリゲネスは彼らに対して合意を強要するために制度的権威を用いたことはなく，生きた言葉と聖書がその常套手段となっていたことを指摘していることは重要である。

　以上のようにデショウは，先に挙げたエピファニオスのオリゲネスとその遺産に対する批判に関する包括的な研究を通じて，西欧の伝統的教会が長らく伝えてきた反オリゲネス的傾向性を根本的に問い直し，教会史の分野で新たなオリゲネス研究の端緒を開いたと言える。彼はオリゲネスの宗教活動には諸文化との相互の緊張関係において当時の教会の宗教的課題と取り組んだ痕跡が認められるために，現代神学のある種の先取りを見ることができることを示唆しており，オリゲネスの思想が極めて現代的な側面を持っていることを指摘しているのである。

4. 本書の構成

　本書は，古代アレクサンドリアにおけるヘレニズム諸思想，グノーシス主義諸派，ユダヤ教との競合関係の中で生み出されたオリゲネスの復

活論の成立と特徴を明らかにするために，彼の聖書解釈の方法に焦点を当てて主要なテクストを検討し，聖書解釈者としてのオリゲネスの意義とその影響について現代の視点から再検討することを目的とする。その創設以来，多様な文化と宗教の出会いの場として異質文化の混交・融和を成し遂げた古代アレクサンドリアについては，近年になって文化史的関心が急速に高まっており，近年のこうしたアレクサンドリア研究への関心により，これまで適切に評価されてこなかったオリゲネスの聖書解釈者としての歴史的意義を明らかにすることが初めて可能となったのである。オリゲネスの聖書解釈の方法はまさにアレクサンドリアの多文化主義的状況の賜物であり，その後の教会史における聖書解釈の方法を決定づけることになった。

　本書はエピファニオスによるオリゲネス批判を出発点として，アレクサンドリアの多元的な文化状況を視野に入れてオリゲネスの復活論の形成とその後に辿った異端宣告の経緯を聖書のアレゴリー解釈との関連において考察することを試みる。エピファニオスのオリゲネス批判の中心はその復活理解にあるが，彼に対する批判はキリスト教会がローマ帝国によって公認される転換期と呼応している。先に述べたように，本書では従来の教父学の枠組みを超えた社会史的視点を導入することにより，彼の復活論が同時代の様々な思想的要請のもとにダイナミックに形成されたこと，さらにその後のキリスト教会をめぐるローマ帝国の状況の変化につれて排斥されるようになった経緯を明らかにすることを目指すものである。

　第1章では，オリゲネスが行ったアレゴリー解釈の特徴について，彼が神学活動を行ったアレクサンドリアの多文化主義的文脈に立ち戻って検討したい。オリゲネスが神学的活動を行ったアレクサンドリアは，かつて「学問のコスモポリス」として古代図書館を中心とした文献学の一大発展地であり，オリゲネスの聖書解釈もこの地の文献学的伝統の影響を深く受けている。オリゲネスの聖書解釈の特徴を解明するためには，古代都市アレクサンドリアの図書館を中心として展開された文献学的伝統がオリゲネスに及ぼした影響について考察すると共に，さらにオリゲネスに先立つフィロンとクレメンスが行った哲学的傾向の強い寓意的解釈とオリゲネスの解釈の間に認められる方法論的な相違について検討す

ることも必要である。

　オリゲネスの復活理解は，様々な宗教思想が競合するアレクサンドリアの多文化主義的文脈において考察される必要があり，ギリシア思想における魂と身体の二元論的伝統とも，また独自の救済神話に基づくグノーシス主義の脱身体的復活理解とも相違していたばかりか，初期キリスト教における正統的教会が展開した復活の肉体性を強調する復活理解とも異なっていた。そのために，彼は教会の内外から様々な誤解や批判を受けることになった。第2章以下では，当時の教会の復活信仰に向けられた様々な批判を検討しつつ，オリゲネスがどのような反論を行ったかについて，彼のパウロの受容の問題や彼の聖書引用の方法に着目しつつ考察を進めたい。特にオリゲネスの行った論争は外部からの批判に対する反論という面のみならず，聖書の内在的解釈に基づいて信徒に正しい聖書理解を示すという教育的配慮の側面も見逃すことはできない。従ってオリゲネスが当時の教会の置かれていたいかなる論争的文脈において，聖書の復活に関する記述の解釈を行っていたのかを，ギリシア思想の伝統との対決や反グノーシス主義論争の視点から検討し，聖書解釈者としてのオリゲネス像を明らかにしたいと思う。

　第2章では『ケルソス駁論』を扱い，ギリシア哲学の視点からキリスト教に加えられた復活論批判に対して，オリゲネスが聖書解釈を通じてどのように答えたかを検討する。復活をめぐる論争は，ケルソスの思想基盤である古典ギリシアの伝統に基づく神，人間，世界についての理解と，聖書に基づくキリスト教の神，人間，世界についての理解を逐一対比することを通じて展開されており，オリゲネスは聖書に基づいてどのようにキリスト教の復活論を読者に提示しているかが考察される。その際『ケルソス駁論』における論争相手のケルソスはすでに死去しており，この書の執筆意図が，外部の異教哲学者の批判に対する反論という形をとりながら，実際にはそのような批判に動揺する「信仰の弱い」読者を聖書理解の点で教化するという教育的配慮の側面を持っていることや，オリゲネスとプラトン主義との関係についても検討したい。

　次に第3章と第4章では，グノーシス主義諸派とオリゲネスとの間で交わされた復活の問題をめぐる論争を考察する。アレクサンドリアはグノーシス主義の隆盛を見た地であり，オリゲネス自身も彼らの思想に身

近に接していたゆえに，オリゲネスのテクストは当時の教会とグノーシス主義諸派との関わりを知る重要な手掛かりとなる。第 3 章では，聖書証言に基づいて構築されていたオリゲネスの復活理解がなぜ正当に評価されなかったかの原因を明らかにするために，復活について聖書には多様な理解の立場が存在していたことや，反異端論者と呼ばれる人々がグノーシス主義思想をどのように反駁したか，さらに 2–3 世紀のキリスト教世界におけるパウロ書簡の受容とグノーシス主義との関わりを考慮することによって，初期キリスト教の復活理解の変遷を辿りながら，オリゲネスの復活論の特徴について考察したい。

　第 4 章では，オリゲネスが福音書に記述されたイエスの復活に関する記述をどのように理解しているかを，彼の復活理解の特徴である「霊的解釈（アナゴーゲー）」と「エピノイア論」を中心に検討したい。オリゲネスの霊的解釈法（アナゴーゲー）は聖書テクストを無視した恣意的な解釈方法ではなく，その起源において聖書学的関心から出発しており，ヨハネ福音書やパウロの範例に依拠した聖書解釈法である。さらにオリゲネスの『ヨハネ福音書注解』におけるグノーシス主義的解釈に対する批判を検討することにより，オリゲネスはグノーシス主義者ヘラクレオンがヨハネ福音書のテクストに付したグノーシス主義的解釈に対してどのような反論を行っているのか，またこのようなオリゲネスの反論の手法は，彼に先立つ反異端論者たちの反論の手法とどのように相違していたのかについても明らかにしたいと思う。

　第 5 章では，オリゲネスとユダヤ教との関係を，彼の聖書解釈と反ユダヤ主義の問題に焦点を当てて検討する。オリゲネスはイエスの死の解釈をめぐってユダヤ教との論争を展開しているが，イエスの死に関するオリゲネスの一連の聖書解釈が，その後の西欧の反ユダヤ主義に影響を与えるようなものであったかどうかが急速に問題として浮上している。さらにオリゲネスが長期にわたって取り組んだ『ヘクサプラ』の編纂についても，これによって彼が七十人訳のテクスト伝承を損なったとの批判がなされる一方，これによってオリゲネスをキリスト教の伝統におけるテクスト批評の父とみなす立場もある。これらの問題についても本書では当時のユダヤ教とオリゲネスの関わりについて検討することを通して，聖書解釈者としてオリゲネスが果たした役割とその評価について明

らかにしたい。

　最後の第6章では，聖書解釈者オリゲネスの思想が，後にどのような経緯で異端とみなされていったのか，その過程をエピファニオスの『パナリオン』64に描かれたオリゲネスの伝記的記述と復活論批判の記述に着目することによって明らかにしたいと思う。エピファニオスは4世紀以降に展開する一連のオリゲネス論争の火付け役となり，オリゲネスを後続の異端の祖とみなして彼の思想を徹底的に断罪したのであったが，エピファニオスの異端論駁の手法には資料の用い方の点で様々な問題のあることが研究者によって指摘されている。さらにオリゲネスに異端宣告が下された時代背景や教会を取り巻く社会状況の変化を考慮することにより，オリゲネスの聖書解釈に見られる対話的多元主義的姿勢がキリスト教会に受け入れられなくなっていった要因と，オリゲネスが後世に残した神学的遺産についても明らかにしたいと思う。

第1章
オリゲネスと
アレクサンドリア文献学

I 初期キリスト教とアレクサンドリア

1. 古代都市アレクサンドリア

　本章の論述の目的は，ヘレニズム諸思想，ユダヤ教，グノーシス主義諸派との競合関係において生み出されたオリゲネスの復活論の成立と特徴について明らかにするのに先立ち，アレクサンドリアの文献学的伝統が彼の聖書解釈に及ぼした影響について検討することにある。その創設以来，多様な文化と宗教の出会いの場として異質文化の混交・融和を成し遂げた古代アレクサンドリアについては，近年になって文化史的関心が急速に高まり，E. M. フォスター[1]を嚆矢として，モスタファ・エル＝アバディ[2]，ダニエル・ロンドー[3]，野町啓[4]，そしてデレク・フラワー[5]によって注目すべき研究が出されている。近年のこうしたアレクサンドリ

---

[1] E. M. フォスター『アレクサンドリア』中野康司訳，晶文社，1988年。
[2] モスタファ・エル＝アバディ『古代アレクサンドリア図書館』松本慎二訳，中公新書，1991年；El-Abbadi & Fathallah (eds.), *What happened to the Ancient Library of Alexandria*, Brill, 2008.
[3] ダニエル・ロンドー『アレクサンドリア』中条省平・中条志穂訳，Bunkamura, 1999年。
[4] 野町啓『謎の古代都市アレクサンドリア』講談社現代新書，2000年。なお，巻末の「文献案内をかねたあとがき」は，アレクサンドリアに関する主要な文献を網羅している点で非常に役立つ。
[5] デレク・フラワー『知識の灯台　古代アレクサンドリア図書館の物語』柴田和雄訳，柏書房，2003年。

ア研究により，これまで適切に評価されてこなかったオリゲネスの聖書解釈者としての歴史的意義を明らかにすることが初めて可能となったのである。

　ヘレニズム世界有数の学術交流の中心地となった古代アレクサンドリアの文化的状況については，野町啓の『謎の古代都市アレクサンドリア』が優れたよき道案内となる。野町はプトレマイオス王朝がアレクサンドリアに「ムーセイオン」と「図書館」を創立した要因の一つとして，ヘレニズム時代が「メセナ」の時代であったことを挙げている。有力なパトロンによる文人達の庇護の伝統は，古くは紀元前6世紀のギリシアの僭主たちに遡るとされるが，ヘレニズム時代の諸王朝は競って詩人や学者を招聘し登用した時代であるという。特にアレクサンドリアの場合について野町は，「ポリスの崩壊に伴い，いわば故郷喪失者のデラシネとなり，各地を遍歴せざるをえなくなった当時の知識人にとって，この風潮は望ましいものであったにちがいない。諸王朝は，小アジアや地中海世界の各地から，出身地を問わず文人・学者を重用し，それぞれの一芸や研究に専念させ，あるいは王子の教育にあたらせる。そしてアレクサンドリアをはじめとして，各王朝の首都は，学問のコスモポリスとして隆盛をみることになるのである」[6]と述べている。

　このアレクサンドリアにユダヤ人が居住するようになった起源について秦剛平は，ヨセフスが伝えるヘカタイオスの言葉[7]を手掛かりに，プトレマイオス1世がセレウコス王朝のアンティゴノス1世の子デメトリオスを相手にパレスチナのガザで行った前312年の戦争で捕虜としてこの地に連れてこられたユダヤ人の戦争捕虜たちにあったと推定する[8]。彼らはその後アレクサンドリアが繁栄し発展するに従い，解放された際にも政情不安定なパレスチナには戻らずにこの文化都市に留まり，また自らの意志でこの都市に移住して来るユダヤ人も加わって，この地に何か所か設けられた居住区に群生することになった。やがてユダヤ人たち

---

[6] 野町啓前掲書，43-45頁。
[7] ヨセフス『アピオーンへの反論』I,186-187;『ユダヤ古代誌』XII,7-9.
[8] 秦剛平『描かれなかった十字架——初期キリスト教の光と闇』青土社，2005年所収の「10　古いことはいいことだ——モーセ五書の翻訳の経緯」(pp. 315-336)，同著者『乗っ取られた聖書』京都大学学術出版会，2006年，17-20頁参照。

は，父祖伝来の習慣を遵守して，周辺のギリシア化された人々とは著しく異なる生活態度をとっていたことから，周囲から「人間嫌い」や「非社交的」という非難を受けるようになる。この地でモーセ五書を初めとして聖書のギリシア語翻訳（七十人訳）に着手されたのも，民族の起源の古さを示すことによってその民族の卓越性を証明しようとする当時の時代の風潮に従って（その例としてベーロソスの『バビュロニアカ』，マネトーンの『アイギュプティカ』，ヨセフスの『アピオーンへの反論』などが挙げられている），ユダヤ民族の起源の古さをアレクサンドリアの知識人たちに示すためであった。

　ヘレニズム化　　本書の主題であるアレクサンドリアの多文化主義的状況を考える上で，「多文化主義」を可能にしたローマ世界におけるヘレニズム化の問題は重要である。すでにギリシア時代においても東方起源の諸宗教が彼らの文化の中に取り入れられていたが，ローマ帝国が東方世界にも支配の範囲を広げるにつれて，彼らが古典とみなしていたギリシア宗教以外にも様々な宗教が流入するようになった。ギリシアの影響は，ヘレニズム化された都市やギリシア人の植民市との接触を通じてローマにもたらされ，その結果ローマ上流階級にギリシア的教養が流入し，その後ヘレニズム化した東方の属州出身者たちが，奴隷や軍隊の兵士，交易商人としてローマに移動したことなど，様々な形でローマに及んだ。ヘレニズムとは，「アレクサンドロス大王の遠征を始点とし，ローマ人による最終的な東方遠征――この時からローマ帝国時代が始まる――を終点とする歴史的期間の名称」[9]であり，その最も特徴的な現象はギリシア語とギリシア文化の広まりとコスモポリタニズムの浸透にあった。

　オリゲネスの宗教思想や聖書解釈を生み出した文化的背景として重要な古代都市アレクサンドリアであるが，古代都市アレクサンドリアの跡は現在ほとんど何も残っておらず，目下海中に沈んだ遺跡の発掘が進められている。そこで以下の記述においては文献資料をふるい分けながら，当時の状況を概観することにしたい。

---

[9] ヘルムート・ケスター『新しい新約聖書概説 上――ヘレニズム時代の歴史・文化・宗教』井上大衛訳，新地書房，1989年，56頁。

古代都市アレクサンドリアの設立　アレクサンドリアのファロスは，ギリシアの商船がナイルに入る前に投錨できる唯一の港であり，穀物の国際的取引のために理想的な港であった。アレクサンドロスは各地にヘレニズム都市を建設する際にその利点に気づいており，建築家デイノクラティスに新しい都市の基本設計を命じた。この地を選ぶに当たって彼の夢にホメロスが現れ，スパルタ王メネラオスがファロス島に亡命するくだりを語ったとの伝説が伝えられているが，アレクサンドロスの伝承にはこうした神話化がいろいろと付きまとっている。前331年に彼はエジプト西部のオアシスの町シーワにあるゼウス・アンモン神殿を訪れ，「誠に汝はゼウス・アンモン神の意に適う息子なり」との神託を得た後，この都市の定礎式を行っている。しかし彼はその数週間後にこの地を去ってから，彼は二度とここに戻ることはなく，その亡骸は後継者のプトレマイオス1世によってこの地に戻され，ソーマと呼ばれる墓に埋葬された。しかしその墓はいまだ発見されていない[10]。

　アレクサンドロスは，その東征を通じて異民族，異文化と出合い，コスモポリタニズムの理念を抱くようになったが，その志半ばで死去。アレクサンドロスを表現した彫像や図像，コインがたくさん残されているが[11]，それは残された後継者たちがアレクサンドロスの威信を頼りとして彼らの王権の基盤固めをしていったからに他ならない。この点に関して森谷公俊は，「大王の後継将軍たちは，王家との血縁関係を持っていなかったため，常に自己の権力を正統化する必要に迫られた。もちろんすべてを決するのは軍事力であり，戦争での勝利こそが権力保持の第一条件である。しかしそれに劣らず重要だったのが，マケドニア人兵士を自分に服従させるための政治的心理的な宣伝であり，そのさい最も頼りとしたのが大王のイメージである」，「貨幣は，それを発行する支配者の政治的意志を端的に表現する手段であり，また給料の支払いに用いられ，兵士が日常生活で手にするものだった。それゆえ貨幣は，王位正統化の

10）　アレクサンドロス伝承について，森谷公俊『アレクサンドロスの征服と神話』講談社，2007年参照。

11）　フランク・ゴディオ［総合監修］，近藤二郎［日本展監修］『海のエジプト展　海底からよみがえる，古代都市アレクサンドリアの至宝』（2009年に横浜で開催された展覧会の日本語図録）2009年，朝日新聞社には，当時のコインの写真が多数収録されている。

戦略には欠かせない媒体である」[12]と興味深い指摘をしている。アレクサンドロスの理念のこうした媒体を通じての継承と共に，次に述べるようにこの地で発展した文献学の伝統が，諸宗教が共存する多文化主義的状況を可能にしたと考えられる。

　アレクサンドロスは，人間は民族によって差別されるべきではなく，善人か悪人かの区別があるのみと語ったと言われるが，こうした立場は，ギリシア人以外の他国人をバルバロイと呼んで，野蛮人，夷狄として差別的に扱った古典ギリシア世界の奴隷制社会とは異質である。これは後に使徒パウロが原始教団の洗礼告白定式を伝えた際に，「もはやユダヤ人もギリシア人もなく，奴隷も自由人もなく，男も女もない。あなたがたはキリスト・イエスにおいて一つだからです」（ガラ 4:28）と述べた言葉に通じるものである。

　前 323 年に突然アレクサンドロス大王が死去した後は，彼の配下の将軍たちが帝国を分割し，エジプトに王国を樹立したのがプトレマイオス朝であった。プトレマイオス 1 世は，「新しく建設されたアレクサンドリアの町を守る城壁と神殿を築き，国教を確立することによって，エジプトの富を確立した最初の王となった」（タキトゥス）。彼はまた，ファロス島の灯台や，ムーセイオン（学芸の守り神ムーサイを祀る聖域）と呼ばれる研究センターと王立図書館の建設に着手し，その建設事業はプトレマイオス 2 世フィラデルフォスに引き継がれた。その後プトレマイオス 3 世エウエルゲテスはエジプト人居住区にセラペウムを再建し，その中に王立図書館の姉妹図書館を建設した。プトレマイオス朝のアレクサンドリアは国際的な文化都市としても，また交易と金融の中心としても繁栄した。

　アレクサンドリア王立図書館　ヘレニズム時代はいわば「メセナの時代」と呼ぶことができるが，それは富と権力を兼ね備えた支配者たちが競って詩人や学者を招聘し登用することによって，諸王朝の勢力を誇示したためである。プトレマイオス朝の三代の王たちは交易によって得た富をこの都市の文化事業につぎ込み，大図書館，学術研究所のムーセ

---

12) 引用は，森谷前掲書，291 頁，および 294 頁。

イオン，神殿セラペイオンを建設。国内外から優秀な学者たちを招聘して経済的に支援し，第一級の文化都市にした。他方でポリスの崩壊に伴って祖国喪失のデラシネとなり，各地を遍歴せざるを得なかった当時の知識人にとって，この風潮は望ましいものとして歓迎された。彼らは小アジアや地中海世界の各地から，出身地を問わず登用され，それぞれの学問研究や王子の養育に当たり，各王朝の首都は「学問のコスモポリス」として隆盛をみることになった。アテナイやキュレネ，後に述べるアッタロス王朝が設立したペルガモン図書館に対抗するため，プトレマイオス１世はそれに匹敵する図書館をアレクサンドリアに建設することを思いついたと伝えられる。そのようにして首都アレクサンドリアは成立当初よりヘレニズム時代を代表する都市として，諸民族，諸思想，諸宗教，諸文化の坩堝としての様相を呈することになった[13]。

　プトレマイオス１世は地中海世界の各地から一流の学者を集めることで国家が繁栄するとの信念から，ファレロンのデメトリオスの進言に従い，王立図書館に重要な著作をすべて残さず写本にして収蔵させ，王宮内・外に収蔵された写本の数は50万冊とも70万冊とも伝えられている。デメトリオス自身が，また使者を派遣して地中海世界や中東から主要な詩人，劇作家，哲学者，科学者の著作を購入，借用させ，「金銭も政治的手管も通じない相手には，詐欺もどきの術策を弄することすら辞さなかった。アレクサンドリアやその他のエジプトの港に停泊している小舟の積荷を調べ，手稿本（マニュスクリプト）が見つけだされたら没収して倉庫に保管しておき，その写本が出来てから返還された。この種の本は「小舟本」と称されて広く知られるようになったが，原本が所有者のもとに戻るのは僥倖に近いことであった」[14]と語られる程に蔵書収集は徹底したもので，王立図書館の設立は国家の威信をかけた事業であった。

　ところでしばしば問題になるのが，前48年のアレクサンドリア戦役で生じた艦隊の火災が陸地に達し，王立図書館が消失したと伝えられていることである。アレクサンドリア図書館（王立図書館）の焼失については研究者の間に意見の相違があり，王立図書館がこの時の火災ですべて消失してしまったとみなす学者がいる一方で，これを否定する学者も

---

13) 野町啓前掲書，31頁以下。
14) デレク・フラワー前掲書，33-34頁。

第 1 章　オリゲネスと古代アレクサンドリア文献学　　　　　　37

おり，現在も謎に包まれている[15]。しかしこの地には王立図書館の他にも複数の図書館が存在していたことが知られている。王立図書館に収蔵しきれない書物を収めるために，プトレマイオス 3 世はセラペウムの聖域内の姉妹図書館や，カエサリウムの図書館を建設させ，さらにムーセイオンのホールにもかなりの数の書物が所蔵されていた。また王立図書館焼失の代償としてマルクス・アントニウスからクレオパトラにペルガモン図書館から 20 万冊が寄贈されたと伝えられ，アレクサンドリアは 4 世紀にいたるまで学術研究の拠点であり続けたのである。

　ユダヤ・キリスト教の文献学的伝統　　ユダヤ・キリスト教における聖書テクストとその解釈に及ぼしたアレクサンドリアの文献学的伝統の影響について概観するに当たり，まず言及すべきなのが「七十人訳」と呼ばれる聖書のギリシア語訳である。

　「七十人訳聖書」はヘレニズム諸都市に離散したギリシア語を話すユダヤ人のためになされた旧約聖書のギリシア語訳で，これは異邦人伝道のためのキリスト教徒の有力な武器となった。「七十人訳聖書」とアレクサンドリア図書館との関係を伝える伝説が，前 2 世紀初頭に成立した著者不明の『アリステアスの手紙』にあり，それによれば旧約聖書のギリシア語版の「七十人訳聖書（LXX）」の成立は，プトレマイオス 2 世が図書館に収録するためにギリシア語に訳すように依頼したことに起因するという。なおここではパレスチナから派遣された 72 人のラビたちが，72 日間で旧約聖書のうちのモーセ五書をヘブライ語からギリシア語に翻訳したとの伝説が伝えられているが，実際には旧約聖書のギリシア語への翻訳は前 3 世紀半ばから前 2 世紀にかけて徐々に成立したと考えられる。

---

[15]　マクガッキンは，この図書館はオリゲネスの時代まで依然として強力な影響力を保持していたとみなし，その理由として，カエサルの時代にその蔵書が破壊されたとみなされてきたのは，この都市の主要な蔵書と，カエサルがローマに運ぶために没収した比較的小規模の歴史的書物とを同一視した誤りに基づくとみなしている。後者は一時的に埠頭に保管されていたところを，火を放たれた彼の船によって焼き尽くされた（J.A.McGuckin, "Origen as Literary Critic in the Alexandrian Tradition", in *Origeniana Octava*, Leuven, 2003, pp. 123-124）。またルチャーノ・カンフォラも，焼失したのは港近くの倉庫に保管してあった書物だけで，図書館そのものは焼失しなかったとみなしている（ルチャーノ・カンフォラ『アレクサンドリア図書館の謎　古代の知の宝庫を読み解く』竹山博英訳，工作舎，1999 年）。

プトレマイオス王朝はホメロスを特に尊重したが，それはこの王朝が範とし，その正統な後継者を自認したアレクサンドロスがホメロスを愛好していたためであり，歴代の王たちが招聘した学者たちは競ってホメロスのテクストの確立や研究に力を注いだ。しかし前2世紀になるとエジプトは王位継承争いのために分裂し，プトレマイオス8世（エウエルゲテス2世）の時代にギリシア人の芸術家・学者たちがアレクサンドリアから追放されるという出来事が起こる。エジプトは次第にその政治的独立性を失っていき，クレオパトラ7世の死によってプトレマイオス朝は終焉し，前30年にローマ帝国の属州となる。ギリシア文化・学問の新たな中心地として登場したのがペルガモン王国であり，この国の最後の王アッタロス3世は前133年に遺言によって王国をローマに寄贈した。ペルガモン図書館はアレクサンドリアに次いで世界第二位の規模を誇り，20万冊の蔵書があったと伝えられる。

　ペルガモン図書館とライバル関係にあったアレクサンドリア図書館は，ペルガモンへのパピルスの輸出を禁止したため，この地でパピルスの代用として羊皮紙が発明された。その後写本は壊れやすいパピルスの巻子から，丈夫な羊皮紙の綴じ本に代えられることになる。パピルスはペーパーの語源であり，羊皮紙パーチメントはラテン語 pergamenum（ペルガモンの紙の意味）に由来する。これら両図書館の対抗関係はテクスト解釈の方法の相違にも反映し，それらはヘレニズム諸思想のみならずユダヤ・キリスト教の文献学にも大きな影響を与えた。ペルガモンで発展したテクスト解釈法は「アレゴリー解釈」と呼ばれ，神話的記述の合理的解釈法として発展した。これは，当時対抗関係にあったアレクサンドリア文献学が本文批評を重視して「ホメロスをホメロスから説明すべし」と定式化されるような解釈方法とは異なる方向で発展を遂げていた。後述するように，ペルガモンで発展したアレゴリー解釈はアレクサンドリアのフィロンとクレメンスに大きな影響を与えたが，オリゲネスはむしろこれとの緊張関係にあったアレクサンドリアの文献学的伝統の継承者であったことは，アレクサンドリアで発展した聖書解釈法を一括して「アレクサンドリア学派」と呼ぶ従来の見方に修正を迫るものである。オリゲネスの聖書解釈に関するこれまでの誤解もここに起因すると思われる。

2. 最初期のアレクサンドリア教会に関する資料

「資料の沈黙」説　このような文化都市アレクサンドリアにキリスト教が根を下ろしてゆく経緯について確かな情報は不足している。最古のキリスト教史についての資料が著しく欠如しており，アレクサンドリアとエジプトにおけるキリスト教の歴史は，180年頃に主教デメトリオスが登場するまでわれわれにほぼ全く知られないとみなしたハルナックの見解は，それに続くこの分野の研究に大きな影響を及ぼした[16]。その後バウアーはこの時期についてキリスト教側の資料が沈黙している理由を，この地域のキリスト教徒はユダヤ人キリスト教徒であれ，異邦人キリスト教徒であれ，その起源が宗教混交主義的グノーシス主義的基盤に基づいて異端的であったために，この当時にエジプトで書かれたキリスト教文書は保存されなかったと推定した[17]。バウアーはオリゲネスを含めて2世紀の終わりまでのエジプトにおいて，異端的キリスト教と教会的キリスト教の間の明確な区分が展開されていたかどうかは疑問であると主張し，「資料の沈黙」として知られる説を提示した。

従来アレクサンドリアのキリスト教についての歴史的資料は，4世紀にエウセビオスが『教会史』第一巻16章と24章に記した福音書記者マルコによるアレクサンドリア教会設立の記事を待たねばならないと考えられてきた。エウセビオスは，「このマルコは自分自身が著した福音書を宣べ伝えるためにエジプトに遣わされた最初の者であり，また，アレクサンドリアに諸教会を建てた最初の者と言われる」と伝えている（『教会史』第一巻16章）。ここに「言われる」と表現されていることについて，エウセビオスが『教会史』第一巻24章でマルコがアレクサンドリアの教会管区の奉仕職にあったことを具体的な引継年代と共に記していることから，何らかの文書資料が利用されていると想定する学者もいる[18]。

---

16) A. von Harnack, *Die Mission und Ausbreitung des Christentums* (4th ed.; Leipzig: Hinrichs, 1924) 2: S.706. 最初期のアレクサンドリアの教会に関する資料の沈黙について，G.Dorival, Les débuts du christianisme à Alexandrie, *Alexandria: Une mégapole cosmopolite*, Paris, 1999, pp. 157-174; S.C.Mimouni, "À LA RECHERCHE DE LA COMMUNAUTÉ CHRÉTIENNE D'ALEXANDRIE AUX Ier-IIe SIÈCLES", *Origeniana Octava*, 2003, pp. 137-163.

17) W. Bauer, *Orthodoxy and Heresy in Earliest Christianity*, Philadelphia, 1971, p.58（ドイツ語初版は1934年）．

18) 『エウセビオス　教会史1』秦剛平訳，山本書店，1986年，215頁の訳注（43）．

しかしこの記述について，アレクサンドリアのクレメンスにも[19]オリゲネスにも言及がないことから，従来の研究者たちはこの証言を疑問視し，アレクサンドリアのキリスト教の起源の正統性を疑問視してきた。さらにわれわれはエウセビオスの『教会史』が，今日の歴史批判的な方法に基づく記述であるというよりも，非常に護教的な意図に貫かれた記述であることに注意する必要がある。

　エウセビオスによる教会史の記述が様々な問題を孕んでいることは，すでに多くの研究者が指摘しているところである。カンペンハウゼンは，「近代教会史が啓蒙主義の産物であると同様に，古代教会史は弁証学の産物である。エウセビオスの立場の内的弱点が，まさにここにうかがわれる。彼の教会史および同時代史に関する研究は，その弁証学的目標設定の意識から，勧善懲悪的な白黒彩色法を好んで用いている。そして，これらの著作は修辞的教化的傾向を持ち，感銘と成功を収めることに執着している。それと共に，その著者が神学的判断の厳密な基準を全然持っていなかったことをも示している」[20]と述べて，彼の歴史記述に認められる傾向性を指摘している。

　またヘルムート・ケスターはエウセビオスによる最初期のアレクサンドリア教会の記述について，「後代の教会伝承に一致して，エウセビオスは，マルコをエジプトにおける最初のキリスト教の宣教者，アレクサンドリアの教会の創設者，そして最初の司教として挙げる。彼の最初期のアレクサンドリアのキリスト教共同体に一層具体性をもたせるため，エウセビオスはユダヤ人哲学者であるアレクサンドリアのフィロンからユダヤ教のテラペウタイ派の記述（『黙想生活について』5・3f）を借用し，それと完全に一貫させて，エジプトの最初のキリスト者たちは禁欲的哲学者の集団であったと結論する（エウセビオス『教会史』第二巻16章2）。この情報は既に現実的価値がないので，マルコに続くアレクサンドリアの司教たちについてのエウセビオスの表からも，あるいは彼らが在職し

　　19）　モートン・スミスがエルサレム近郊にある Mar Saba の修道院で1958年に発見した『テオドレトスに宛てたアレクサンドリアのクレメンスの書簡』に，ペトロの死後マルコがローマからアレクサンドリアの地に移り，この地に教会を設立したという記述がある（S.C.Mimouni, op.cit., p.144 参照）。
　　20）　カンペンハウゼン『古代キリスト教思想家Ⅰ ギリシア教父』三小田敏雄訳，新教出版社，1963年，89頁。

第 1 章　オリゲネスと古代アレクサンドリア文献学　　　41

た年月についての情報からも，あまり多くを知ることはできない」と述べている[21]。

　Ch. カンネンギーサーも，エウセビオスの『教会史』の記述全体の構成について，「それは，神学的に動機付けられたキリスト教の宣教活動が本文の中で語られることを予告している。冒頭の言葉の中で使われ，著作全体を支配している観念は，「聖なる使徒たちの継承」（αἱ τῶν ἱερῶν ἀποστόλων διαδοχαί）である。使徒から受け継がれたものは，正典の新約文書の中で伝えられたイエスについての使信である。それは，代々「使徒的」であり続けた共同体（教会）の中で権威を付された監督や教師によって伝えられた遺産である」と述べている[22]。ここでカンネンギーサーは，エウセビオスの『教会史』が現代的な意味での歴史記述として受け取られるべきではなく，むしろ体系的思考の結果であることを考慮する必要があることを指摘する。そして最初の版の『教会史』七巻の配置は一つの中心的命題，「すなわち使徒たちの教えは，最初期の「継承」（ディアドカイ）からオーリゲネースの時代まで，そしてオーリゲネースと彼の弟子を介して現在に至るまで，忠実に伝えられてきた」[23]，という命題から生まれたものであると結論づけている。その意味では，最初期のアレクサンドリアのキリスト教会の設立を，エウセビオスの『教会史』に従って福音書記者マルコに遡らせることは，資料的に困難であると考えられる。

　エジプトのキリスト教の多様な潮流　　最近になってナグ・ハマディ文書の発見や考古学的発掘の成果により，「資料の沈黙」が少しずつ破られ，最初期のアレクサンドリアおよびその他のエジプトのキリスト教の状況が徐々に明らかにされてきている。ケスターは，「エウセビオスが報告できる事柄が明確に示しているのは，彼に入手可能だった伝承はエジプトの初期キリスト教の歴史について黙していたということであ

　21）ヘルムート・ケスター『新しい新約聖書概説 下──初期キリスト教の歴史と文献』永田竹司訳，新地書房，1990 年，290 頁。
　22）Ch. カンネンギーサー「オーリゲネース主義者のエウセビオス」，秦剛平・H. W. アトリッジ共編『キリスト教の正統と異端』Lithon，1992 年，269 頁。
　23）同書，271 頁。

る。しかしながら，この場合，現代の歴史家の方がエウセビオスより有利である」[24]と述べて，ギリシア語やコプト語パピルスやナグ・ハマディ文書の発見を手掛かりにエジプトにキリスト教をもたらしたのはパレスチナあるいはシリアからの伝道者たちであるとみなし，その証言としてヨハネ福音書断片（パピルス52）と『エジャトン・パピルス 二』の『未知の福音書』の発見を挙げている。ケスターは，その後「程なく「グノーシス主義者」と呼ばれることになったキリスト者たちが，エジプトに登場する最初の伝道者であった」と推定し，その証言としてギリシア語原本の『トマス福音書』の三つの異なる写しを起源とする三つの断片（『オクシリンコス・パピルス』1,654,655）の発見，ヨハネ福音書の三つのパピルス（52,66,75）のエジプトでの発見を挙げている。

アラン・シーガルは，エジプトのキリスト教の起源について非正統的キリスト教の存在を想定する立場に代わって，むしろそれをユダヤ人キリスト教的性格に帰す立場を提起する[25]。その最古の資料が使徒言行録18: 24-25 である。この記事によれば，アレクサンドリア生まれの教養ある雄弁家のアポロという人物がエフェソに来て，イエスについて多くのことを教えるが，彼はヨハネの洗礼しか知らない。そのためにアポロはプリスキラとアキラからキリスト教について正確な教えを受けたという。それを裏付けるのが写本Dであり，彼が生まれ故郷で主の言葉を教えられたという記述があり，ユダヤ教的背景を持つキリスト教徒が早い時期からエジプトに存在していたことの証言とみなすのである。さらにシーガルは，偽クレメンス文書の『説教』（1.9.1）に，クレメンスがアレクサンドリアでイエスを個人的に知る人物に会いたいと願い，イエスの弟子のバルナバを紹介されるという記述を挙げ，これはエジプトのキリスト教がパレスチナから入ってきたことを想定したものとみなしている。また，アレクサンドリアのクレメンスにユダヤ主義者を攻撃する文書があることや[26]，オリゲネスがユダヤ人の割礼と断食の慣習を批

---

24) ケスター『新しい新約聖書概説 下』291 頁。
25) A. F. シーガル「ユダヤ人キリスト教」，秦剛平・H. W. アトリッジ共編『キリスト教の正統と異端』リトン，pp.63-110，特に（三）「エジプトのキリスト教」に関する箇所（pp.87-90）。なお Birger A.Pearson & James E. Goehring (eds.,), *The Roots of Egyptian Christianity*, 1986, Philadelphia を参照。
26) 『教会史』第六巻 13 章 3。

第 1 章　オリゲネスと古代アレクサンドリア文献学　　　　　　43

判したり[27]，エジプトには会堂と教会の両方に行くキリスト教徒が存在することを伝えていること[28]，さらにこの両者が『ヘブル人福音書』の存在を知っていたことなどから判断して，エジプトのキリスト教はユダヤ教の伝統による影響を大きく受けていたであろうと結論している[29]。

　しかしシーガルが提起する資料と使徒言行録 18: 24-25 の間には時代的に差があり，またこの聖書記事をそのまま歴史的記述とみなしてアレクサンドリアのキリスト教に関する最古の証言と理解することはできないと思われる。アポロ伝承の成立と聖書記者の編集について詳しい検討を行っている佐藤研の研究によれば，この記事は「元来の伝承に対して，使徒行伝の作者がアポロをパウロ的路線に従属させる形で編集し直したもの」であり，また元来の伝承の成立が「コリントのいわゆる「アポロ党」の人々の自己正当性の要求に遡源する」という[30]。そうであればなおのこと，使徒言行録の記事をアレクサンドリアのキリスト教の最初期の状況を伝える資料とはみなしえない。むしろオリゲネスがユダヤ人キリスト者の一派であるエビオン派の聖書解釈をしばしば論駁の対象としていることは，シーガルが示す 2 世紀後半の資料と並んで，エジプトのキリスト教の起源の問題を考える重要な手掛かりとなると思われる[31]。なおフィロンのようなプラトン哲学やストア哲学に基づくアレゴリー解釈の方法を学んでいた可能性を指摘する説もあるが[32]，この点については資料的に裏付けることは困難である[33]。

---

27)　オリゲネス『ヨハネ福音書注解』114，『レビ記ホミリア』10.2.
28)　オリゲネス『レビ記ホミリア』5.8.
29)　この点について，前述注 25 のシーガルの「ユダヤ人キリスト教」論文を参照。
30)　佐藤研『始まりのキリスト教』岩波書店，2010 年に収録された第 5 章「アポロ伝承小史」(113–126 頁) 参照 (引用は 126 頁)。
31)　オリゲネスとエビオン派の関係について，A.F.J.Klijin and G.J.Reinink, *Patristic Evidence for Jewish-Christian Sects*, Leiden, 1973; 出村みや子「アレクサンドリアの聖書解釈の伝統における貧困と富の理解」，『聖書学論集 41　経験としての聖書　大貫隆教授献呈論文集』日本聖書学研究所，2009 年 3 月，531–550 頁を参照。
32)　Richard A. Horsley, "Wisdom of Word and Words of Wisdom in Corinth", *Catholic Biblical Quarterly*, 39, 1977, pp.224–239; H.C. キー『初期キリスト教の社会学』土屋博訳，ヨルダン社，1988 年，99 頁。
33)　アポロがアレクサンドリア出身の雄弁家であったとの記述（使 18: 24-28）から，彼がフィロンのような知恵の神学や聖書解釈の方法の影響を受けていたとみなすことは，「沈黙からの議論（argument from silence）」に過ぎない。この点について詳しくは，Corin Mihaila, *The Paul-Apollos Relationship and Paul's Stance toward Greco-Roman Rhetoric*, New York,

M. ヘンゲルは，アレクサンドリアで成立した旧約聖書のギリシア語訳「七十人訳聖書（LXX）」研究の観点から「資料の沈黙」の問題に新たな視点を提起している。それはキリスト教が旧約聖書の LXX を教会で用いるようになった過程で，「文書の外形」の面で教会が用いる LXX をシナゴーグで用いられる聖書と区別しようとする動きが具体的に見られるようになった点である。一つはキリスト教の LXX がユダヤ教文書の「巻物」の形態ではなく，コーデックス（冊子体）の形態を用いるようになったことであり，二つ目は，「神名を表す聖四文字（YHWH）がユダヤ教起源のギリシア語の巻物には原則としてそのまま用いられてきたが，キリスト教のコーデックスでは κύριος（主）に置き換えられ，それが χριστός（キリスト）や他の nomina sacra（聖なる名）のように，他の語と区別して際立たせるために，最初と最後の文字のみを記して，その上に線を引くことによって示された（$\overline{KΣ}$ や $\overline{XΣ}$ など）」[34] ことである。この独特の書き方は 1 世紀に遡ると推定されている。ヘンゲルは，多くのユダヤ人が住んでいたエジプトとクムラン，ユダヤの荒野に由来する前 2 世紀から後 1 世紀に遡るギリシア語で書かれたユダヤ教起源の聖書の巻物の現存する断片が 9 個のみであるのに対して，後 1 世紀終わりから 3 世紀初めに遡る，少なくとも 14 の旧約聖書の，キリスト教起源のコーデックスの断片が，詩篇 77 篇の一つの巻物断片と共にエジプトで発見されたことを挙げている。そして「キリスト教の LXX がエジプトでこのように普及していたことは，初期のエジプトのキリスト教——他の資料は全く残っていない——が完全にグノーシス主義に覆われていたという通説に，矛盾する」と断言している[35]。

最後に A. ジェイコブの研究は，最初のキリスト教共同体がパレスチナ起源のユダヤ人キリスト教徒によって 1 世紀末に基礎づけられたこと

2009, pp. 193-197, 218 を参照。

34）M. ヘンゲル『キリスト教聖書としての七十人訳　その前史と正典としての問題』土岐健治・湯川郁子訳，教文館，2005 年，43 頁。なお初期エジプト，特にアレクサンドリアのキリスト教に見られる nomina sacra の使用に基づき，最初期のエジプトのキリスト教が 1 世紀のエルサレム教会の影響下にあるユダヤ人キリスト教徒であったとみなす研究として，C.H.Roberts, *Manuscript, Society, and Belief in Early Christian Egypt*, Oxford University Press, 1979, pp. 26-48; Birger A. Pearson, *Gnosticism and Christianity in Roman and Coptic Egypt*, pp.12-22 参照。

35）M. ヘンゲル前掲書，43-44 頁。

を『ペトロの宣教』に基づいて明らかにしようとする試みである[36]。この文書には，2世紀の初めにそのユダヤ教的環境とは一線を画して，その固有のアイデンティティを表明しようとする共同体の意志が示されており，それによってキリスト教の共同体は115-117年に生じたエジプトにおけるユダヤ教の破壊を生き延びて，比較的に知的で霊的なキリスト教の道に参与するようになったという。その際にこの共同体はそれ自体が混成状態にあって多様な潮流を（グノーシス主義的な傾向をも）許容しており，ほとんど制度化されてはいなかったと推定している。

以上のアレクサンドリアのキリスト教の起源に関する最近までの研究の概観を通じて徐々に明らかになってきたことは，それが必ずしもグノーシス主義異端を起源とするゆえに資料が意図的に保持されなかったという訳ではなく，むしろユダヤ教の影響下にあってグノーシス主義の潮流も許容しつつ，次第にそれらとの関係から脱し，固有のアイデンティティの確立を模索する共同体であったことである。以下のオリゲネスの神学論争の検討から示されるように，オリゲネスの反グノーシス主義論争が他の反異端論者と比べて穏やかであるのに比して，ユダヤ教との関係が非常に緊張に満ちたものとなっていくことは，こうしたキリスト教会のアイデンティティの問題と関係していたと考えることができる。

3. オリゲネスとアレクサンドリア文献学

次にわれわれは，古代アレクサンドリアの多文化的状況がどのようにオリゲネスの神学活動に影響を及ぼしたかを知るための具体例として，アレクサンドリアの文献学的伝統との関連を考察したいと思う。古代アレクサンドリアの文化的状況を視野に入れたオリゲネス研究が，21世紀の初頭のユネスコによるアレクサンドリア図書館の再興事業を契機として，にわかに注目を集めている現状についてはすでに述べた通りである。以下の文章は，そのオープニング・セッションで表明された「アスワン宣言」を一部引用したものである。

「アレクサンドリア図書館は，あらゆる国の人々の書いたものを集

---

36) Attila Jakab, *Chrétiens d'Alexandrie. Richesse et pauvreté aux premièrs temps du christianisme (Ier-3e siècles). Essai d'histoire sociale*, I, Villeneuve d'Asq, 1998.

めて「知識の頂点」を極めようと試みた点で，人類の思想史上，決定的な一時期を画したことの証しである。さらには，人類の経験の総体とその多様性を包括し，新しい精神が，手段としての知識に対する知覚を高め，協働して知識の探求に当たるために欠くことのできない基盤をつくろうという，その最初の企図を証すものとも言えよう。

　古代アレクサンドリア図書館と，それに結びついたムーセイオンの建設は，新たなる知の力の誕生であった。知識の源泉を能うるかぎり辿って収集し，それを学問研究や調査に役立てること，現代の概念でいう研究所，あるいは大学の基礎を作り上げたのである」[37]。

　オリゲネスを古代アレクサンドリアの伝統において考察する道に先鞭を付けたのが，1986年に開催された「アレクサンドリアのオリゲネス——彼の世界と遺産」を主題とした国際学会であった。この学会において，J. ライト（J.Wright）が発表した「書斎の中のオリゲネス——『ヘクサプラ』の理論的根拠」の研究は，オリゲネスが『ヘクサプラ』を編纂する過程でアレクサンドリア図書館の文献学的方法を踏襲し，カイサレイアの書斎で聖書本文の確定と聖文書の標準化を完成しようとした点において，ヒエロニュムスによるヘブライ語テクストのラテン語訳作業の先駆けとなったことを明らかにした[38]。その後ベルンハルト・ノイシェーファーによる『文献学者としてのオリゲネス』という画期的な研究[39]が公刊された。彼はオリゲネスの詩篇の解釈を詳しく検討した結果，オリゲネスが「ホメロスをホメロスから説明すべし」というアレクサンドリアの文献学的方法論に依拠した聖書解釈法を発展させたことを明らかにすることを通して，これまで長きにわたってオリゲネスの聖書解釈の特徴を専らアレゴリー解釈に帰してきた過去の諸研究の経緯を批判的に再検討した。ノイシェーファーがアレクサンドリアの文献学的伝統と

---

37) 引用は，デレク・フラワー前掲書，39-40 頁。この新図書館について，秦剛平『乗っ取られた聖書』19-20 頁および口絵写真 2 参照。

38) J.Wright, "Origen in the scholar's den: a rationale for the Hexapla", in Charles Kannengiesser and William L. Petersen, eds., *Origen of Alexandria: His World and His Legacy*, University of Notre Dame Press, 1988, pp. 48-62.

39) Bernhart Neuschäfer, *Origenes als Philologe*, Friedrich Reinhardt Verlag Basel,1987.

第1章　オリゲネスと古代アレクサンドリア文献学　　　　47

の関わりでオリゲネスの聖書解釈に新たな光を当てようとしたことは十分評価できるが，この研究はオリゲネスによる詩篇の解釈に限定したものであるゆえに，その結論も限定的であった。すなわちノイシェーファーによれば，オリゲネスは唯一の著者なる聖霊によって聖書を解明するという解釈方法を採用した文献学者であったという。従って彼の文献学的方法が他の聖書解釈においてもどのように用いられているかを解明することが，本研究が取り組むべき大きな課題であると思われる。

　その後 2001 年に「オリゲネスの著作と思想の背景におけるアレクサンドリアの諸文化（The Cultures of Alexandria in the Background of Origen's Work and Thought）」という主題のもとにピサで開催された第 8 回国際オリゲネス学会の主題講演において，Ch. ジェイコブは古代アレクサンドリア文献学の問題について講じている。この文献学的伝統の特徴とは，「アテネにあるアリストテレスのリュケイオンにすでに見て取れる形態を拡大して，文書が同時に対象，媒体，道具であるような，知的な作業モデルを最終的に確立した」ことにあったという。彼はアレクサンドリアの文献学的伝統の説明として，次のように述べている。「ここでは古典学の全集にその時点以来次々と，アレクサンドリアの，次にヘレニズム時代，さらには帝政期の専門的学識が，著作，辞書，注解書，主題毎の単著といった多層な形態で加わったが，それはその専門家たちがより以前の文献の鉱脈を開発することを可能にしたものであった。それは，選択のためであれ，総合のためであれ，テクストを別のテクストに基づいて解明し，注釈書同士を比較し，元来のテクストの読みに挿入のためや，それに代わる読みのために新たな形態のテクストを生み出し，知的な照合の道具を動員して一つの著作を読むことであった」[40]。しかし残念なことに，ジェイコブは直接オリゲネスに対する影響についてはそれを示唆するにとどまり，具体的に論じてはいない。

　ここで問題になるのが，前 48 年にカエサルがアレクサンドリア戦役の際に放った火によって，艦隊や市街地もろともムーセイオンと大図書館が所在するブルケイオンが炎上してしまった出来事はあまりにも有名なので，果たしてオリゲネスの時代までにアレクサンドリアの図書館の

---

40) Ch.Jacob, "Bibliothèque, livre, texte: formes de l'érudition alexandrine", in *Origeniana Octava*, Leuven, 2003, pp. 13-22（傍点は筆者による）．

文献学的営みがこの地で影響力を保ち得たかという点である。そのために従来のオリゲネス研究においては，アレクサンドリアの地が過去に大図書館を中心とした一大文化都市であったことについては言及されるものの，オリゲネスに対する直接的影響を論じることは差し控えられてきたと考えられる。だが今世紀初頭の古代アレクサンドリア図書館再建事業に関心が集まるにつれて，新たに多くの研究が提起されるようになり，オリゲネス研究にも新たな光が投ぜられることとなった。マクガッキンは最近のアレクサンドリア研究の成果を踏まえて，オリゲネスはアレクサンドリア図書館を念頭に置いた学術機関をアレクサンドリア教会に設立しようとしたが失敗し，カイサレイアに移住後にこの計画を「研究機関—図書館（Schola-Library）」として実現させたと主張しており[41]，オリゲネスの神学思想の構想を理解する上で，アレクサンドリア図書館とその学術研究の伝統の影響が重要であるとみなしている。

　先に述べたように，王立図書館の焼失は必ずしもこの地のすべての図書館や文書の消失を意味するのではなく，その後もアレクサンドリアは4世紀に至るまで研究の拠点として発展を続けた。モスタファ・エル＝アバディは，王立図書館の焼失後にもアレクサンドリアにはいろいろな図書館があったことを伝えている。焼失を免れたムーセイオンにはかなりの数の書物が所蔵されており，セラペウムの聖域にあった姉妹図書館はローマ期におけるアレクサンドリアの中心的図書館となった。さらに王立図書館焼失の代償として，マルクス・アントニウスからクレオパトラに20万冊にも及ぶ書物がペルガモン図書館から贈られたという記録がある。従って「ローマ支配の最初の2世紀間，ムーゼイオンはさらに発展を続け，これら消失を免れた図書館はアレクサンドリアの伝統である学者たちの学問研究に利用された」[42]のであり，オリゲネスにもその文献学的伝統の影響が及んだであろう。実際オリゲネスがカイサレイアの地に移住後には周辺諸地域を旅して精力的に写本の収集に当たり，こ

41）　J.A.McGuckin, "Origen as Literary Critic in the Alexandrian Tradition", *Origeniana Octava,* Leuven, 2003, pp. 123-124.
42）　モスタファ・エル＝アバディ前掲書，第五章「図書館とムーゼイオンの最期」（155-156頁）。

第1章　オリゲネスと古代アレクサンドリア文献学　　　　　　49

の地に研究機関を併置した図書館を設立したのだった[43]。

　カイサレイアに移住したオリゲネスの重要な仕事が，旧約聖書の六欄組対観『ヘクサプラ』の編纂であったが，オリゲネスの『ヘクサプラ』の編纂にはアレクサンドリア図書館の文献学の影響がはっきりと確認される。『ヘクサプラ』の詳しい紹介とその評価については本書第5章4で扱うが，これはヘブル語のテクストとギリシア語訳の諸版を併記したもので，左から右の六欄に，（1）ヘブル語のテクスト，（2）そのギリシア文字への音訳，（3）アクィラ訳（ユダヤ教への改宗者によるヘブル語に極端に忠実な訳），（4）シュンマコス訳（エビオン派の人物により，テクストの意味を正確に伝えることを意図した訳），（5）「七十人訳」，（6）テオドティオン訳（ユダヤ教への改宗者が七十人訳を自由に手直しした訳）が並記されている（最後のテオドティオン訳の箇所に他の版のギリシア語訳が置かれていることもある）。

　「七十人訳」をヘブル語本文と並記することで，七十人訳に見られる付加や省略の箇所，また翻訳上の問題をはらむ箇所が明らかになるが，オリゲネスはそのような箇所を示すのに，アレクサンドリアの文献学者アリスタルコス（前217-145年）がホメーロスの本文を校訂するときに考案した様々な記号（ヘブル語本文には欠けていることを示す星印のアステリコスと，本文への付加であることを示すオベロス）を，多少の修正を加えて使用している。彼は七十人訳に見られる付加部分を積極的には削除しなかったが，欠落部分はアクィラ訳やテオドティオン訳で補った[44]。こうした聖書神学者としてのオリゲネス像はこれまであまり注目されず，『ヘクサプラ』に示されたオリゲネスの文献学的関心が彼の他の著作にどのように反映されているかについても，詳しい研究がなされてこなかったのが実情であるが，それは本書の最初に述べたようにオリ

43）　Hayim Lapin, "Jewish and Christian Academies in Roman Palestine: Some Preliminary Observations", Avner Raban and Kenneth G.Holum (eds.), *Caesarea Maritima ; A Retrospective after Two Millenia*, Leiden, Brill, 1996, pp.496-512; David T. Runia, "Caesarea Maritima and the Survival of Hellenistic-Jewish Literature" Avner Raban and Kenneth G.Holum (eds.), *Caesarea Maritima*, pp. 476-495; J.McGuckin, "Caesarea Maritima as Origen Knew It," R.J.Daly, ed., *Origeniana Quinta* ,Louvain, 1992, pp. 3-25.

44）　オリゲネスが当時の七十人訳本文に加えた改訂作業の評価については，本書第5章4で論じる。

ゲネスのアレゴリー解釈が長い間問題視されてきたためであった。そこで，以下においてオリゲネスの聖書神学者，文献学者としての面が注目されてこなかった重要な要因であった彼のアレゴリー解釈の問題を取り上げたいと思う。

II　オリゲネスとアレゴリー解釈

　序論で述べたように，オリゲネスを後続の異端的思想の元祖とみなしたエピファニオスは，オリゲネスのアレゴリー解釈を批判して，「最後に彼は，可能な限りのアレゴリー解釈を行った（ἀλληγορεῖ δὲ λοιπὸν ὅσαπερ δύναται）——楽園，その水，天上の水，地下の水など——。彼はこれらの愚かな事柄や他のこれに類した事柄を語ることを決して止めなかった」[45]と述べているが，われわれは現代のオリゲネス研究にもその痕跡を確認することができる。R. P. C. ハンソンは著書の Allegory & Event において，オリゲネスの解釈学的方法，特にアレゴリー解釈が聖書テクストの元来の意図をひどく侵害するものであるゆえに，「全く非聖書的，全く非批判的で，全く非現実的である（It is totally unscriptural, totally uncritical, totally unreal）」と痛烈に批判し，後続の教父学のみならず，聖書学にも大きな影響を与えた。さらにオリゲネスの聖書解釈法の三つの区別も，結局のところは「霊的意味」に解消される「恣意的な気まぐれ（arbitrary fancy）」とみなしている[46]。つまりハンソンはオリゲネスの聖書解釈が，聖書学の歴史・批判的方法に照らして歴史を歪めるもの，あるいは聖書記者の意図を歪めるものであるとの批判を提起し，今日の聖書解釈の研究に何ら貢献するものではないとみなしているのである[47]。そこでオリゲネスのアレゴリー解釈の問題を，アレクサンドリアの文献学的伝統との関連で検討したい。

---

45)　『パナリオン』64,4,10–11.

46)　R. P. C. Hanson, *Allegory & Event; A Study of the Sources and Significance of Origen's Interpretation of Scripture*, London, 2002, p. 209, p. 257.

47)　Hanson, *Allegory & Event*, p.363 では，「オリゲネスの思考が聖書の外部に留まり，その内部に入り込むことは決してない」と断じている。

1. アレクサンドリアの聖書解釈の系譜

　これまでの伝統的な教父学においてアレクサンドリアは，フィロン・クレメンス・オリゲネスが聖書解釈においてアレゴリー解釈の方法を展開した地として記憶されており，これら三人は教科書的記述の中でキリスト教プラトン主義の系譜として理解され，一括して「アレクサンドリア学派」の名称で呼ばれてきた[48]。確かにフィロンの『誰が神のものの相続人か』という著作における聖書解釈は，アレゴリー解釈の好例とみなすことができる。彼はこの書の 61 において，創世記 12 章の冒頭の「主はアブラハムに言われた，あなたは自分の国，親族，父の家を離れて，私の示す国に行きなさい」という章句を解釈して，「従ってわが魂よ，もしおまえが神の善きものを受け継ごうというあこがれを感じるのであれば，おまえの国，すなわち肉体とか，おまえの親族，すなわち感覚とか，おまえの父の家，すなわち言葉を離れるのみならず，おまえ自身から旅立たなければならない」[49] と述べて，父祖アブラハムの旅立ちの記述を，感覚的事物から離れて神的イデアへと上昇する魂の寓意として解釈している。フィロンがこのような形でアレゴリー解釈を通じてトーラーを脱自的な体験の記述へと換えていることについて，カンネンギーサーは「フィロンの読者であれば，ユダヤ教徒が義務を負っているトーラーに忠実でありながら，同時に真のアレクサンドリア人として，プラトンの『パイドロス篇』に言われているような，超越性への内在的必要を経験したであろう」[50] と述べている。

　野町啓もフィロンの聖書解釈の本領が聖書，ことに創世記をプラトンの宇宙論，とりわけ『ティマイオス』の枠組みを援用しつつ解釈することにあったことを指摘し，そのために彼がそれまではユダヤ民族固有の法として伝統的にとらえられてきた律法を「普遍化する面のあることも否定できない」ゆえに，彼の著作はユダヤ教内部では必ずしも受け入

---

[48] Ch.Bigg, *The Christian Platonists of Alexandria*, Oxford, 1886（Georg Olms Verlag より 1981 年に再版されている）は，アレクサンドリアのキリスト教プラトン主義の実例として，フィロン，グノーシス主義，クレメンス，オリゲネスに見られるアレゴリー解釈の方法を挙げている。

[49] テクストは，*Philo IV, LCL*, 1985 による。

[50] チャールズ・カンネンギーサー「古代アレキサンドリアにおける古典哲学とキリスト教の釈義との出会い」出村和彦訳，『中世思想研究』第 38 号，1996 年。

られなかっただろうと推測する[51]。事実フィロンはユダヤ教よりもキリスト教の教会著述家たちによって好んで引用されてきたのである[52]。

哲学的遍歴を経てキリスト教に回心したアレクサンドリアのクレメンス（150年–215年頃）もまた、聖書解釈にギリシア思想の素養を取り入れて聖書テクストのアレゴリー解釈を行い、ヘレニズム世界の人々にキリスト教の弁明を行った。彼は世界と人間についてヘレニズム的宇宙論の影響を受けて「聖霊の力によって、神のロゴスは、この偉大な世界を、そしてまた、人間という小さな世界、すなわち、魂と肉体をともども、調和ある秩序へと整える。宇宙というこの多声の楽器によって、神のロゴスは神に向かって楽を奏で、人間の楽器に向かって歌いかけている」（『ギリシア人への勧め』一）と記述し、神についても「単に説明し尽くせないという意味で無限であるのみならず、形も名前もないという意味でも無限なのである」（『ストロマテイス』V,12.81）と述べている[53]。

さらにクレメンスは『ギリシア人への勧告』の末尾において、帆柱に身を縛り付けてセイレネスの歌声の誘惑から逃れるオデュッセウスの姿を、十字架上のキリストに身を委ねるキリスト者に重ねている。

「かの女の歌の傍らを避けて航行せよ、死を招くものゆえ。汝は、もし望みさえするなら、もう破滅に打ち勝ったのだ。そして木にしっかりと身を縛り付けるなら、汝はあらゆる破滅から解かれるだろう。汝の舵とりをつとめるのは神のロゴスである。聖霊は天の港へと導いてくれるだろう。そこで汝はわたしの神を観照し、聖なる神秘に与ることを許され、天に隠されたものを享受するであろう。それはわたしの許に備えられ、人の耳が聞いたことも、人の心に浮かんだこともなかったものなのだ」（『ギリシア人への勧告』12.118.4、秋山

---

51) 野町啓前掲書、167–170頁。

52) 最近のフィロン研究について、David T. Runia, *Philo of Alexandria. An Annoited Bibliography 1897-1996*, Supplements to Vigiliae Christianae, Vol.LVII, Leiden: Brill,2000、『アレクサンドリアのフィロン　観想的生活・自由論』土岐健治訳、教文館、2004年の「解説」、ケネス・シェンク『アレクサンドリアのフィロン　著作・思想・生涯』土岐健治・木村和良訳、教文館、2008年参照。

53) テクストは、*Clemens Alexandrinus 3 vols, GCS*, 1985(4th ed.) による。

学訳)[54]。

このイメージはヒッポリュトス，アンブロシウス，ビザンティンのアレタスなどの神学者に受け継がれた。さらにクレメンスの倫理思想にはストア派の影響（情念の抑制とアパテイアの理想に関する議論）が大きく，その後の禁欲主義的修道制文学に継承された[55]。

野町啓は，フィロンやクレメンスに見られるようなテクスト解釈におけるアレゴリー解釈方法の重視は，アレクサンドリア文献学の主潮と伝統に反する面を有しており，これはアレクサンドリア文献学に対抗したペルガモン文献学の採った基本的方法であったことを指摘している。「アレクサンドリア文献学は，そのホメロス研究が示すようにあくまでもテクストに記された文字に固執し，諸写本の校合に基づく真正な本文確立が目的であった。これに対しテクストの比喩的・寓意的解釈（アレゴリア）は，前2世紀のマロスのクラテスに典型的にみられるように，アレクサンドリア文献学に対抗したペルガモン文献学のとった基本的方法であった。「寓意的解釈」とは，「アレゴリア」とギリシア語でいわれるが，本来それは「他のことを語る」を意味している。つまりそれはテクストに記された文字とは別のところに，作者なり著者の真意を求めようとする解釈上の方法である」[56]。

野町の指摘するように，確かにアレゴリア（ἀλληγορία）の原義は，動詞形の ἀλληγορέω の「他のことを言うこと（ἀλλὸ ἀγορεύω）」に由来している。このような解釈法が発展した背景には，神々や英雄たちが登場するホメロスの作品を校訂する過程で，現実にはありえない不合理さや公序良俗にそぐわないなどの問題が生じ，そこに寓意的解釈が成立しなければ，作品自体が否定されるべきものとなるという状況があっ

---

54) 秋山学『教父と古典解釈——予型論の射程』創文社，2001年，208頁。
55) この点について詳しくは，秋山学前掲書，205頁以下，出村みや子「古代アレクサンドリア神学における貧困と富の理解（1）——アレクサンドリアのクレメンスの『救われる富者は誰か』を中心に」，『東北学院大学キリスト教文化研究所紀要』第27号，2009年，45-64頁参照。
56) 野町啓前掲書，153-154頁。

た[57]。そのためにペルガモン文献学はアレゴリアの方法を用いて，テクストを別の言葉で説明し，表面に表れた字義的意味とは別の精神的・哲学的意味を読みとる解釈法を発展させたのである。野町はホメロス解釈の方法について，「寓意的解釈は，ホメロスの神話の叙述を，言外に自然現象を示唆するものとして解釈する方向であり，神話とは別の要素へと置換し，ホメロスそれ自体の叙述にはみられない観点を入れて解釈することである。例えば彼（アリストテレス）は，『オデュッセイア』第12巻にみられる「ヘリオス」（太陽神）の所有にかかわるそれぞれ50頭からなる7つの牛と羊の群を，太陰暦の350日（実際には354日）の神話的表象とみなしたと言われる。」[58]と述べ，さらに前2世紀のマクロのクラテスがホメロスの『イリアス』十八巻に見られるアキレウスの盾の十の文様を，天球の十の部分として解釈した例を挙げている[59]。これに対してアリスタルコスに代表されるようなアレクサンドリアの文献学の特徴は「ホメロスをホメロスから説明すべし」という，テクストの内在的理解であったという[60]。オリゲネスのアレゴリー解釈の問題の解明には，こうしたアレクサンドリアの文献学的伝統を考慮する必要がある。

2. オリゲネスの聖書解釈の方法

オリゲネスは，身体―魂―霊から成る三元的人間観に対応した三層的（字義的―道徳的―霊的）解釈法，特にアレゴリー解釈で知られるが，当時のヘレニズム哲学者やグノーシス主義グループにも共有された方法であったために，オリゲネスの聖書理解はその後の聖書解釈史において誤解され，また正当に評価されてこなかったように思われる。この点について，オリゲネスが実際に聖書解釈の方法を展開している『諸原理について』第四巻2章4の箇所を考察しよう。この箇所はギリシア語テク

---

57) 野町啓前掲書，122-127頁。
58) 野町啓前掲書，127-128頁。
59) 野町啓前掲書，153-154頁参照。
60) 野町啓前掲書，116-117頁。「しかし全面的にこうした解釈にのみ依存するのではなく，神話的叙述に自律性を認めたことは，伝承上の問題はあるにせよ，アレスタルコスの「ホメロスをホメロスから説明すべし」という解釈上の観点と軌を一にするものがそこにはあると言ってよい。物語の世界，ひいては文学の世界の自律性を認める態度とは，それぞれの学問の固有性と自律性を尊重する態度にも連なっていくのである」（127-128頁）。

第1章　オリゲネスと古代アレクサンドリア文献学　55

ストとルフィーヌスのラテン語訳で伝えられている。

　オリゲネスは『諸原理について』第四巻2章4においてアレゴリー解釈を含む聖書解釈の方法を導入するに当たり，まず次のように述べている[61]。

　ギリシア語テクスト
　「しかるに聖書をいかに読み，それらの意図を理解すべきかについての方法であるとわれわれがみなすのが，御言葉それ自体から辿られる方法である
　(Ἡ τοίνυν φαινομένη ἡμῖν ὁδὸς τοῦ πῶς δεῖ ἐντυγχάνειν ταῖς γραφαῖς καὶ τὸν νοῦν αὐτῶν ἐκλαμβάνειν ἐστὶ τοιαύτη, ἀπ᾿αὐτῶν τῶν λογίων ἐξιχνευομένη)」。

　ルフィーヌスによるラテン語訳
　「われわれがすでに語り始めているように，聖書を理解し，その意味を求めるためにわれわれにとって正しいと思われる道は，ちょうど聖書についていかに判断すべきかをわれわれが聖書自体から教えられているように，次のような方法であると考えられる
　(Verum, ut dicere coeperamus, uiam, quae nobis uidetur recta esse ad intellegendas scripturas et sensum earum requirendum, huiusmodi esse arbitramur, sicut ab ipsa nihilominus scriptura, qualiter de ea sentiri debeat, edocemur)」。

　ラテン語訳に比べて簡潔な表現のギリシア語テクストには，聖書解釈の方法として「御言葉それ自体から辿られる (ἀπ᾿αὐτῶν τῶν λογίων ἐξιχνευομένη)」という表現が見られる。ここに用いられた ἐξιχνευομένη は，「〜からその痕跡ないし手掛かりを辿る」という意味の動詞 ἐξιχνεύω の受動分詞形であり，この表現を用いることによってオリゲネスは，聖書をいかに読み，理解すべきかについての方法については，聖書のテクストそれ自体からその手掛かりを得るべきことを示

---

　61)　テクストは，*Origène Traité Des Principes Tome III* par H.Crouzel et M.Simonetti, SC, 1980, p. 35 による。

している。これはアリスタルコスに見られるようなテクストの内在的理解の原則と一致するものである。

続いてオリゲネスは，三層的聖書解釈の方法を次のように示している。

「ソロモンの格言の書の中には，聖書の〔理解にあたって〕遵守すべき原則のようなものが明言されている。「あなたは，思慮深さと学識をもって，これらのことを三回，あなたのために書き記しなさい。それは，あなたに問いただす人々に真理の言葉をもって答えるためである」と。したがって，各自がその魂のうちに聖書の理解を三回記すべきなのである。それは，まず単純な人々が，いわば聖書のからだそのもの——聖書の普通の歴史的な意味を，ここで聖書のからだと呼んでいる——によって教化されるためであり，次にある程度進歩し始め，より一層深く洞察しうる人々が聖書の魂そのものによって教化されるためであり，ついに完全な人々，使徒〔パウロ〕が「しかし我々は完全な人々の間では知恵を語る。この知恵は，この世のものではなく，この世の滅び行く支配者たちの知恵でもない。むしろ我々が語るのは，隠された秘義としての神の知恵である。それは神が，我々の受ける栄光のために，世の始まらぬ先から，あらかじめ定めておかれたものである」と言っているような人々が，「「来るべき良いことの陰影をやどす」霊的律法によって，いわば霊によって教化されるためである。したがって，人間が身体と魂と霊によって構成されていると言われるように，人間の救いのために神の賜物として与えられた聖書も〔同様に構成されているのである〕」（第四巻2章4　小高毅訳）[62]。

従来の解釈では，この箇所がオリゲネスの聖書解釈の三段階法として強調され，特別な扱いを受けてきた。しかし現在では，こうした三層的方法が実際のオリゲネスの聖書注解においては組織的な形で用いられている訳ではないこと（inconsistency）が，多くのオリゲネス研究者によって指摘されている。エドワーズは，「彼が彼の三重の図式（his threefold

---

[62]　『オリゲネス　諸原理について』小高毅訳，創文社，1978年，289頁（傍線は筆者による）。

第1章　オリゲネスと古代アレクサンドリア文献学

scheme）をめったに遂行せずに，通常は肉と霊の間の対立で急に立ち止まったり，時に明瞭な意味と神秘的ないしアレゴリー的意味の間の対立で止まることはよく知られている。「神秘的」という用語が一層深遠な解釈を特徴づけ，「アレゴリア（allegoria）」が（パウロに反して）一層実践的な解釈を示しているように見えることがしばしばあるのに対して，厳密な三区分，すなわち「字義的―アレゴリー的―神秘的」は維持されておらず，さらに彼の読みが所与のテクストの魂，あるいは霊のいずれを洞察しようと意図しているのかを決定するのは困難であろう」[63]と述べている。さらにそれに伴ってアレゴリー解釈の恣意性（arbitrary）も多くの研究者が批判している[64]。『諸原理について』四巻2章4で展開された聖書解釈法が，オリゲネスの著作活動全般の中では一貫して使用されてはいないこと，さらにアレゴリー解釈が恣意的に用いられているという批判をどのように考えるべきだろうか。

　オリゲネスの聖書注解の文献学的作業を理解する上で有益と思われる，アレクサンドリアの文献学的伝統については，古典テクストの伝承や保存の歴史を辿ったレイノルズとウィルソンの研究がその特徴を簡潔にまとめているので，関連部分を引用しておきたい。これはオリゲネスがキリスト教史上初めて注解書を導入して数多く著したことや，オリゲネスの聖書解釈の特徴を理解する上で非常に示唆的である。

　第一に注解書の成立について，以下のように述べられている（傍点は筆者）。

「ホメロスその他の古典作家のテクストを確立しなければならないという必要に迫られて，学者たちは，それまでに試みられていたよりももっと体系的に文学研究の諸原理を定義し応用したいと思った。難しい個所を議論していくなかから，当の作家の信頼できるテクストが生み出されただけではなく，問題点を論じ，いろいろな解

---

[63] Mark Julian Edwards, *Origen against Plato*, Ashgate Studies in Philosophy and Theology in Late Antiquity, 2002, p. 136.

[64] 他に Henri de Lubac, *Histoire et esprit: L'intelligence de l'écriture d'après Origène*, Paris, 1950, p.141, R. P. C. Hanson, *Allegory & Event*, p.236; Karen Jo Torjesen, *Hermeneutical Procedure and Theological Method in Origen's Exegesis*, Berlin, 1985, p. 40, note.51.

釈を提示する注解書も生まれた。それまでにも，もっぱらホメロスにのみ向けられた研究はいくつかあった。たとえばアリストテレスはテクストの諸問題について著述したし，レギオンのテアゲス（前525頃）はアリストテレスよりもずっと早い時期におそらくホメロスの神々の不道徳に対するクセノパネスの非難に刺激されて，寓意的な解釈に頼ることによって，ホメロスの二つの詩篇のこの特徴——それはホメロスの詩を教室で説明するどんな教師にとっても当惑の種であった——を和らげようと試みたのだった。だがテクスト批判の文献が大量に生み出されたのは，この時がはじめてであった。……こういった注釈的研究は，通常，注釈を加えられる作品とは別個のテクストとして別々に書かれた。つまり短い初歩的な注は別として，ある作家に関する注釈をこの当時は，テクストの欄外につけ加えるのではなく，別冊の本にしたのである。……この種の文献が本来の形で残っていることはほとんどないが，後代の学者ディデュモス（前1世紀）が著した，デモステネスに関する著作の一部分のパピルスに有名な例がひとつある」[65]。

第二にテクスト批判の原則については，次のように述べられている。

「古代の学者とくにアリスタルコスが賞賛に値するのは，テクスト批判の原則を発展させたことである。その原則とは，「ホメロスをホメロスから説明すべし」というもので，言い換えれば，ある作家の語法を知るもっとも良い案内書はその作家本人の著作全体である。それゆえ，できればどこであれその同じ作家の他の個所を参照することによって難解な点を説明すべきであるという原則である。これは，ある特定の単語や表現のほうが代わりの可能な読みよりもいかにもホメロスらしいという，古注の多くの注釈の基礎をなす考え方である。二流の知性しか持ち合わせない校訂者がこの原則を採用すると，実際に頻繁に起こっていたように，誤用に陥りやすいの

---

[65] L.D.Reynolds & N.G.Wilson, *Scribes & Scholars*, Oxford,1968（引用は，邦訳 L. D. レイノルズ / N. G. ウィルスン『古典の継承者たち ギリシア・ラテン語テクストの伝承にみる文化史』西村賀子・吉武純夫訳，国文社，1996年，23-25頁，なお傍点は筆者による）。

第1章　オリゲネスと古代アレクサンドリア文献学　　　　　　　　59

は当然であった」[66]。

　オリゲネスの聖書解釈の方法は、「御言葉それ自体から辿られる ($\mathrm{\dot{\alpha}\pi'\alpha\dot{\upsilon}\tau\tilde{\omega}\nu\ \tau\tilde{\omega}\nu\ \lambda o\gamma\acute{\iota}\omega\nu\ \dot{\varepsilon}\xi\iota\chi\nu\varepsilon\upsilon o\mu\acute{\varepsilon}\nu\eta}$)」という表現に示されるように、本文研究を重視するアレクサンドリアで発展した「ホメロスをホメロスから説明すべし」ことを原則としたテクストの内在的理解を継承したものであり、彼は聖書解釈法として、「聖書を聖書によって解釈する」アレゴリー解釈を確立した。この方法は聖書のより深い意味を探求する後代の聖書解釈法の基礎づけとなったものであり、これによって彼の聖書解釈が基本的に他の聖書のテクストを引用しつつ展開されていることの意味が明らかになる。そうであれば、オリゲネスの聖書解釈において重要な位置を占めるアレゴリー解釈は、先に検討した寓意的解釈と同一視、ないしはこれに限定することができるだろうか。

　ここで再度アレゴリアの原義に立ち戻ってみれば、1世紀のアレクサンドリアの文法学者ヘラクレイトスはアレゴリアの定義として、「一つのことを言いながら、言われていることとは別のことを意味する方法は、アレゴリアの名で呼ばれるのだから (Ὁ γὰρ ἄλλα μὲν ἀγορεύω τρόπος, ἕτερα δὲ ὧν λέγει σημαίνων, ἐπωνύμως ἀλληγορία καλεῖται)」と述べている[67]。パウロ解釈との関係で後に詳しく紹介するが、スティーブン・ディ・マッティ (Steven Di Mattei) はパウロのアレゴリアの用法に関する研究において、動詞形の ἀλληγορέω は古代の用法によれば、「寓意として解釈すること (to interpret allegorically)」ではなく、「比喩的に語ること (to speak allegorically)」ないしは「比喩の方法を用いて語ること (to speak by means of the trope ἀλληγορία)」を意味していることに注目し、これまでのパウロ解釈やオリゲネスの評価に付随するいくつかの問題に重要な示唆を与えた。すなわちこの定義によれば、アレゴリアは必ずしも護教的意図を伴う寓意的解釈のことを示してはおらず、修辞学的方法 (rhetorical trope) を指していることが重要なのである[68]。

───────────
66) 引用は L. D. レイノルズ / N. G. ウィルソン、前掲書 29 頁（傍点は筆者による）。
67) Heracleitus, *Quaestiones Homericae* 22.
68) Steven Di Mattei, "Paul's Allegory of the Two Covenants (Gal 4.21-31) in Light of First-

実際アレクサンドリアに大総合図書館を並置した一大研究センターの設立を，プトレマイオス 1 世ソーテールに進言したとされるデメトリオスはペリパトス派の学徒であり，ソーテールもまた幼い頃にペラの宮廷でアレクサンドロスと共に哲学者アリストテレスの個人的指導を受けていた[69]。オリゲネスの著述活動に対するアレクサンドリアの文化的影響といえば，これまではもっぱらプラトン主義と関係する寓意的解釈にのみ関心が寄せられていたが，むしろ実際にはペリパトス派の文献学的方法と比喩的解釈こそが決定的な役割を果たしていたと思われる。というのもアレクサンドリアのフィロンやクレメンスとは異なり，オリゲネスは聖書における神話的叙述を「神話とは別の要素へと置換」する寓意的解釈の方法をとらず，聖書テクストの内在的理解の立場に立ち，聖書を聖書から解釈するという比喩的方法を推し進めたからである[70]。そこで，これら三人のアレクサンドリアの神学者におけるアレゴリー解釈の相違とそれぞれの特徴を見るために，創世記 16 章に記されたサラとハガルの二人の女性に関する物語の解釈を比較検討したい。

3. 「サラーハガル伝承」の解釈

フィロンのアレゴリー解釈　　フィロンは『予備教育 (*De Congressu*)』において，創世記 16 章におけるサラとハガルの物語を，予備教育と哲学，知恵の関係を示すアレゴリーとして解釈し，中世における「神学の侍女 (ancilla theologiae)」としての哲学の理解に先鞭をつけた[71]。彼は当時の

Century Hellenistic Rhetoric and Jewish Hermeneutics", in *NTS* 52, 2006, pp. 102-122.

69）　モスタファ・エル＝アバディ，前掲書，69 頁。

70）　オリゲネスの聖書解釈法の特徴について，出村みや子「オリゲネスの聖書解釈における古代アレクサンドリアの文献学的伝統の影響――『マタイ福音書注解』17 巻 29-30 を中心に」，『東北学院大学論集　教会と神学』第 43 号，2006 年，1-25 頁。またアレクサンドリアのフィロンおよびクレメンスとオリゲネスの聖書解釈の違いについて，出村みや子「古代アレクサンドリアの聖書解釈の系譜――フィロン，クレメンス，オリゲネス」，『エイコーン――東方キリスト教研究』第 41 号，2010 年，27-49 頁を参照。

71）　テクストは，*Philo IV* (with an English translation by F.H.Colson and G.H.Whitaker), *LCL*,1985 を用いた。この問題について詳しくは，Albert Henrichs, "Philosophy, the Handmaiden of Theology", *Greeks, Roman and Byzantine Studies* 9, 1968, pp.437-450; David T.Runia, "The structure of Philo's allegorical treatises", *Vigiliae Christianae* 38, 1984, pp.209-256; idem, "Further observation on the structure of Philo's allegorical treatises", *Vigiliae Christianae* 41, 1987, pp. 105-138；出村みや子「アレクサンドリア神学における貧困と富の理解 (3)――「神学の侍

聖書解釈の手順に従って順次アレゴリー解釈を行っているが，時に本筋から脱線するので彼の議論は分かりにくく，複雑なものになっている。この物語の主人公のアブラハムは個々人の魂の進歩の過程のアレゴリーとして解釈され，サラは未熟な魂のアブラハムに対しては徳や知恵として，また予備教育の表象である侍女ハガルとの関係においては彼女の女主人の哲学の寓意として表象されている。フィロンはアブラハムと女性たちについて論じながら，しばしばアブラハムを他の族長やモーセの例と比較するだけでなく，さらに聖書解釈の枠組みを超えて教育上の実践的勧告へと脱線することも多く，本書が極めて実践的な目的で執筆されていたことがわかる。それは本書がユダヤ教や哲学に通じていない初心者を対象としているためであり，族長たちやモーセを法の体現者や徳の追求者として提示する彼の手法は他の著作にもしばしば確認される。

フィロンは創世記 16: 2 の「見よ，主は私（の胎）を閉ざされたので，私には子を産むことはありません。私の侍女のところに入り，彼女によって子をもうけて下さい」とアブラハムに妻サラが告げる場面を，予備教育と哲学，知恵の関係を示すアレゴリーとして解釈している。フィロンは『予備教育』77 で予備教育に徒に時を費やす人々を批判して，本来の目的である哲学に向かうべきことを示すために，予備教育と哲学との関係を侍女と女主人の関係に譬えて次のように述べている。

> 「というのもある人々は，侍女たちの魅力に誘惑され，彼女らの女主人である哲学を軽蔑して年老いてしまった。ある者たちは詩学に，ある者たちは文法学に，ある者たちは色彩の調和に，ある者たちは他の無数の事柄に［誘惑され］，正妻のもとに駆け上がることができない」（77）。

こうしたアレゴリー解釈は当時よく知られており，その背後にはホメロス神話のアレゴリー解釈が前提されている。キュニコス・ストア派サークルでは，ペーネロペーの周囲の嘆願者たちが女主人自身から結婚の承諾を争奪する代わりに，その侍女たちで我慢していたことを，予備教育

女 (ancilla theologiae)」としての哲学の位置付けをめぐって」，『東北学院大学キリスト教文化研究所紀要』第 29 号（印刷中）を参照。

の段階で立ち止まる人々に譬えていた．フィロンもこうした神話解釈の前提のもとで，「サラーハガル伝承」のアレゴリー解釈を行っているのである[72]．

さらにフィロンは『予備教育』79で，一般教育と哲学，知恵の関係を次のように示している．

「一連の一般教育が哲学の修得に貢献するように，哲学もまた知恵の獲得に（貢献する）．というのも哲学は知恵を追究することであり，知恵は神的および人間的事柄についての知識であり，それらの原因なのだから．それゆえちょうど一般的学芸が哲学にとって侍女であるように，哲学は知恵にとって侍女なのである（ὥσπερ ἡ ἐγκύκλιος μουσικὴ φιλοσοφίας, οὕτω καὶ φιλοσοφία δούλη σοφίας）」．

フィロンは一般教育があくまで哲学の準備にすぎず，また哲学も知恵の獲得のために仕えるべきことを，創世記に記された侍女と女主人との関係の解釈を通じて示した．フィロンが父祖たちの歴史の物語を一般教育と哲学，知恵の関わりを示すアレゴリーとして解釈を行った背景には，旧約聖書のこの箇所の記述が当時のアレクサンドリアの知識人にとっては単なる女性たちの争いにすぎず，ここから何らかの意味を汲み取るのは困難と見なされていた状況があった．フィロンは『予備教育』を締めくくるに当たり，「そこでもし，ハガルがサラによって苦しめられたと聞いても，嫉妬深い女たちに通常生じるような出来事を推測してはならない」（180）と述べている．

クレメンスのアレゴリー解釈　　クレメンスは『ストロマテイス（*Stromateis*）』第一巻5章で哲学と信仰との関係を，箴言の解釈を通じて論争的に展開している．彼は冒頭で哲学の効用について，「主の到来以前に哲学は正義のためにギリシア人に必要であったが，今やそれは，論証を通じて信仰に到達する人々のための一種の予備教育として，敬神

---

[72] *SVF* I 350, p.78（キオス島出身のアリストンの例）; Plutarch, *Moralia*, 7C（ボリュステネスのビオンの例）; Diogenes Laertius, II 79 参照．

第1章　オリゲネスと古代アレクサンドリア文献学　　　　　　　　63

に役立つものとなった」と述べ，箴言に依りながら哲学の効用について一連の弁明を行っている。そして彼はまず哲学に対して，その女主人である知恵をソフィストの攻撃から守るという役割を与えている[73]。

> 「さてソロモンは言う，『知恵を守りなさい。そうすれば知恵はあなたを高め，優美な王冠であなたを守護するだろう』（箴言 4: 8a.9b）。というのもあなたが哲学による壁によって，正真の華麗さによってそれを強めるなら，それはソフィストの攻撃から守られるのだから」（I 28,4）。

クレメンスは，箴言のアレゴリー解釈として，哲学の効用はキリスト教の知恵をソフィストの詭弁の攻撃から守ることにあると主張しているが，この解釈には弁証法ないし哲学は修辞学に対する防御であるとみなす当時のプラトン主義の立場が前提されている[74]。

クレメンスが哲学に対してこのような弁明的記述を行った背後には，箴言 5: 3 および 5: 20 に基づいてヘレニズム文化や哲学を批判するキリスト教徒たちの存在があった。これらの論敵の主張は後続の幾つかの箇所から推測される。彼は I 29,6 で「悪い女に注意を払うな（μὴ πρόσεχε φαύλῃ γυναικί）。蜜が快楽の女の唇から滴るのだから」という箴言 5:3 の言葉を，ギリシア文化を批判するアレゴリーとして解釈した人々が存在することを示して，「もしも誰かが強引にも（βιαζόμενος），それをギリシア文化に言及したものだと言うならば」と述べている。さらに I 29,9 で彼らは「よその女にあまり関わるな（μὴ πολὺς ἴσθι πρὸς ἀλλοτρίαν）」という箴言 5: 20 の言葉を，世俗的教育（κοσμικὴ παιδεία）と関わらないように警告するアレゴリーとみな

---

73) テクストは，*Clemens Alexandrinus II: Stromata I-VI, GCS*, Berlin, 1985 を用いた。以下の叙述に際して Annewies Van Den Hoek, *Clement of Alexandria and His Use of Philo in the Stromateis An Early Christian reshaping of a Jewish model*, Brill, Leiden, 1988 を参照した。

74) Van Den Hoek 上掲書 28 頁 ; H.I.Marrou, *A History of education in Antiquity*, London 1956, p. 210; p. 415 note 47 参照。なおアンティオキアやローマ，アテネのみならず，エジプト (アレクサンドリア) にも及んでいた当時のソフィストの活動の影響について詳しくは，Robert W.Smith, *The Art of Rhetoric in Alexandria*, Martinus Nijhoff – The Hague, 1974, pp. 130-132 参照。

し，予備的教育を否定することの根拠として論争的に用いていた。クレメンスによる創世記の「サラーハガル」伝承の解釈はこうした論争的状況で展開されており，彼は文化や哲学に批判的な人々を反駁する際に，フィロンの解釈を適宜採用している。

　クレメンスはまず彼の論敵が聖書を誤って解釈していることを示し，「これは世俗的教育を用いるように勧告する一方，それにあまり多くの時間を費やすべきではないとも勧告している」と述べて，その理由をフィロンの解釈を引用しつつ示している。

　　「というのも既に（ἤδη）ある人々は，侍女たちの魅力に誘惑され，彼女らの女主人である哲学を軽蔑して年老いてしまった。ある者たちは音楽に，ある者たちは幾何学に，ある者たちは文法学に，大部分の者たちは修辞学に」（I 29,10）。

　クレメンスはギリシアの文化や哲学の学びに反対する人々への反論として，前半ではフィロンの『予備教育（De Congressu）』77をほぼそのまま引用しているが，「既に（ἤδη）」の副詞を付け加えることによって，このような状況が既に生じていることを暗示している。また後半の世俗的学問の例についても，フィロンとはやや異なった学問の例を挙げるなど，彼の置かれた具体的状況からの変更を行っている。続いてクレメンスは予備的教育と哲学，知恵の関係の議論に移り，フィロンによる「サラーハガル」伝承のアレゴリー解釈を援用している。

　　「一連の一般教育の諸学が彼らの女主人である哲学に（φιλοσοφίαν τὴν δέσποιναν αὐτῶν）貢献する（συμβάλλεται）ように，哲学それ自体も知恵の獲得に協働する（συνεργεῖ）。というのも哲学は〈知恵の〉学びであり，知恵は神的および人間的事柄についての知識であり，それらの原因なのだから。それゆえ知恵は，ちょうど哲学が予備的教育の女主人であるように，哲学の女主人である」（I 30,1）。

　クレメンスはフィロンの『予備教育』79-80のテクストに依りながら，

一般教育・哲学・知恵の三つ組の関係を明らかにしており，ここにはフィロンを継承しつつ中世哲学に継承された神学と哲学との関係（「神学の侍女としての哲学」）を予想させる表現（「哲学の女主人としての知恵」）が認められる。最初の文章はフィロンからの引用であるが，「一般教育が哲学の受容に貢献するように，哲学も知恵の獲得に〔貢献する〕」というフィロンのテクストにいくつか修正を加えている。目立った変更は，哲学に「彼らの女主人」を付加していることと，二つの動詞（συμβάλλεται ⓔ συνεργεῖ）を使い分けていることである。なお二番目の文章にもフィロンの影響が見られるが，ここに見られる哲学と知恵の定義は古代において広く普及しており[75]，クレメンスは他の箇所でもしばしば用いている。また三番目の文章もクレメンスによる敷衍的解釈であるが，フィロンとは逆に知恵・哲学・一般教育の順に，それぞれ前者と後者の関係が女主人と侍女の関係にあることを示している。

こうしてクレメンスは論敵のアレゴリー解釈に対抗する形で，彼に先立つフィロンのアレゴリー解釈の先例に依拠しつつも新たな強調点を与えることによって，当時の教会に見られた反知性主義的傾向に対して予備的教育や哲学に一定の役割を与え，キリスト教における信と知との分裂を防いだのであった[76]。

4．オリゲネスのパウロ引用（ガラ 4: 21-24）

オリゲネスは『諸原理について』第四巻 2 章 4 で三層的聖書解釈の方法について述べた後，具体的な聖書箇所を挙げて三種類の聖書解釈法の説明をしている。まず最初に「聖書のからだ」に相当する歴史的意味について，彼はそれが有益なことは誰の目にも明らかであるゆえに，この問題については敢えて証明を必要としないと述べている。次に彼は「聖書の魂」に相当する倫理的意味の説明に移行している。彼はその実例がパウロによって数多く提出されていると述べた後に，その実例としてパウロが律法の解釈について論じた第一コリント 9: 9-10 のみを引用して，

---

75) キケロ『義務について』II, 5，セネカ『書簡』88; 89, 4，プルタルコス『倫理学論集』874E その他を参照。
76) フィロンとクレメンスのアレゴリー解釈について詳しくは，出村みや子「護教論者における信仰と知の問題」，『中世における信仰と知』上智大学中世思想研究所（近刊）を参照。

「この外にも、律法をこのように解釈した多くの箇所が、聞き手に多くの教訓をもたらしている」と述べるに留まっている。第三に聖書の霊的解釈について、今度は詳細な説明が行われている。

「さて霊的解釈とは、「肉に従う」ユダヤ人たちが、いかなる「天にあるものの写しであり影であるものに仕えている」か、「律法は」いかなる「やがて来る良いことの影」であるかを証明できる人のための解釈である」（第四巻2章6ギリシア語版）[77]。

最初の説明は律法の解釈に関係している霊的解釈の実例を挙げているが、パウロ書簡の引用によって構成されていることに注意する必要がある。ユダヤ人を「肉に従う者」とみなすことはローマ書8: 5に、「天にあるものの写しであり影であるものに仕えている」との表現はヘブライ書8: 5に、律法が「やがて来る良いことの影」との表現はヘブライ書10: 1に見られるが、これに続く霊的解釈の説明にもパウロ書簡が引用されている（Iコリ2: 7-8; 10: 11; 10:4、ヘブ8: 5、ガラ4: 21-24、コロ2: 16-17、ロマ11: 4)。

これらの聖書引用の中で特に注目すべきなのがガラテヤ書4:21-24であり、彼は創世記16章の「サラ―ハガル伝承」の霊的解釈の実例として、ガラテヤ書4:21-24を引用しつつ、次のように述べている。

「彼は確かにガラテヤの人々に宛てた手紙の中でも、律法を読んだと思っても、書かれたものの中に比喩があることを認めないために (μὴ ἀλληγορίας εἶναι ἐν τοῖς γεγραμμένοις νομίζουσι)、律法を理解していない人々を叱責して彼は、「律法の下にとどまっていたいと思う人たちよ。わたしに答えてください。あなたがたは、律法の言うことを聞かないのですか。アブラハムには二人の息子があり、ひとりは女奴隷から生まれ、もうひとりは自由な女から生まれたと記されています。女奴隷の子は肉によって生まれたのに対し、自由な女の子は約束によって生まれました。これは比喩として語られた

---

77) テクストは、*Origène Traité Des Principes Tome III* par H.Crouzel et M.Simonetti, SC, 1980, pp. 318-327 による。

ものです（ἅτινά ἐστιν ἀλληγορούμενα）。すなわちこの二人の女は二つの契約のことであり」云々と言っている。そこで彼によって語られた言葉のそれぞれに注意を払わねばならない。彼は「律法の下にとどまっている人たち」とは言わず，「律法の下にとどまっていたいと思っている人たちよ。あなたがたは律法の言うところを聞かないのか」と言っているのだから。「聞く」とは，理解し，認識するとの意味である」（第四巻2章6 ギリシア語版）。

ここでオリゲネスは創世記16章の「サラ―ハガル伝承」の霊的解釈の実例として，書かれたテクストの中に比喩（ἀλληγορία）があるとの指摘を行っている。彼は聖書における比喩の例としてガラテヤ書4: 21-24を引用しているが，それはパウロが創世記のアブラハムの二人の妻サラとハガルの物語に基づいて「二つの契約」について語る際に，21節で「これらはアレゴリーとして語られている（ἅτινά ἐστιν ἀλληγορούμενα）」と述べていることに基づく。オリゲネスが創世記の記述には比喩（ἀλληγορία）があると述べた際に，「サラ―ハガル伝承」についてはすでにフィロンからクレメンスへと継承された予備教育・哲学・知恵の関係のアレゴリーとして解釈する伝統があることは当然知っているはずであるが，それに全く触れていない。オリゲネスはここでも彼の示した聖書の内在的解釈法に則り，「聖書を聖書によって解釈する」アレゴリー解釈を行っていると考えられる。

ガラテヤ書4: 24の ἀλληγορούμενα の問題　ここで問題になるのが，新約聖書にはここにしか用例のない ἀλληγορούμενα をどのように理解するかであり，従来の新約学において十分な説明はなされてこなかった。それはこの箇所に関するマッティの最新の研究が指摘するように，アレゴリー解釈をめぐる古くからの論争が現代の聖書解釈にも大きな影響を及ぼしているからであり，その出発点は4世紀のアンティオキア学派によるオリゲネス批判である[78]。クリュソストモスはオリゲネスのアレゴリー解釈を早急に批判したために，パウロのこの箇所につい

---

78) Steven Di Mattei, op.cit., pp.102-122.

ても,「彼は予型論を誤って比喩と呼んだ (Καταχρηστικῶς τὸν τύπον ἀλληγορίαν ἐκάλεσεν)」と述べている[79]。オリゲネスの聖書解釈に批判的なハンソンが,パウロのこの箇所がフィロンのような寓意的解釈なのか,それともパレスチナ起源のある種のミドラッシュ的な比喩的解釈かという二分法を立てており[80],後続の研究は4.21を予型論とみなす立場[81]と,予型論的傾向の比喩ないしはミドラッシュ的な比喩とみなす立場[82]に分かれることとなった。これらの研究によれば,新約学者がパウロの ἀλληγορούμενα をアレゴリー解釈と敢えて見なさないのは,フィロンに典型的に見られるように寓意としてのアレゴリー解釈が聖書テクストの文脈やその歴史性を離れた解釈に道を開く結果となると危惧されたためである[83]。

マッティは ἀλληγορούμενα の用法を,フィロンやクレメンスに見られるような護教的意図に基づく哲学的解釈の寓意としてでも,4世紀のアンティオキア学派に見られるような論争的意図に基づく予型論としてでもなく,1世紀のヘレニズム世界の修辞学的著作から説明することを試みている。彼はその例として,1世紀後半のアレクサンドリアの文法学者トリュフォンと,同時代のホメロス学者ヘラクレイトスの二人のアレゴリアの定義を挙げている。トリュフォンは,「アレゴ

---

79) クリュソストモス『ガラテヤ書注解』IV.710(PG 61.662). Mattei, p. 103, 脚注3参照。
80) ハンソン前掲書, 82頁。
81) マッティは, F.Pastor, C.K.Barrett, R.Hays, L.Goppelt などの研究を挙げている(p.103, 脚注4)。なお佐竹明は,ここではアブラハムに対する約束とその成就が問題の焦点となっているゆえに,「かつての出来事と今の出来事との間に対応関係を見出そうとする予型論が,ここでは基調をなしていると見るべきであろう」と述べている(『ガラテア人への手紙』新教出版社, 1974年, 425頁)。
82) マッティは, J.Dunn, G.Wagner, S.Légasse, G.W.Hansen, D.Gerber などの研究を挙げている (p.103, 脚注5)。なお原口尚彰は 4: 21-31 の全体を,ユダヤ教のミドラーシュの影響を受けた「キリスト教的ミドラーシュ」と呼ぶとともに, ἀλληγορούμενα については,本来の歴史的意味から離れ,その根底に霊的・キリスト教的意味を探し出すアレゴリー(寓喩的)の性格を持っていることを指摘しており,この二分法を採らない(『ガラテアの信徒への手紙注解』新教出版社, 2004年 193-195頁)。
83) J. D. G. ダンは,比喩的説明の基本的前提として「より深い意味が勝手にテクストに移入されたり,或いは読みとられたりする危険」があり,意味が「まったくテクストによってではなく,もっぱら,テクストに押しつけられた教義的或いは社会的見方によってきめられてしまう」誤用の危険があることを指摘するとともに,パウロが「比喩的」と述べたことを予型論的釈義の例とみなそうとした立場として A.T.Hanson, Hansen, Scott の三者を挙げている(山内眞訳『ガラテヤ書の神学』新教出版社, 1998年, 162頁, 巻末注3)。

リアとは一つの事柄を文字どおりに示しながら、別の観念を提示する表現である（Ἀλληγορία ἐστὶ φράσις ἕτερον μέν τι κυρίως δηλοῦσα, ἑτέρου δὲ ἔννοιαν παριστῶσα）」(De tropis 1.1) と述べており、ヘラクレイトスも「一つのことを言いながら、言われていることとは別のことを意味する方法は、アレゴリアの名で呼ばれるのだから（Ὁ γὰρ ἄλλα μὲν ἀγορεύω τρόπος, ἕτερα δὲ ὧν λέγει σημαίνων, ἐπωνύμως ἀλληγορία καλεῖται）」と述べている（Homeric Allegories 5.2）。ヘラクレイトスの定義はすでに寓意的解釈を論じた際に引用されたものである。

これらの定義によれば、先に見たように、フィロンやクレメンスの聖書解釈もまたアレゴリアであることは否定できない。しかしマッティは、パウロのアレゴリアはその用法に見られる護教論的目的に対して、むしろ修辞的方法として働くことに注意を促している。彼はアレゴリアの機能を「一つのことを別のことの代わりに言う修辞法（Rhetorical this-for-that）」と規定し、その限りではその箇所の歴史性については何も結論せず、その歴史性を減じることもないという。従ってフィロンに見られるような寓意的解釈法をも含むが、それに限定されるものではないことがわかる。つまりパウロは ἀλληγορούμενα によって、創世記 16–17 章はハガルとサラについて語っているが、アレゴリアとしては二つの契約のことを語っていると述べているのである。Mattei の研究は、アレゴリアの本来の修辞的機能に立ち戻ってパウロの ἀλληγορούμενα の意味を明らかにしており、これが護教論的目的の解釈法（寓意）ではなく、修辞的方法（rhetorical trope）であったことを示したのである。

オリゲネスのアレゴリア　　マッティの研究は、オリゲネスに対する批判の根深さと、それに伴う誤解がどのように生じたかを示すものである。実際にオリゲネスのテクストを見れば、彼がアレゴリアの用法をパウロに倣って聖書の用法に限定していることがわかる。それは彼がアレゴリアを用いる際に、当時の哲学諸派やグノーシス主義諸派の間に見られる「寓意的解釈」のように「別の要素へと置換する」解釈とは一線を画し、「一つのことを別のことの代わりに言う修辞法」の機能に立ち戻り、「聖書を聖書から解釈する」アレクサンドリアの文献学的伝統の方法に

立った比喩的解釈を展開しているからである。

「聖書を聖書から解釈する」このような方法は，後代予型論の名で呼ばれるようになる解釈法にも通じており，そのためにアンリ・ド・リュバック[84]やダニエルー[85]はその性格を「予型論（タイポロジー）」とみなしている。そしてオリゲネスのアレゴリー解釈が異教の影響ではなく，ユダヤ・キリスト教の聖書解釈の伝統との連続線上にあることを指摘して，オリゲネスの聖書解釈法を肯定的に評価している。しかし厳密に言えばオリゲネスは旧約聖書と新約聖書の記述を対応させる「予型論」を展開したのではない。むしろオリゲネスのアレゴリアの方法は，オリゲネスの他の箇所で用いられている字義的意味から霊的意味への上昇を意味する「アナゴーゲー（ἀναγωγή）」と呼ばれる聖書の霊的解釈法とほぼ同義に用いられている[86]。

オリゲネスの聖書解釈においてしばしば批判の的となってきたアレゴリー解釈に関して見れば，カンペンハウゼンはオリゲネスが比喩的解釈法を徹底的に用いたことについて，「オリゲネスはそれゆえ，彼のやり方がまさに組織的であり，完全に学問的で目的にかなったものであることに疑いを持っていなかった。その際彼は，すでに述べたように，ヘレニズムの文献学における諸理論を援用することもできたのであるが，彼にとっては比喩（Allegorese）が最も正当な方法と思われた。というのもこの方法が，聖書それ自身においても時に使用されているからであった」[87]と述べているが，これはガラテア書の例に言及したものと思われる。オリゲネスのアレゴリー解釈についてその評価は全く相容れないものの，彼らが西欧キリスト教の伝統の文脈内でこの問題にアプローチしている点では共通している。このことから，オリゲネスは卓越した聖書解釈の伝統を西欧のキリスト教に導入した偉大な解釈者ではあったが，

---

84) Henri de Lubac 前掲書。

85) Jean Daniélou, *Sacramentum Futuri*, Paris, 1950.

86) Charles Kannengiesser, *Handbook of Patristic Exegesis, volume One*, pp.256–258 参照。シモネッティはアナゴーゲーを vertical allegory と呼んでいる。オリゲネスにおける「アナゴーゲー」の用法について G.W.H.Lampe (ed.), *A Patristic Greek Lexicon*, Oxford, p.100,B.2 を参照。さらに本書の第4章1）の「オリゲネスの復活・顕現伝承理解と霊的解釈（アナゴーゲー）」を参照。

87) カンペンハウゼン前掲書，71-72 頁。

現代の聖書学における歴史・批判的方法との関連性はないという無難な結論に至るように思われる。しかしこれはオリゲネスが後代の聖書解釈に及ぼした影響を無視するものであり、特に聖書を聖書から解釈する方法は後の宗教改革者たちの聖書解釈方法の先駆と呼ぶことすら可能なのである。

5. アレゴリー解釈から転義的解釈（トロポロギア）へ

『ケルソス駁論』の第四巻には聖書解釈に関する論争が収録されており、カイサレイアに活動の拠点を移したオリゲネスがこの方法をさらに発展させ、自家薬籠中のものとしていたことがわかる。この方法については、オリゲネスが『ケルソス駁論』でしばしば「ユダヤ人のうちの知者と呼ばれている人々」との論争に言及していることから[88]、ラビから学んでいたことも考えられる[89]。オリゲネス自身の証言からはすでにアリストブロスやフィロンといったアレクサンドリアのユダヤ人の聖書解釈の伝統に学んでいたことが確認される。『ケルソス駁論』第四巻51では、旧約聖書の記述を不合理なものと批判し、「それらは寓意的解釈を許容することが不可能な、全くの愚かな神話的語りである」と述べているケルソスに対して、オリゲネスは「彼はここでフィロンの書物のことか、アリストブロスのような書物のことを言っているように思われる。ケルソスは、それらの書物を読んでいないことも推測される。というのもそれらは、ギリシアで哲学をおこなっている人々がその叙述によって収めてしまう程の成功すら、至るところで収めているように見えるのだから」と反論している。しかしオリゲネスは『ケルソス駁論』で、ケルソスとの論争においてはこのような寓意的解釈と一線を画して独自の立場を示そうとしていることに注目したい。

パウロの聖書解釈方法の発展という点については、オリゲネスが『ケルソス駁論』第四巻でパウロのガラテア書4: 21-31 を論じる際に、論

---

88) 第一巻 45; 55; 第二巻 31.
89) Cf. Paul M. Blowers, "Origen, the Rabbis, and the Bible : Toward a picture of Judaism and Christianity in third-century Caesarea", in Charles Kannengiesser & William L. Petersen (ed.), *Origen of Alexandria—His World and his Legacy*, University of Notre Dame Press, Indiana, 1988, pp. 96-116.

敵のケルソスがキリスト教批判に用いるアレゴリアの言葉に対しては，この言葉を聖書解釈に適用することを極力避けて，これをトロポロギア（τροπολογία）の語に置き換えていることは重要である。トロポロギアとは「転移」を意味する τρόπος に由来し，言葉や方法，出来事の転移を意味することから，転義，ないしは転義的解釈と訳し得る用語である。これは神的なものであれ，人間的なものであれ，また特定の人間の性格や倫理的態度にも適用可能な聖書の解釈法であり，オリゲネスの場合には神について語る際に，「語りの次元の転移（turns of speech）」を示すために用いられる[90]。

以下の箇所でオリゲネスは，ケルソスによる聖書の寓意的解釈に対する批判について，キリスト教外の神話の解釈についてはアレゴリアの語をそのまま使うものの，聖書解釈についてはこれをこの転義（トロポロギア）の語に置き換えているのが確認される。それは先に見たように，アレゴリー解釈が元来は古代神話の合理的解釈法であったために，それとは一線を画すためであったと推察される。

『ケルソス駁論』IV, 38「次に，聖書を批判するのが彼にとっての課題であったので，「神はアダムを脱自状態〔エクスタシス〕にしたので，彼は眠った。次に神は彼のあばら骨のひとつをとり，そこを肉でふさいだ。そしてアダムから取ったそのあばら骨で，女を作った」という表現とその後続の箇所をも嘲笑しているが，聴衆が転義（トロポロギア）として語られていることを学ぶことができるような箇所は引用していない。彼はそれらが寓意的に解釈されると主張することを望まなかったにもかかわらず，後の箇所では，「ユダヤ人とキリスト教徒のうちでも比較的ましな人々は，それらを恥ずかしく思い，寓意的に解釈することを何とか試みようとした」と述べている。そこで彼にこう反論することができる。神の霊に満ちたあなたのヘシオドスによって，女について，女はゼウスによって人間たちに「火の代償としての」「悪」として与えられたという神話の形

---

[90] 言葉や方法，出来事の「転移（τρόπος）」に由来するトロポロギア（転義的解釈）について詳しくは，Charles Kannengiesser, *Handbook of Patristic Exegesis, Volume One*, pp. 255-256 を参照。

式で語られた記述のほうは，寓意的に解釈されるものであるのに，他方で「脱自状態」の後に眠った者のあばら骨から取られ，神によって女が作られた記述には，いかなる理論的根拠も，隠された意味もないかのように思われるのですか。

　しかし，前者を神話として笑いの対象とはせずに，神話の形態における哲学的記述として驚嘆するのに，後者の場合には単なる文字にのみ判断を依拠させて冷笑し，いかなる理論的根拠も認めることができないというのは，公正ではない」。

　IV, 38 の記述には，創世記の創造神話の記述を不合理とみなすケルソスに対して，オリゲネスが神話的記述を哲学的寓意として解釈するアレゴリー解釈の伝統を引き合いに出し，聖書のアレゴリアが比喩として，すなわち字義的記述の背後に隠された神秘的意味を求める転義としての解釈法であることが示されている。ここに現代の比較神話学の視点が示されていることに着目したい[91]。彼は論敵ケルソスが旧約聖書の女の創造に関する記述を批判しているのに対して，ヘシオドスの神話的記述を引き合いに出し，ギリシアの神話的記述については「神話の形態における哲学的記述」とみなす寓意的解釈が可能であるように，聖書の神話的記述についても，字義的レベルの背後に隠された意味を見出す転義的解釈が可能であることを主張しているのである。このトロポロギアの方法が聖書解釈の伝統の中で継承され，パウロもそうした聖書解釈の伝統の継承者の一人とみなされていることが，『ケルソス駁論』第四巻 44 から知られる。

　同 IV, 44「聖書は多くの箇所で，実際に生じた出来事の記述を用いて，深遠な意味において明らかにされるような，より偉大な事柄を示すためにそれらを記述している。それは例えば，井戸について，結婚について，義人たちの様々な性的交わりについてである。これらについてはしかるべき時に誰かが，これらの点を詳しく扱う箇所でその解明に着手するだろう。……女主人と女奴隷が転義（トロポ

---

[91] 古代ギリシアの創世神話と聖書の創世記の記述の比較について，藤縄謙三『ギリシア神話の世界観』新潮社，1971 年参照。

ロギア）として解釈されるべきことを教えたのはわたしたちではなく，わたしたちは過去の知者たちから受け取ったのであった。そのうちのひとりが，聴衆を転義的解釈の理解に促すためにこう主張している。「律法の下にとどまっていたいと思う人たちよ，わたしに答えてください。あなたがたは，律法の言うことを聞かないのですか。アブラハムには二人の息子があり，ひとりは女奴隷から生まれ，もうひとりは自由な女から生まれたと記されています。女奴隷の子は肉によって生まれたのに対し，自由な女の子は約束によって生まれました。これは比喩として語られたものです。すなわちこの二人の女は二つの契約のことであり，子を奴隷の身分に生む女は，シナイ山に由来する契約を表し，これがハガルである」。そのすぐ後には，「上なるエルサレムは，自由な女であり，これがわたしたちの母である」と言われている（ガラ 4: 21-24, 26）。ガラテア人への手紙を理解しようと望む人であれば，結婚や女奴隷たちとの性的交わりに関する記述が，いかなる仕方で比喩的に語られているかを知るであろう。なぜならロゴスは，わたしたちがこれらを行った人々を模倣して，一般に肉体的行為とみなされるものを行うことは望まないで，イエスの使徒たちが通常霊的な行為と呼んでいたものを模倣することを望んでいるのだから」。

この記述からは，オリゲネスが『ケルソス駁論』においても聖書解釈の範例をパウロのガラテア書に求めているものの，敢えてその名を挙げていないことがわかる。ここでパウロの名に敢えて言及せず，パウロを聖書の霊的な意味の探求者の一人として位置づけていることについては，オリゲネスがフィロンやクレメンスの先例を参照する際にとった態度と同様のことが言えるのであり，それはパウロの聖書解釈の方法が読者との間に周知の方法として前提されていたために，もはやその名を明示する必要がなかったからである[92]。さらにその際にオリゲネスは，神話解釈に適用される寓意としてのアレゴリー解釈と区別する意味で，聖

---

92) David T. Runia, "Philo and Origen : A Preliminary Survey" ,in *Origeniana Quinta*, 1992, pp.333-339 参照。この点については本書第 2 章 II.5) の「オリゲネスとプラトン主義の関係」で論じる。

書解釈に関わる事柄については敢えてパウロのテクストに用いられたアレゴリアの派生語 ἀλληγορούμενα をトロポロギアの語に置き換えていることは重要である。オリゲネスはトロポロギアについて「実際に生じた出来事の記述を用いて，深遠な意味において明らかにされるような，より偉大な事柄を示すため」に聖書に用いられる解釈の方法として説明している。さらに第四巻 49 でもオリゲネスは，「比喩的解釈を受け入れることはできないものであるといって，ケルソスが御言葉を不当に扱っているのは空しい試みであることを明らかにするために，わたしたちは多くの実例の中からごくわずかを示そう」と述べて，パウロの聖書解釈の例を挙げているが[93]，それらに続く第四巻 50 で，パウロの方法を預言者以来続く聖書の霊的意味の解釈の伝統に位置づけようとする記述が見られる。

> 同 IV, 50「さらに，もしもモーセの律法が隠された意味を通じて解明されるような記述を含まないなら，預言者が祈りのなかで，「わたしの目から覆いを取り除いてください。そうすればあなたの律法からあなたの驚異を悟るでしょう」（詩編 119 [118] : 18) と語りはしなかったはずである。ここで彼は，読みはしても深遠な意味（τὰ τροπολογούμενα) を理解しない人々の心に無知の「覆い」が掛かっていることを知っていたのである」。

以上の検討を通じて，オリゲネスがフィロンやクレメンスによって聖書解釈に用いられた寓意的解釈を回避し，アレクサンドリアの文献学的伝統に基づく聖書の内在的解釈に向かったことが明らかにされた。彼はパウロの聖書解釈の範例に依拠して聖書の深遠な意味を聖書に基づいて探求する転義的解釈（トロポロギア）の方法を発展させたが，この方法はオリゲネス以降，エウセビオス，デュデュモス，ダマスコのヨアンネスによって figurative expressions として用いられ，アレゴリアないし霊的語りと区別なく用いられてキリスト教の重要な聖書解釈の方法となった[94]。

---

93) Ⅰコリ 9: 9-10; エフェ 5: 31-32; Ⅰコリ 10: 1-2; 10: 3-4.
94) Charles Kannengiesser, *Handbook of Patristic Exegesis, Volume One*, pp. 255-256 参照.

それでは，なぜオリゲネスがこれまで著名なアレゴリー解釈者とみなされてきたのだろうか。以下の論考を通じてオリゲネスの意図に反してそのような評価が下されてきた過程を辿るに際して，再度ノイシェーファーの研究がこの問題に新たな光を投げかけていることに着目したい。彼はオリゲネスに対して加えられてきた批判は，アンティオキアの批判者たち（その例としてタルソスのディオドロス），ヒエロニュムス，エピファニオスの影響の元で，「歴史対アレゴリー」の対比を際立たせることによって進展したとの指摘をしている[95]。先に見たようにR.P.C.ハンソンがオリゲネスの聖書解釈を痛烈に批判しているが，こうした見方はオリゲネス論争によって歪められたオリゲネス理解を前提したものと見ることができるだろう。

---

95) Neuschäfer, *Origenes als Philologe*, pp. 11-16.

第2章
オリゲネスの
復活理解とギリシア思想

　本章では，オリゲネスが論敵ケルソスに対して行った反論を『ケルソス駁論』の叙述を通じて確認し，ケルソスによる復活論批判に対してどのように反論したかについて，彼の聖書解釈を中心に具体的に明らかにしたい。

　『ケルソス駁論』[1)]は，初期キリスト教がヘレニズム諸宗教のみならず，ヘレニズム・ユダヤ教やグノーシス主義諸派とどのような関係にあったかを具体的に知ることのできる重要な文書である。『ケルソス駁論』は，異教哲学者のケルソスという人物がすでに 177-78 年頃に提示していた『真正な教え』というキリスト教批判の書物を反駁する目的で 244-249 年の間に執筆された。現代のオリゲネス研究の第一人者 H. チャドウィック[2)]も指摘するように，『ケルソス駁論』の論争相手の異教徒の哲学者ケルソスにとって，キリスト教に対して反論すべき多くの点の中でも，身体の復活の教説ほど不愉快に思われたものはなかったと考えられ，復活の問題はヘレニズム世界の伝統的世界観とキリスト教の理解するそれとが鋭く対立する争点であった。オリゲネスがイエスの死と復活をめぐるケルソスとの論争において反論の根拠としたのが聖書の記述であった

---

　1)　テクストは *Origène Contre Celse.Tome I(Livres I et II),* par M. Borret,*SC*, Paris, 1967. 英訳版として H.Chadwich, *Origen: Contra Celsum,* Cambridge University Press, 1965. これは 13 世紀に成立したヴァティカン写本に記された表題 κάτα κέλσου に基づく表題であり，1941 年にカイロのトゥーラで発見された 7 世紀のパピルスには πρὸς τὸν ἐπιγεγραμμένον κέλσου ἀληθῆ λόγον ὠριγένους という表題が記されている。

　2)　H. Chadwick, "Celsus, and the resurrection of the body," *HThR* 41, 1948, pp. 83-102.

が，実際に復活の問題について語っている聖書の証言が一様ではないことがこの問題の複雑さを示している。この章で扱われるイエスの死と復活の問題は，ヘレニズム世界の伝統と対立するのみならず，初期キリスト教とグノーシス主義の間で重要な争点となっており，さらにイエスの死をめぐる問題は，後代の反ユダヤ主義やアンティ・セミティズムの問題と密接に関係しているゆえに，オリゲネスが後代のキリスト教史に与えた影響を知る上でも重要な主題である。

I 『ケルソス駁論』における論争の問題

1.『ケルソス駁論』の成立の経緯

『ケルソス駁論』は，オリゲネスがアレクサンドリアを退去した後にカイサレイアで活動をしていた時，それも晩年に近い時期に執筆された著作であり，成立年代はほぼすべての研究者がフィリップス・アラブス帝の治世（紀元後244-249年）の間とみなしている[3]。これを示す第一の証言はエウセビオスの『教会史』第六巻34-36であり，彼はこの時代にオリゲネスが60歳を過ぎて「エピクロス主義者ケルソスの『真正な教え』と題された，わたしたちに対する論駁書に対し，八巻から成る書物を著し，またマタイによる福音書に関する25巻の注解と十二預言者に関する注解を著した」と述べている。これはオリゲネス自身の記述とも一致しており，『ケルソス駁論』第三巻15，第七巻26，第八巻44では教会が平和な時期を迎え，拡大していると言われている。

7世紀のトゥーラ・パピルスの『真正な教えと題するケルソスの書物に対するオリゲネスの駁論』というギリシア語の題名から知られるごとく，この著書はケルソスという人物のキリスト教批判の書『真正な教え（ἀληθὴς λόγος）』を反論するために執筆されている。このケルソスという人物について知るための手掛かりは，目下のところオリゲネスによる引用に頼る他ない。本書の序論には，彼の後援者であったアンブロシ

---

[3] 『ケルソス駁論』の成立年代や成立の経緯，これまでの研究史について詳しくは，出村みや子訳『キリスト教教父著作集8 オリゲネス3 ケルソス駁論Ⅰ』教文館，1987年の「解説」を参照。

オス[4]の強い勧めを受けてこの書物を執筆することにした経緯が記されているが，ケルソスが誰かということは当初オリゲネス自身にも分かっていなかったらしく，彼が『ケルソス駁論』を執筆することにある種のためらいを示している様子もうかがわれる。序論一で彼は，依頼者のアンブロシオスに対して，なぜ「わたしたちに弁明することを求めているのかわかりません」と述べ，序論三でも「あなたがわたしたちに作成することを求めておられる弁明は，諸事実の中にある弁明と，鈍感ではない人々には明らかなイエスの力とを弱めるものだ」と述べている。

　ケルソスについては，序論四に彼がすでに世を去っていること，さらに第一巻8に，ケルソスという名のエピクロス主義者として知られる人物が存在したことについて，「一人はネロの時代の，もう一人はハドリアヌス帝の時代かそれ以降の人物である」との記述がある。さらに第一巻68においてオリゲネスは，「それゆえ，これらの言葉から，彼がいかに魔術の存在を受け入れたのも同然であるかがわかるが，この人物が魔術に対する反論を多数著した著者と同一人物なのかどうか，わたしにはわからない」と述べているが，ここで言及されているのは，サモサタのルキアノスが『偽予言者アレクサンドロス』を献じた友人のエピクロス主義者ケルソスであり，この人物はルキアノスの記述によれば，魔術師攻撃の書物を著したとされる。ケルソスの『真正な教え』の再構成を試みた Th. カイムは，オリゲネスの記述に従ってケルソスをこのルキアノスの友人のエピクロス主義者とみなした。しかしオリゲネスは最初のうちは論敵を「エピクロス主義者」と前提して議論を進めているものの（第一巻8），これは彼に反論を依頼した後援者アンブロシオスの情報に基づくものと思われる（エピクロス主義者の呼称は当時，無神論を意味する誹謗の表現であった）[5]。というのも反論を進めるうちに彼はこの同定にためらいを表明するようになり（第三巻22, 35, 80），第四巻83ではケルソス

---

[4]　アンブロシオスは，かつてグノーシス主義者ウァレンティノスの教説の信奉者であったが，オリゲネスによって正統的教会に立ち返った人物で（エウセビオス『教会史』第六巻18），その後オリゲネスの有力な後援者となって彼の著作活動を支えた。エウセビオスの『教会史』第六巻23には，オリゲネスの口述の際には「定められた時間に交替する速記者が七人以上と，同数の転写者，それに筆達の娘たちが付いた」と記されている。詳しくは，小高毅『人と思想　オリゲネス』清水書院，1992年，38頁参照。

[5]　チャドウィックの英訳版の序論 p. XXV 参照。

がエピクロス主義者というよりはプラトン主義哲学者であることを認めるようになる。ケルソスの思想的系譜としては，アルビノスやプルタルコスと同様の折衷主義的神観念や世界観を示していることから，ディロンによって『中期プラトン主義者』の一人として分類されており，現在では思想的に折衷主義的な中期プラトン主義とみなされている。

　オリゲネスが，論敵ケルソスの著作から逐次引用しつつ反論を加えてゆくという方法をとっているため，これまで何人かの学者によってケルソスの著作の再構成が試みられてきた[6]。オリゲネスのこの書の中にどの程度ケルソスの言葉が保持されているかについて，学者たちの判断はまちまちであるが，ケルソスの思想とキリスト教批判の論点はオリゲネスの引用を通じてかなりの程度伝えられていると考えられる[7]。ケルソスの『真正な教え』が書かれたのは177-180年頃であるが，オリゲネスが彼の後援者のアンブロシオスのたっての願いでキリスト教側からの反論を試みたのは247-248年頃と推定されるゆえに，この間すでに70年程経過している。すでにケルソスは世を去っていたにもかかわらず，彼の著作の影響が依然として大きかったことは，「もはや人々の間で共通の生を送っておらず，すでに死んでいるケルソスやある種のもっともらしい議論によって，自分の信仰が揺り動かされるような状態でキリストを信じている人々」（序論四）という記述からもうかがえる。この問題はオリゲネスの執筆意図とも深く関わっており，オリゲネスがケルソスの著作を意図的に削除し，彼の論点を回避することは，異教哲学の側にキリスト教攻撃の口実を与えることになるとともに，読者に対する本書の意義を減じる結果になると考えられる。

　まず異教哲学との関係についてであるが，ケルソス研究に画期的な貢献をしたのは，C. アンドレーゼンである。アンドレーゼンは，ケルソスの『真正な教え』がユスティノスのキリスト教理解を前提としてこれ

---

　6)　T.Keim, *Celsus' Wahres Wort*, Zürich, 1873 ; R.Bader, *Der ἀληθὴς λόγος des Kelsos*, Stuttgart-Berlin, 1940 ; R.J.Hoffmann, *Celsus On The True Doctrine: A Discourse Against the Christians*, Oxford, 1987. ケルソス研究の歴史については，チャドウィックの英訳版の序論 pp. 22-24 参照。
　7)　オリゲネスがケルソスの記述を要約したり，省略した形跡が見られることから，多くの研究者が彼の著作に保持されたケルソスの著作は7割程度と推定している（K.J.Neumann, J.Quasten, R.J.Hoffmann）。

に反論を加えていることを，両者の類似点を挙げることによって明らかにした[8]。このテーゼはA. D. ノックとH. チャドウィックによって賛同され，補強され[9]，今日ケルソスを理解する際の重要な視点となっている。ケルソスのキリスト教についての認識はユスティノスと多くの点で類似しており，ケルソスの批判は当時の護教家たちの手法を踏まえたものとなっている。すなわち異教の哲学において部分的に把握されていた真理は，キリスト教の中でより完全な形で保存されているとか，プラトンの哲学はモーセに学んだものであるといった，古典ギリシアの伝統を継承するものとしてキリスト教の真理を弁明するユスティノスの立場が，ここではケルソスによって逆に利用され，むしろキリスト教の中に見られる正しい考えは異教的伝統からの直接的借用であり，部分的に類似したものは誤解の結果であるということが，逐一例を挙げて示されている。そしてユダヤ・キリスト教に独自な思想は，古典ギリシアの伝統に照らしていかに理性に反した，不合理なものであるかが論じられているのである[10]。ケルソスの結論はキリスト教を，古代の異教哲学と多神教的伝統の中に保持されてきた原初的真理の堕落形態とみなすことにあった[11]。さらにケルソスは，細部における事実誤認は別として，キリスト教の教義についてもかなりの程度通じており[12]，それらが異教徒の哲学者にとっては全く説得力を持たない，愚かしい考えであることを徹底的に明らかにしようとしたのである。従って『ケルソス駁論』には，

---

8) C. Andresen, *Logos und Nomos*, Berlin, 1955, pp. 308-372.

9) A. D. Nock による書評 (*JTS* N.7, 1956, pp. 314-317) では，アンドレーゼンが第四章で展開したケルソスとユスティノスの比較研究は評価されているが，この研究の前半の議論の強引さも指摘されている。この指摘は正しく，アンドレーゼンが最後に扱ったケルソスに対するオリゲネスの反論の考察（ケルソスはユスティノスを通じて歴史的視点を確立したが，プラトン主義者オリゲネスには歴史的関心が欠けていたため，彼はケルソスの批判のうちの歴史に関する叙述を大量に削除したという結論）にかなりの無理が見られるのも，その現れであろう。H. Chadwick, *Early Christian Thought and the Classical Tradition,* Oxford, 1966, pp. 132-133. 邦訳『初期キリスト教とギリシア思想』中村・井谷訳，日本基督教団出版局，1983年，188-190頁。

10) 詳しくは，アンドレーゼン上掲書 SS.149 ff., チャドウィック上掲書 pp. 22 ff. (邦訳37頁以下) 参照。

11) *CCels* I, 14, またチャドウィック上掲書 p.134, note 66 (邦訳190-191頁, 注66) を見よ。

12) ケルソスはしばしばキリスト教をユダヤ教やグノーシス主義と混同したり，イエスを批判する際に聖書外の民間伝承を用いたりするが，創造論，処女降誕，終末論などを知っており，また奇跡について教会がただ「信ぜよ」と命じていたことも耳にしていた。

すでにオリゲネスが反論に着手する以前のキリスト教と他宗教との論争が反映していると言える。

オリゲネスの『ケルソス駁論』にはこれまで指摘されているような異教哲学対キリスト教というそれ以前の護教論者たちが扱ってきた問題に加えて，聖書テクストの問題が重要な焦点となっている。それは『ケルソス駁論』執筆の過程で，論敵ケルソスがキリスト教の教えを批判する際に，ユダヤ教の民間伝承やグノーシス主義諸派の記述を聖書テクストときちんと区別せずに用いていることがわかったためであり，それらをどのように扱うかという問題がオリゲネスにとって新たな課題として浮かび上がってきたのである。こうした資料の問題が，異教哲学との論争に劣らず『ケルソス駁論』の理解にとって重要な位置を占めていることを示すために，この書物における叙述方法の変更の経緯について論じておきたい。序論6でオリゲネスは，本論の途中でそれまでの叙述方法を変更することを読者に以下のように弁明している。

序6「わたしは，ケルソスが劇作法を用いてイエスに対する批判をひとりのユダヤ人に代弁させるまでの部分にすべて答えた後に，この序論を冒頭に置くことを思い付いた。それは，ケルソスに対するわたしたちの回答を読もうとしている人がこの序論をあらかじめ読み，この書物がけっして信仰者のために書かれているのではなく，むしろキリストに対する信仰をまったく味わったことのない人々か，あるいは，かの使徒〔パウロ〕が「信仰において」弱い人々と呼んだ人々のために書かれたものであることを知るためである。パウロは，「信仰の弱い者を受け入れなさい」(ロマ14:1)と言っている。

どうかこの序論が，ケルソスに対する回答の初めの部分と，それに続く部分が別の意図をもって書かれたことの説明となるように。というのもわたしたちは当初は，〔ケルソスの批判の〕要点(τὰ κεφάλαια)を書き，それに対する回答を簡潔に(διὰ βραχέων)記し，それから議論を具体化する (σωματοποιῆσαι τὸν λόγον) つもりだったからである。しかし後になって事柄それ自体が，時間を節約して最初の部分で答えられたことで満足すること，そして，それに続く部分でできる限り正確にケルソスのわたしたちに対する告訴

第2章　オリゲネスの復活理解とギリシア思想　　　83

（καθ'ἡμῶν ἐγκλήματα）と取り組むことを，わたしたちに示唆した。そこでわたしたちは，序論に続く初めの部分については，ご寛恕を乞うものである。しかし，もしあなたがそれに続く部分で効果的になされた回答に動かされることがないなら，わたしはそれらの上にも同様の寛恕を乞いつつ，もしあなたがまだ〔他の〕回答を通じてケルソスによってなされた議論を無効にすることを望んでおられるなら，わたしはあなたを，わたしよりも賢明で，ケルソスのわたしたちに対する告訴を言葉と書物を通じて覆すことのできる人々のもとに差し向けよう。とはいえ，たまたまケルソスの書物を読んだとしても，それに対する弁明をまったく必要とせず，ケルソスの書物の内容のすべてに一顧だにしない人は，それが平凡なキリスト教徒にとってすら，彼の内なる聖霊〔の働き〕によって軽蔑すべきものであるだけに，もっとよいのであるが」。

　彼は『ケルソス駁論』第一巻28の途中でいったん口述筆記を中断して序論に着手し，その後本書の執筆を再開したのであるが，こうした中断ないしは脱線は本書の統一的理解を非常に困難にしている。執筆順序に従ってオリゲネスが最初に手掛けた部分に当たる記述を見てみよう。本書の第一巻1では次のように始まっている。

　　I,1「キリスト教を中傷しようと望んでいるケルソスの第一の要点は，「キリスト教徒は慣習法に反して互いに秘密の集会を形成している，集会のうちでも法にかなう限りのものは公になっているが，慣習法に反して行われた限りのものは隠されているのだから」，ということである。さらにケルソスは，いわゆるキリスト教徒相互のアガペーと呼ばれているものが，公共の危険から成り立っており，誓約を超える力を有するものであると中傷することを望んでいる。ケルソスがキリスト教の集会は共通の法に反していると語り，共通の法ということを繰り返し述べているゆえに，これに答えなければならない」。

　キリスト教徒の集会が非合法組織であるという訴えは，異教哲学の側

からしばしばオリゲネス以前のキリスト教に対して加えられた批判の一つであり[13]、オリゲネスはこれに対して慣習法と自然法の対比を用いてごく簡潔に答えている。

> I, 1「ちょうどある人が不法な法を持つスキュタイ人のもとにおり、逃れる機会もないまま彼らのところで暮らすことを余儀なくされるなら、スキュタイ人から見れば違法ということになる真理の法のゆえに、彼が同じ考えの人々と共にスキュタイ人の慣習法に反しても集会を形成するのが道理に適っているように、……慣習法に反して真理のための集会を形成することは、不当ではない」。

その後もケルソスの批判点が紹介され、その各々にオリゲネスが簡潔に反論を行っているが、それらの多くはこれまでの護教論者たちがすでに論じてきた主題であった。例えば、キリスト教の起源について（第一巻2）、キリスト教徒たちの死への恐れについて（第一巻3）、キリスト教の倫理的論題の平凡さについて（第一巻4）、キリスト教徒たちの偶像に対する批判的態度の平凡さについて（第一巻5）、キリスト教徒たちの呪術の使用について（第一巻6）……と続く。第一巻9では、キリスト教徒のある者は信じている事柄についてその論拠（ロゴス）を提起することを望まず、「吟味するな、信じよ」、「汝の信仰が汝を救うであろう」と教えているというケルソスの批判が扱われている。こうした批判は、当時のキリスト教以外の知識人一般がキリスト教に対して抱いていた批判的見解を代表するものであり、アンドレーゼンが示したように、オリゲネス以前のキリスト教護教論者たちがすでに異教との間で反論を試みていた主題であった。オリゲネスも『ケルソス駁論』の最初の部分でかつての論争を引き継ぐ形でその各々に簡潔に答えており、その後に彼は異教哲学の側からの批判に答えるためにキリスト教自体の教えを体系的に展開するという課題を遂行することを意図していたと考えられる。実際ここまでの時点では、ケルソスの批判に対して口述筆記の形態で簡潔

13）ホフマンは、ケルソスがここに言及しているのはテルトゥリアヌス（『護教論』5章、『異教徒へ』I.7.9）によって挙げられている「ネロの法令（Institutum Neronianum）」であろうと推測している。

に反論してゆく作業は，何らの困難もなく，順調に進んだと考えられ，そしてその後にオリゲネスは，「議論を具体化する（σωματοποιῆσαι τὸν λόγον）」こと，つまりキリスト教の教説の体系的叙述に着手することを構想していたのである[14]。

しかしオリゲネスは第一巻 28 の箇所に至って叙述方針の変更を決意する。すなわち彼は第一巻 28 で「続いてケルソスは，劇作法を用いて弁論家のもとに入門したてのひとりの子供をどうにかして装い，ひとりのユダヤ人を登場させて，灰色の髭の哲学者にはまったくふさわしくない幼稚なことをイエスに対して語らせている。さあそこで，できる限りこれをもよく吟味し，ここで語られていることの中に，このユダヤ人と完全に調和した役割を彼は何も確保してはいないと反論しよう」と述べたところで叙述を中断する。そして序論を新たに執筆して叙述方法の変更を読者に告げた後，後続するケルソスの『真正な教え』の反論を再開するが，その際にケルソスの書物をキリスト教に対する「告訴」（καθ᾽ἡμῶν ἐγκλήματα）とみなして，これを逐語的に引用しつつ反論するという手法に切り替えたのである。しかしそれは従来考えられているように「時間の節約」のためではなく，実際には新たな状況がもたらした必要性がこうした叙述方法の変更を促したと考えられる。当初の意図していたような体系的叙述から，新たに生じた問題状況に対処してその都度問題となっている事柄に答えてゆくという，体系性や叙述の統一性を欠いた叙述への変更は，本書第 3 章 II.6 における『諸原理について』の成立の経緯の考察の際にも確認されるように，オリゲネスの著作の論駁的側面を理解する上で重要である。こうした形で叙述方針を途中で変更することは，当時の教会や彼の読者の置かれた状況にその都度答えようとするオリゲネスの著作の対話的姿勢にとっては自然な帰結であったと思われる。

ところで，このような方法上の変更を促した直接的契機は，序論 6 と第一巻 28 の記述から，ケルソスが架空のユダヤ人を導入してイエスに

---

14) G.W.H.Lampe の *A Patristic Greek Lexicon,* Oxford, 1976, pp. 1367-1368 ではオリゲネスのこの箇所の σωματοποιέω の用例について，embark on the Body or main part of, construct, of a written work の意味に解釈されており，またボッレーのフランス語対訳でも composer le discours en un tout organique と訳されている。

対する批判を展開したことに求められるだろう。序論を執筆した後に本論における反論を再開したオリゲネスは，その後の第一巻28の記述を前の部分と多少重複する形で次のように記している。

> I, 28「その後，ケルソスはユダヤ人を登場させ，イエスと対話せしめ，多くの点でイエスを反駁せしめているが，〔その論点とは〕，彼の考えによれば，第一に「イエスが自らの処女起源説をこしらえ上げた」ことで，「彼はユダヤの村の出身で，田舎の貧しい糸紡ぎ女から生まれた」と言ってイエスを非難している。そして，「彼女イエスの母は大工を職業とする夫により，姦淫の咎めを受けて追い出された」と主張する。そしてさらに，「彼女は，夫に放逐されて恥辱に満ちた放浪を続けているときに，こっそりイエスを産んだが，イエスは貧困のためにエジプトに稼ぎに行き，かの地でエジプト人が誇りにしているある種の奇跡力を実証したので，帰還したときにはその奇跡力を大いに誇り，これらの力ゆえに神と自称したのだ」と言っていたのである。しかし，信仰のない人々によって語られたことを吟味せずにおくことができず，諸事実の原理（ἀρχή）を探究しているこのわたしには，むしろこれらのすべては，イエスが神的存在であったことや，神の子に関する預言に該当する方であることに適合しているように思われる」。

ここでケルソスの批判の先取り的要約として述べられたこと，すなわちイエスの出生が母の姦淫に基づくこと，彼らの貧困とそれゆえのエジプトへの出稼ぎ，かの地でのイエスの魔術の習得等，キリスト教の創始者イエスに対するこのような中傷的記述は，後にタルムードやミドラッシュ伝承に基づく物語を概説的に収録した『イエスの系図（Sepher Tol'doth Yeshu）』[15]に収録されたものである。ホフマンやラングは，正典福音書の記述に反論するためにユダヤ教のサークル内で広まっていた何

---

15) この書の紹介と抄訳が，大貫隆編『イスカリオテのユダ』日本基督教団出版局，2007年，91-94頁に収録されている（これは G.Schlichting, *Ein jüdisches Leben Jesu*, Tübingen,1982, WUNT 24,52-187 のテクストに付された独訳に基づいている）。さらにペーター・シェーファー『タルムードの中のイエス』上村静・三浦望訳，岩波書店，2010年を参照。

らかの文書資料をケルソスが知っていた可能性があることを示唆し，ケルソスの言及を，2世紀にこれらが流布していたことを示す重要な証言とみなしている[16]。従ってこの時点でオリゲネスは，彼に先立つ護教論者たちのように異教哲学者の側からの批判に答えるという課題に加えて，ケルソスの『真正な教え』がキリスト教を批判するために用いたユダヤ教の民間伝承やグノーシス諸派に由来する資料を，聖書の記述との関連でどのように扱うかという課題を視野に入れる必要があると判断したと思われる。というのもオリゲネスはケルソスの『真正な教え』に対する反論を行うにつれて，ユダヤ教の民間伝承やグノーシス主義に由来する資料に基づくキリスト教批判が深刻な影響を及ぼしていると判断したように見えるからである。

　実際にそのような具体的状況を示唆しているのが，序論部分においてこの書物が対象とする読者について述べている箇所である。それは「もはや人々の間で共通の生を送っておらず，だいぶ以前に死んだケルソスや，ある種のもっともらしい議論によってその信仰が揺り動かされるような状態でキリストを信じる人」や「ケルソスのキリスト者批判に対し，信仰を揺るがすものから信仰のうちに立たしめ，回帰させるために，書物に書かれた論駁の言葉を必要としている人」(序論4)と呼ばれている。オリゲネスは序論6で，「この書物がけっして信仰者のために書かれているのではなく，むしろキリストに対する信仰をまったく味わったことのない人々か，あるいは，かの使徒〔パウロ〕が「信仰において」弱い人々と呼んだ人々のために書かれたものであることを知るためである。パウロは，「信仰の弱い者を受け入れなさい」(ロマ14:1)と言っている」と述べており，彼が具体的な読者を想定していたことがわかる。この書物が対象とする読者は「信仰者」ではなく，ケルソスのみならず，「ある種のもっともらしい議論」によって動揺している人々，「信仰の弱い人々」と言われていることは，オリゲネスがケルソスの書物に対する反論を執

---

16) R.J.Hoffmann, *Celsus On The True Doctrine*, p.129, notes 13,14,15.；N.R.M.De Lange, *Origen and the Jew : Studies in Jewish-Christian Relations in third-century Palestine,* Cambridge, 1976, p.66を参照。なおJ. Klausnerは，この資料の成立は10世紀より後であり，イエスの生涯について知るための歴史的資料ではあり得ないという (*Jesus of Nazareth; His Life, Times, and Teaching,* New York, 1922, pp. 51-53)。

筆することに対してある種のためらいを依頼者のアンブロシオスに表明していることと結びついているように思われる。

　ケルソスの『真正な教え』がキリスト教批判として最も効果的であったのは，福音書文書の護教論的性質について著しい洞察を示しているからである。この点についてホフマンは，「福音書の諸文書を主としてキリスト教会の正典として理解している現代の読者とは異なり，ケルソスはそれらを聖伝というよりも，宣教の文書として——プロパガンダや信仰の宣言として——理解していた。この点でケルソスは新約聖書を初めて非神話化した人物である」と述べている[17]。ケルソスは，未だ正典の概念が確立していない2世紀後半の段階で，当時流布していたユダヤ教の民間伝承やグノーシス主義諸派に由来する資料を用いて，キリスト教会の福音書の記述の信憑性を揺るがすような批判を展開したのであるが，それに対するキリスト教側からの有効な反論は約70年を経た段階で，旧・新約聖書のテクストの確立や聖書注解の作業に長年にわたって取り組んでいた聖書神学者オリゲネスの登場を待たねばならなかったと思われる。オリゲネスが序論で本書の執筆に消極的な姿勢を示し，依頼者のアンブロシオスに対して執筆をためらう言葉を表明しているのは，聖書の記述を信じている「信仰者」であれば，ケルソスの『真正な教え』に動揺することはあり得ないという確信があったからであろう。

　この点に関して，本書の冒頭がイエスの裁判における沈黙の記事で始まっていることは非常に示唆的である。序論は次のように始まっている。

　　序1「われらの救い主にして主なるイエス・キリストは，偽証された際に「沈黙していた」し，告訴された際には「何も答えなかった」。それは彼が，彼自身の全生涯とユダヤの人々の中でなした行為が，偽証を論駁する声や告訴に対する弁明の演説よりも優っていると信じたからである。だから神を愛するアンブロシオスよ，わたしには，あなたがなぜケルソスの論述におけるキリスト者に対する偽証と，彼の書物による教会の信仰に対する告訴に対してわたしたちに弁明することを求めておられるのかわかりません。あたかも諸事実の中

---

17) Hoffmann, *Celsus On The True Doctrine*, p.37.

には，偽証を消し去り，何らかの効力を伴う説得力を告訴に全く与えないような，明瞭な論駁や，どんな書物よりも優れた言葉が存在しないかのようではありませんか。そこで，イエスが偽証された際に「沈黙していた」ことについては，さしあたりマタイの言葉を提示すれば充分でしょう。なぜならマルコもマタイと同じ効力を持つ言葉を書いたのですから。マタイの本文は次のごとくである」。

オリゲネスは冒頭の部分を，読者がこの場面から不当な裁判を前に沈黙するソクラテスの伝承をまず初めに想起し，次に福音書の記述（ここではマタイとマルコが挙げられている）のなかに「明瞭な論駁」を求めるように，注意深く構成している。彼はこれによってケルソスの批判を，イエスやソクラテスといった真理の証人に加えられる不当な告訴と重ね合わせようとした。それは雄弁ではあっても虚偽でしかないケルソスの言葉を，読者が聖書テクストの記述と突き合わせて吟味，反駁することができるようにしたためであり，その際の判断の基準は聖書テクストの記述とみなされている[18]。オリゲネスはケルソスの『真正な教え』が旧約聖書に基づくユダヤ教の立場からも，またイエスに関する新約聖書の記述からも支持されない批判であるにもかかわらず，聖書の記述に詳しくない人々に対して深刻な影響を及ぼしていたことを十分意識していたと思われる。従って口述筆記の形で最初の部分の反論（第一巻1-28）を終えた段階で，オリゲネスはケルソスの『真正な教え』に対して有効に反論するための新たな手法の導入の必要性を認識し，おそらく一旦記述した部分はそのままにして，その後に叙述変更を告げる序論を付し，叙述形式を変えてその後の記述を続けていった。従ってこの時点からオリゲネスは，異教哲学の側からの批判に答えるためにキリスト教自体の教えを体系的に展開するという，「『諸原理について』の本来的部分」で展開されたような哲学的著述の方法をとることをやめ，むしろ彼が読者として想定する「信仰の弱い人々」のためにケルソスの『真正な教え』を逐語的に引用しつつ反論してゆく方法に切り替えているが，それは，読

---

[18] この問題について，出村みや子「オリゲネスにおけるイエス弁明の方法——『ケルソス駁論』I-II 巻における争点としての修辞的手法について」，『キリスト教史学』第41集，1987年，21-35頁を参照。

者と共にケルソスの批判（告訴）を一つ一つ詳しく検討し，特にケルソスがキリスト教の教説を批判する意図で引き合いに出す様々なユダヤ教の民間伝承やグノーシス主義諸派に由来するイエスや弟子たちに関する記述を聖書の記述と突き合わせ，比較検討の上で却下してゆくという文献学的方法を採用したためである。ここにわれわれはオリゲネスが，聖書のテクストを重視し，聖書を聖書によって解釈する方法を採用していることを見出す。そこで次に，オリゲネスが『ケルソス駁論』において展開した論争がどのような性質のものであるかを考察したい。

2.『ケルソス駁論』における論争的手法

『ケルソス駁論』を研究する上で重要なことは，オリゲネスがその反論に着手する時点でケルソスはすでにこの世を去っていたにもかかわらず，彼の批判の影響は，オリゲネスの後援者アンブロシオスが彼に反論を依頼する程に，当時のキリスト教会にとって非常に深刻なものであったことである。先に見たように，オリゲネスは『真正な教え』に対する反論をすすめてゆく過程で，ケルソスが用いた当時のユダヤ教の民間伝承に見られるイエス批判に対する吟味と論駁を新たな課題とみなすようになる。さらにケルソスは『真正な教え』の中で，福音書の記述を批判するためにグノーシス主義の教説をも用いている（第五巻62）。従って，先に示したようにオリゲネスが本書で展開した「論争」は，ケルソスの口を通して語られる異教哲学の側からの批判に対して，その批判に耐えうるキリスト教側の反論を提示するという意味での「外部に対する論争ないし論駁」であると同時に，キリスト教を全く知らない人々（キリスト教会にとっての潜在的信徒）やキリスト教の中におりながらも哲学者やユダヤ教の民間伝承によるキリスト教攻撃に動揺し，キリスト教の真理性を確信してそれを明確に言表することのできない「信仰の弱い者」[19]のために提示された「内部の者のための討議ないし討論」という二重の性格を持つことである。それが初期キリスト教の「反異教論駁」，「反異端論駁」，「反ユダヤ教論駁」の文学ジャンルの系譜と性質を異にする点

---

19) オリゲネスは『ケルソス駁論』の序論6で，この書が信仰者のためというよりは，「キリストに対する信仰を全く味わったことのない人々や，また使徒パウロが信仰の弱い人々と呼んだ者（ロマ書14:1）のために書かれている」ことを強調している。

であり，『ケルソス駁論』は最終的にはケルソスの『真正な教え』を直接的に論駁することよりは，潜在的信徒や信仰の弱い人々に信仰的確信を与え，当時の教会の必要に答えることを意図したカテケーシス的性質の書物であると言える。

彼の論争がそのような二重の性格を持つことを可能にしたのは，この研究の序論で述べたように，この時代の諸宗教が互いに顧客獲得のための競合状態にあったためである。ノースはヘレニズム世界とその後のローマ帝国において，特定の諸宗教がもはや都市国家において自明なものとして受け取られず，むしろ競合する体系の間で，「人間の経験の不合理さを理解するための異なる性質の宗教の教説，異なる経験，洞察，あるいは異なる神話と物語を提起する異なるグループ」の間での個人の選択を意味するものと受け取られていたことを指摘する。「諸宗教の市場化」というメタファーを用いてノースは，共和制後期に生じた「世俗化」の進行が前代未聞のスケールで宗教的多元主義の発展を許したことを示している[20]。こうした時代に行われた論争は，ストロウムサが指摘するように多様な目的のもとに構成され，「それは単に説得や改宗を主として意図したものであるばかりでなく，すでに回心した人々の信仰ないし自信の強化をも意図していた」といえる。オリゲネスが本書の執筆の途中で叙述方法を変更し，異教哲学の側からの批判に答えることのみならず，そうした批判に動揺するキリスト教徒の読者をも念頭に置いた議論へと叙述を変更したことにより，本書はキリスト教の教えを，ヘレニズム思想，ユダヤ教，グノーシス主義諸派のそれぞれの主張を突き合わせて検討する「対話」の場を読者に開くことを可能にしたのである。

3.『ケルソス駁論』における修辞的手法

オリゲネスが「聖書を聖書によって解釈する」方法を採用していることの傍証となるのが，この書の全体に見られるオリゲネスの反論に見られる修辞的手法について考察したK. ピヒラーの研究である。ピヒラーは『ケルソス駁論』全体に見られるオリゲネスの反論の手法は，ケルソスが採用した手続きの誤り（Verfahrensfehler）をひとつひとつ読者に明

---

[20] J. North, "The Development of Religious Pluralism", *The Jews among Pagans and Christians in the Roman Empire,* London-New York: Routledge, 1992, pp. 174-193.

らかにすることでケルソスの批判を却下し，読者をキリスト教の真理へと導くことにあったというテーゼを出した。彼は『ケルソス駁論』全体に見られるケルソスに対する反論として，弁論術に関する9つの規定を挙げている[21]。これらは関連するテクストの該当箇所を徹底的に収集し，それらにテクストに即して正確な解釈を加えるアレクサンドリア文献学を踏襲するものである。オリゲネスはこれらの修辞的手法に訴えることを通じて，読者がケルソスのキリスト教批判が妥当であるか否かについては，何よりも聖書テクストに基づいて判断すべきことを示していると思われる。

第一に聖書の本文を正確に引用し，パラフレーズによる改悪を避けるべきこと，第二に聖書本文の文脈に注意し，恣意的引用を禁止すべきこと，第三に文学的，歴史的批判に関する規定，第四に記述の意図に注目すべきこと，第五に事実に即すべきことの要求，第六に比較のための規定，第七に「劇作法の規定」，第八に概念を定義し，彼の主張の論拠を示すべきこと，最後に矛盾を犯さないことの要求と報復の原理（das Prinzip der retorsio）である。

オリゲネスが本書第一巻28以下で逐語的反論に切り替えたのは，論敵の批判を逐一検討してゆくことでケルソスの反論に対処できないとの印象を読者に与えまいとしたためである。この方法は結果としてケルソスの議論の弱点や欠陥を読者に対して明らかにする効果を生んだというピヒラーの研究は，従来問題にされなかった本書の読者に対する修辞学的効果に初めて光を当てたものとして評価できるものである。これらの修辞的要素には，ケルソスの批判に動揺する読者に対して，聖書テクストの固有性と自律性に訴えるねらいがあると思われる。

ピヒラーが本書に見られるオリゲネスの修辞的手法を明らかにするために，当時よく知られていた1世紀のアレクサンドリアのアエリオス・テオンの『プロギュムナスマタ (progymnasmata)』から「比較のため

---

21) K. Pichler, *Streit um das Christentum: Der Angriff des Kelsos und die Antwort des Origenes,* Frankfurt am Main, 1980, pp. 199-219. なお当時よく知られていた修辞的手法について詳しくは，H.I.Marrou, *A History of education in Antiquity,* London,1956 ; Robert W.Smith, *The Art of Rhetoric in Alexandria,* Martinus Nijhoff – The Hague, 1974; M.Patillon & G.Bolognesi (eds.), *Aelius Theon: Progymnasmata,* Paris: Les Belles Lettres, 1997; 山田耕太「ギリシア・ローマ時代のパイデイアと修辞学の教育」，『敬和学園大学研究紀要』第17号，2008年，217-231頁参照。

規定」と「劇作法の規定」を挙げていることは重要な指摘である。『プロギュムナスマタ』とは修辞学のための予備的訓練を意味し，これは当時の文法学校や修辞学校で用いられていた演説原稿を作成するための段階的カリキュラムで構成された教則本であった。オリゲネスは，ケルソスのイエスに対する告発文に対する弁明を行う際に，論敵の批判が当時の法廷弁論の基礎的手続きに適ったものかどうかの形式面での検討にこれを用いているのである。

「比較のための規定」は，「比較されるもの同士には大きな相違があってはならず，同類のもの同士についてなされるべきである」という規定である。宗教史的視点からヘレニズム神話や諸宗教のモチーフとの比較を行うことが，ケルソスの議論の大きな比重を占めているが，キリスト教の独自性を否定する数々の試みに対し，これらを神話的表象や他の宗教から区別する視点を確保するために，このトポスが繰り返し効果的に用いられている。論点は，ケルソスが異なるものを同一視していることを逐一指摘することにあり，従ってここでは区別があることそれ自体が強調され，相違点が明確には指摘されていない。

後者はテオンの「劇作法の規定」に依拠しており，「劇作法とは，人物および所与の事実に異論のない仕方で適合した言葉を付与された人物を導入すること」と言われている。本書第一巻28以下でケルソスは架空のユダヤ人を導入してイエスに対する批判をユダヤ教の立場から展開しているが，オリゲネスはこれについて「続いてケルソスは，弁論家のもとに入門したての子供のような仕方で劇作法を用い，ひとりのユダヤ人を登場させ，灰色の髭の哲学者にはまったくふさわしくない幼稚なことをイエスに対して語らせている」と述べている。これはオリゲネス自身によって構成されたケルソスの文学的手法に対するコメントであり，彼はケルソスの導入した方法を「劇作法（προσωποποιΐα）」と規定することによってケルソスの批判を吟味するための有力な視点を先取りしたのである。この規定は，ケルソスのイエスに対する告発が，厳密な意味でユダヤ教の立場と一致しているかどうかを吟味するために援用されている。すでに福音書記者によってイエスのメシア性を，預言とその成就という図式で旧約聖書によって証明する伝統が確立されていたゆえに，オリゲネスは読者に対して聖書学者としての手腕を充分に発揮する

ことができたのである。彼がパレスチナのラビと親交があり、当時のユダヤ教の知識に習熟していたことはすでに指摘されており[22]、ケルソスのユダヤ人の発言がユダヤ教的立場からは引き出すことのできないものであることを明らかにすることで、ケルソスの批判全体の無効性を明らかにしようとしたのである。

　以上、文章構成のさいの基本的な誤りの指摘と共に、オリゲネスが用いている修辞学の規定として挙げられるのが、ケルソスの推論の妥当性を吟味する方法である。ピヒラーが修辞的トポスとしての出典を挙げておらず、その位置づけも明らかにされていないいくつかがこれに該当すると思われる。これらはアリストテレスの『レトリカ』の弁証論的推論のトポスに準拠していると考えられる。従来オリゲネスにおけるアリストテレスの影響は全く無視されてきたが、アレクサンドリアの文献学が「アリストテレスを始祖とするペリパトス派の影響下にあった」ことはすでに野町啓の研究が明らかにしている[23]。

　まずピヒラーの9番目の規定であるが、これは相手の矛盾を指摘する方法と、同一の批判を相手に投げ返すことによって反論となす方法から成り、オリゲネスはこの方法にしばしば訴えている。特にケルソスが架空のユダヤ人を導入し、劇作法を用いてイエスを批判するさいに、オリゲネスは同様の批判がすでにモーセに加えられていることを指摘することで、逆に批判の矛先をケルソスのユダヤ人に向けて投げ返すことができたのである。論争相手の矛盾の指摘のほうは、アリストテレスの『レトリカ』の推論のトポスの22番目、「相手の陳述に場所、時、行為、言葉の点で矛盾がないかどうかを吟味すること」(1400a15以下) に当たる。また Prinzip der retorsio の方は同じくアリストテレスの推論のトポスの6番目、「自分に対して言われたことを、言った相手に投げ返すこと」(1398a3) に相当する。

　第8番目の規定も同様にアリストテレスの推論のトポスの第7、「定

---

　22) N.R.M.De Lange, *Origen and the Jew* ; Paul M. Blowers, "Origen, the Rabbis, and the Bible : Toward a picture of Judaism and Christianity in third-century Caesarea" in Charles Kannengiesser & William L. Petersen (ed.), *Origen of Alexandria—His World and his Legacy*, University of Notre Dame Press, Indiana, 1988, pp. 96-116.

　23) 野町啓『謎の古代都市アレクサンドリア』講談社現代新書, 2000年, 153頁。

義に基づいて論じること」(1398a15) に該当し，この規定はキケロやクウィンティリアヌスが definitio と呼ぶところのものである。オリゲネスはこの規定に基づき，ケルソスに対して概念を定義し，その本質を明確にしてから推論をなすように要求しているのである。

さらにピヒラーの挙げている第5の規定「事実性についての要求」は，アリストテレスが推論を行う際に第一に銘記すべきこととして挙げているものであり，彼は法廷において告発したり弁明を行ったりする人は，事実関係を調べてからそれらに着手すべきことを主張している (396a4-22)。一見もっともらしい説得力を持つケルソスの議論も，厳密に吟味すれば理論的根拠のないものであることを示すためである。

これらに加え，「すでに下された決定による」(1398b21) トポスを挙げることができよう。オリゲネスは当時の弁論術の手法に則り，ケルソスの議論を絶えず哲学者，聖書記者，一般通念と比較することにより，その誤謬性，非妥当性を明らかにする手法に訴えているのである。

これらの弁論に関わる諸規定は信仰を前提することなく，一般的な弁論の妥当性の判断基準となっており，オリゲネスの読者の教養が当時のヘレニズム知識人に劣らない水準に達していたことを裏付けるものである。オリゲネスは第一巻28以降，当時のエンキュクリオス・パイデイアの前提に立って議論を進めているのであり，これによって当時の教養ある知識人に向かってキリスト教の有効な弁証を可能にしたのである。周知のようにトピカ（ディアレクティカ），レトリカの素養は，基礎教育（エンキュクリオス・パイデイア）の習得が前提とされる古代・中世（前期）世界においては異教徒，キリスト教徒の区別なく，教養人に対して弁論を行うさいに不可欠のものとされていた。弁論を評価する基準は，まさにこれらのトポスにかなった推論がなされているか否かに係っている。オリゲネスはこれらの手法に訴えることにより，読者に対してケルソスの告発が有効であるか否かをまず形式面で吟味することを求めたのであり，読者は沈黙するイエスに代わってケルソスの議論と取り組み，その妥当性を判定するように促されるのである。

ところでピヒラーが1から4までに挙げる，文学研究における本文の扱い方とその解釈をめぐる規定は，結局次の一点に，すなわちケルソスは聖書本文を正確に読まずに恣意的に用いているという点に集約するよ

うに思われる。しかしこのような批判は論敵ケルソスに対する反論としては，どれほどの有効性を持ち得ただろうか。というのも文芸学が対象とする古典文学とは異なり，当時まだ一定の評価を得ていない聖書にこの規定を適用することは，聖書自体の価値を全く認めない立場の人々にとって，何の拘束力も持ちえないと思われるからである。従ってこれらの指摘もやはり，宗教多元化状況の中でオリゲネスが聖書テクストにまだ習熟していない読者の存在を意識して構成したものと考えるべきであろう。すなわちオリゲネスは読者に対して，その都度聖書テクストの証言を提示しながら，ケルソスの批判が的を射ているか否かの判断基準は，彼が聖書のテクストを正確に読んだ上で批判をしているかどうかにあることに注目するようにと繰り返し注意を促していると考えられる。そのような意味で彼の読者には，ケルソスの批判点を聖書テクストを突き合わせながらケルソスとオリゲネスの論争のどちらが正当であるかを判断することが求められていたのであり，それは信仰の弱い者に対してはキリスト教の真理性の確証をさらに強めることに役立ち，また潜在的な信徒と考えられる門外漢に対しては，まさに「諸宗教の市場化」においてそれぞれの立場からの主張を比較検討しつつ，より優れた教えを選択するように促すことを意図しており，いずれにしても『ケルソス駁論』は諸宗教が多元的に競合するアレクサンドリアの宗教・文化的状況を反映しているのである。

II 復活をめぐる論争と聖書解釈

　次にこの問題を具体的に検証するために，オリゲネスの『ケルソス駁論』第二巻54以下の，オリゲネスとケルソスの間に交わされた復活に関する論争を対象として，ケルソスによる『真正な教え』に示されたキリスト教徒の復活理解に対する批判にオリゲネスが逐一答えていく際の手法について考察したい。『ケルソス駁論』第二巻54以下は，オリゲネスの論敵ケルソスが自分で創作したユダヤ人を登場させ，このユダヤ人の口を通して福音書に記されたイエスの生涯の記事を批判させている

部分に属しており[24]，復活の問題は特に烈しい批判の対象となっている。チャドウィックも指摘するように[25]，異教徒の哲学者ケルソスにとって，キリスト教に対して反論すべき多くの点の中でも，身体の復活の教義ほど不愉快に思われたものはなかったと考えられるのであり，ここにヘレニズム世界の伝統とキリスト教の教説が鋭く相違する対立点を見ることができる。とりわけ一連の論争において重要なのは，オリゲネスがケルソスによって加えられたキリスト教批判に対して，聖書を随所から引用していることである。しかも復活について扱っている聖書の証言は一様ではないゆえに，オリゲネスは聖書学者として聖書における多様な復活理解を読者に示しながら，復活に関する教えがケルソスの批判するように，決して不合理なものではないことを示そうとしたのである。

1.「黄泉帰り」[26] と「甦り」[27]

『ケルソス駁論』第二巻 54 以下にはキリスト教の復活理解をめぐる論争が収録されており，ここにはオリゲネスがギリシアの神話的記述をどのように扱ったかが具体的に示されている。その最初の争点は，ケルソスが福音書のイエスの復活（甦り）の記事を古代ギリシアの「黄泉帰り（蘇り）」の神話と同一レベルの話として扱いながら批判したことである。本書では両者の復活理解の相違を明らかにするために，以下の論述ではケルソスの復活理解については蘇生を意味する「黄泉帰り」ないしは「蘇り」を，これに対してオリゲネスの反論には聖書信仰に基づく「甦り」の語を用いて訳し分けることにする。ケルソスは，キリスト教徒がイエスの復活を信じる根拠について，「死後に自分が蘇るであろうとイエスが自分で予告したという理由以外の何によって，一体あなた方は（その

---

[24] ケルソスが架空のユダヤ人を登場させてキリスト教の批判を語らせている部分が *CCels* I,28 から二巻の終わりに収録されているが，ノックは上述の書評（本書 81 頁注 9）の中で，ユスティノスの『トリュフォンとの対話』におけるトリュフォンの役割が，ケルソスにこの着想を与えたのではないかと述べている。

[25] H. Chadwick, "Celsus, and the resurrection of the body", p.83.

[26] 蘇生を意味する「黄泉帰り」という表現は，井上忠『根拠よりの挑戦』東京大学出版会，1976 年，195 頁から借用した。

[27] 聖書に基づく「終末論的様態変化」としての「甦り」の理解は，本書第 2 章 II.4 の「「変化」の概念の論争的意義について」，および第 3 章の反グノーシス主義論争において論じられる。

ような信仰に）導かれているのか」と問うた後，次のように批判を展開している。

　　II, 55「だがこれ以外にもどれだけの人々が，単純な聴衆を説得するために，こうした類の驚異的な話をし，惑わしによって人々を食い物にしていることか。しかるにそのような例としてピュタゴラスの奴隷でスキュタイ人のザルモクシス，イタリアのピュタゴラス自身，エジプトのランプシニトスの話があり，後者（ランプシニトス）は黄泉でデーメーテールとさいころ遊びをし，彼女の元から黄金のハンカチを贈り物として持ち帰ったのであり，オルフェウスもオデュルシア人のところで，プロテシラオスはテッサリアで，ヘラクレスはタイナロスで，そしてテセウスもまた（同様な黄泉帰りの業をなしたのである）。だがその場合，誰かが本当に死んで，その同じ身体で蘇ったということがあったかどうか，考察される必要がある」。

　ここでケルソスはイエスの復活の記事を，死者が「同じ身体で蘇り」，黄泉から帰還したことを伝える神話的記述と同一レベルで扱おうとしたが，「黄泉帰り」の話としてまず思い起こされるのが，ギリシア神話のオルフェウスの黄泉下りの神話である。アポロドーロスの記述には，「オルフェウスはその妻エウリュディケーが蛇に噛まれてなくなった時に，彼女を連れ戻そうと思って黄泉に下り，彼女を地上にかえすようにとプルートーンを説き伏せた。プルートーンはオルフェウスが自分の家に着くまで途中で後を振り向かないという条件で，そうしようと約束した。しかし，彼は約を破って振り返り，妻を眺めたので，彼女は再び帰ってしまった」(I,III,2)との記述がある。またアプレイウスの記述によれば，黄泉下りは当時の密儀宗教の入信儀礼の重要な要素になっていたことがわかる。アプレイウスはその様相を次のように伝えている。「私は黄泉の国に降りて行き，プロセルピナの神殿の入り口をまたぎ，あらゆる要素を通ってこの世に還ってきました。真夜中に太陽が晃々と輝いているのを見ました。地界の神々にも天上の神々にも目のあたりに接して，そのお膝元に額づいてきました」[28]。入会者は黄泉下りと天上界への上昇

第 2 章　オリゲネスの復活理解とギリシア思想　　　　　　　　　　99

を示す祭儀を通じて，死から生への再生を体験したのであり，太陽神の姿をとって人々の前に出て，神的存在に生まれ変わったことを示したという。

　このように「蘇り」を黄泉からの帰還，「黄泉帰り」として理解する伝統は洋の東西を問わず見られ[29]，キリスト教においても独自の立場からの修正を経て採用されている。まず新約聖書の I ペト 3: 19-20 には「そして霊においてキリストは，捕われていた霊たちのところへ行って宣教されました」とあるように，キリストの黄泉下りに言及したとみなされる記述があり，さらに後の『ニコデモ福音書』にも復活後にキリストが黄泉に下り，死者たちを死の縄目から解放したとの記述が含まれている[30]。これらの箇所には，人となったロゴスの地上への下降は，彼の死んだ魂が地下深くへと降下したことで完成するという見方が確認される。「黄泉下り」はいわゆる古ローマ信条の定式には欠けているものの，信仰箇条において表明された伝承がすでに初期の教父たちによって，使徒ペトロを重要な証人として召喚することによって，使徒時代に遡源されている。黄泉下りに関するキリスト教の伝承が，キリスト教の外部で非常に早くに知られていたことがケルソスの批判から知られるのである。

　ケルソスの批判には，当時のヘレニズム世界の各地に流布していた「黄

---

　28) 『黄金のろば』下，岩波文庫，1974 年，164 頁。
　29) また日本の『古事記』にも，イザナキが亡妻イザナミを連れ戻すために地下の黄泉の国に下る記述があり，これも「蘇りの物語の一種」とみなされる。こうした理解が洋の東西を問わず広く見られるのは，「人の生と死の営みを植物の生育にみられる自然の循環的営為になぞらえたものとも理解しうる」ためであり，「これらの物語の多くは地下への降下とそこからの帰還という形を示して」いる（大貫隆・名取四郎・宮本久雄・百瀬文晃編『岩波キリスト教辞典』2002 年の北沢裕による「甦り」の項目を参照）。
　30) 田川建三による邦訳が，『聖書外典偽典 6　新約外典 I』教文館，1986 年に収録されている。田川の概説によれば，本書は元来『ピラト行伝』もしくはそれに類した名で流布していたものが，幾つかの成立段階を経て現在のテクスト（ギリシア語とラテン語）に至った経緯から，全体の内容に即して 13 世紀以降に『ニコデモ福音書』の名で呼ばれるようになった。当初は異教の側がキリスト教を攻撃するために流布させたものが，これに対抗して同じ表題の文書がキリスト教側からも作られたと考えられ，内容的に三部に分けられる。ピラトによる裁判とイエスの処刑を記した第一部，イエスの復活をめぐるユダヤ当局の審問に関する第二部に続き，第三部に主イエスの黄泉下りの記述がある（161-174 頁）。詳しくは Alois Grillmeier, *Mit ihm und in ihm: Christologische Forschung und Perspektiven*, Herder, 1978 を参照されたい。

泉帰り」の神話的記述が前提されており，従って『ケルソス駁論』に見られる両者の論争も，そのような状況を反映した議論であったといえる。オリゲネスは福音書のイエスの甦りの記述が当時流布していた一連の「黄泉帰り」の神話的記述と大差はないという批判に直面し，キリスト教徒の読者のために福音書のイエスの甦りの記事がヘレニズム世界に流布していた死者の蘇生としての黄泉帰りの神話と相違していることを明らかにする必要に迫られたと思われる。

　事実，預言とその成就，及び奇跡（ここでは甦り）によってキリスト教の真理性に訴えるのは，ユスティノスにも顕著な動機であった。従ってイエスの蘇りとギリシアの英雄たちのそれを同列に置くケルソスの批判の手法は，ユスティノスの借用理論（例えばプラトンはモーセから学んだというような）を逆転させたものであり，ここにオリゲネス以前にすでに交わされていたヘレニズム世界とキリスト教の論争の反映を見ることができる。当時のキリスト教の護教論を踏まえて，預言とその成就，すなわちここではイエスが生前に自分の死と蘇りを予告し，それが予告通りに起こったということがイエスを信じる論拠とされているというケルソスの批判に対し，オリゲネスの試みた第一の反論は，聖書に基づいて同様の批判をケルソスに投げ返し，ケルソスの批判が宗教批判としては公平さを欠いていることを読者に示すことである。

　オリゲネスは，まずイエスに加えられた批判が同時にユダヤ人にも当てはまることを，以下のように申命記の末尾のモーセの死の記述を指摘することによって反論しているが，これはケルソスが架空のユダヤ人を登場させ，自分に代わって語らせているためである。オリゲネスは旧約聖書を引き合いに出すことによって反論の地平を神話的記述から聖書の記述に移しており，それによって福音書のイエスの復活の解釈を，英雄たちの黄泉帰りの神話ではなく，モーセに関する旧約聖書の記述との関連で考察すべきことを読者に示そうとしたのである。

　II, 54「だがこれは，先の例同様，モーセに関する例にも当てはまることになろう。われわれは，彼（ケルソスのユダヤ人）に次のように主張しよう。彼（モーセ）が自分自身の死についてこのように記したという理由以外の何によって，一体あなたがたは（そのよう

な信仰に）導かれているのか。「こうして主の僕モーセは，主の言葉に従ってモアブの地に葬られた。だが今日に至るまで，彼の墓を知る人は誰もいない」と。つまりかのユダヤ人が，死後に蘇るとイエスがあらかじめ予告したと批判しているように，モーセに関して同様のことを主張する人も，こうした言葉に対して言うであろう。「モーセも彼自身の墓が人類に知られていないことを誇り，得意がって，今日に至るまで彼の墓を知る人は誰もいない，と記したではないか，なぜなら申命記はモーセが書いたのだから」と」。

次に，イエスの蘇りが英雄たちの黄泉帰りの神話と何ら異なるところはないというケルソスの批判に対するオリゲネスの反論を検討したい。先に見たように，ヘレニズム世界にはすでに死と再生にまつわる多くの神話が流布しており，ケルソスの批判はキリスト教の復活論をこれらの神話と同列に扱うところにあった。こうした批判に動揺する読者のためにオリゲネスが試みた反論は，聖書のテクストに基づいてこれらを別々の範疇に入れ，内容的に区別することである。これはキリスト教徒と異教徒が共に用いていた剽窃論を断ち切り，イエスの甦りに独特な位置付けを与えようとする試みである。オリゲネスは，ケルソスがイエスと英雄たちの話を一括して「驚異的な話（τερατεία）」と表現している言葉（「だが，その他にもどれ程の人々が，単純な聴衆を説得するために，こうした類の驚異的な話をして，惑わせることによって人々を食い物にしていることか」）に注目し，イエスの甦りの記述を「驚異的な話」とは異なる「奇跡（παράδοξα）」と規定する。τερατεία は，神々よりの不思議なしるしや吉兆，具体的には神話上のゴルゴンの首やスフィンクスなどの怪物を表す τέρας と同族の語で，架空の作り話をするといった意味であり[31]，オリゲネスはイエスの甦りについては παράδοξα（一般の考えに反する奇跡的なことの意味）の語を適用して，単に人々を欺くために虚構された話を意味する τερατεία に対峙させ，『ケルソス駁論』第二巻55-62までの反論を構成しているのである（彼は，τερατεία とその動詞形を10箇所で，παράδοξα とその形容詞形を9箇所で，各々使い分けている）。

31） Liddell and Scott, *Greek-English Lexicon,* Oxford, 1968, p. 1776.

第二巻 55 においてオリゲネスは次のように反論している。

II, 55「ザルモクシスやピュタゴラスの驚異的な話を列挙する力は，ギリシアの物語に対してまったく向学心を抱かないユダヤ人よりも，モーセを信じない人々の間に存在する。モーセについての奇跡的な出来事（パラドクサ）を信じないエジプト人は，説得力をもってランプシニトスの例を挙げるであろう。なぜならエジプト人は，彼が黄泉に下り，デーメーテールとさいころ競技をし，彼女のところから黄金のハンカチを奪って黄泉で起こったことのしるしを示し，黄泉から帰還したことをモーセよりも一層説得的に語っているからである。だがモーセのほうは，自分が「神の在す暗闇の中に」入って行き，そして残りの人々をさしおいて彼のみが，神の側近くに行ったことを記し，「そしてモーセのみが神の側近くに行き，残りの人々は御側には行かなかった」と記述した」。

オリゲネスは「驚異的な話」と「奇跡」を対比するに際して，エジプトの黄泉下りに関する神話の地平と，モーセが「神の御側近くに」行った神的出来事に関する聖書の記述の地平とを対比して，後者がより奇跡的であることを読者に対して強調しているのである。

第三にオリゲネスが行った二つの話の区別は，英雄たちが本当に死んだかどうかは確かではなく，ある期間だけ人々の前から姿を消し，その後姿を現したと考えられるが，イエスは全ユダヤ人の面前で殺され，明瞭な死を遂げたというものである。

II, 56「イエスが十字架につけられたことの他の原因としては，彼が自発的に人々の目前から退いたので，死んだように思われたが実際には死んでおらず，彼が望んだときに再び出現して死者からの蘇りという驚異的な話をしたのだと誰からも言われることがないように，彼が十字架上で非常に明瞭な仕方で死んだということを，これに付け加えることができるだろう」。

ここにはイエスが十字架上で死んだのは見せかけで，死んだように見

えただけだというグノーシス主義の仮現論的理解に対する牽制が認められ，その意味でこの反論もケルソスの批判に直接答えたものと言うよりは，読者を意識して構成されたものである。オリゲネスは，ケルソス自身も認めるように英雄たちの神話は単純な人々を惑わして食い物にする虚構であるとする見解に同意すると共に，イエスの十字架上の死はそれとは異なる歴史的事実であると主張して，読者に対して神話的記述と福音書の歴史的記述を区別して扱うべきであることを示している。

さらにイエスの死と甦りの真実性を端的に示す証明としてオリゲネスが最後に提示する議論には，やはりケルソスの批判に直接向けられた論争的性格よりは，読者に対して奇跡の意味を開示する弁明的性格が認められる。

> II, 56「だが私には，彼の弟子たちによってなされた様々な企てが明瞭な証拠であると思われるのであり，彼らは人間的生命に危険をもたらす教えに自分たちの身を捧げたのである。イエスが死者の中から甦ったことを彼らが作りだしたというなら，彼らはこの教えをこんなにも精力的に教えなかったであろうし，さらには他の人々がこの教えに従って死を軽んじるようにするばかりか，彼ら自身が率先して死を軽んじたということもなかったであろう」。

以上のオリゲネスの議論では，ケルソス自身も問題にしていた神話的記述の現実的効用の問題が扱われている。オリゲネスは読者に対して，甦りの真偽を最終的に決定するものは，その甦りの出来事が現に人々に及ぼしている力であることを示そうとしている。英雄の蘇りを黄泉帰りとして記述する各地の神話が人々を欺くものでしかないというケルソスの批判に同意を示しつつも，さらにオリゲネスは，もしもイエスの甦りが虚構にすぎないならば，どうして弟子たちをはじめとしてイエスに従う人々が，その教えの宣教のために生命を賭するということがありえたであろうか，と読者に訴えているのである。オリゲネスがこの議論を読者にとって有効とみなしたことは，ヴィルケンが指摘したように，この時代に哲学が知的探求よりも「生き方（βίος）の探求」を目指す一種の

宗教運動となっていた状況があったためである[32]。オリゲネスはイエスの甦りに関する福音書のテクストが人々を促す実際的効用を指摘することによって，イエスの甦りの記述を黄泉帰りの神話から区別した。彼は他の箇所でもイエスの弟子たちの生き方に基づく証明にしばしば訴えているが[33]，こうした議論は本書第3章で扱うパウロの復活論に見られるものであった。

さらに，「本当に死んだ誰かが同じ身体で蘇ったことがかつてあったか」とのケルソスの問いに対しては，オリゲネスは列王記に収録されたエリア（上17:21-22）とエリシャ（下4:34-35）による子どもの蘇りの記述を引用して答えている。そしてまず，これらの旧約聖書の記述を信じているユダヤ人には，このような批判はふさわしくないことを指摘した後に，「とすればイエスも，そうした奇跡（パラドクサ）に慣れていた他ならぬユダヤ民族のもとに到来したのであり，ユダヤ人はこれらをイエスによってなされた業やイエスに関して物語られた出来事と比べることにより，イエスがすべての人々よりも偉大であって，彼のもとではもっと偉大な出来事が生じ，彼によって一層奇跡的な業がなされたということを受け入れるであろう」と述べている。こうした一連の議論によって，オリゲネスは死者の甦りの出来事を引き合いに出すのであれば，各地に伝わっていた黄泉帰りの神話と比べるべきではなく，むしろ旧約聖書のモーセやエリア，エリシャといった宗教的指導者による蘇りの記事を参照すべきことを読者に示したのである。

2. 福音書の復活物語は幻覚の産物か

これに続く『ケルソス駁論』第二巻55の後半に，復活のイエスに出会った女性についての福音書の記述を批判したケルソスの言葉が収録されている。すなわちケルソスは，復活したイエスを見た証人として福音書が記している女性はヒステリーか憂鬱症を病んでおり，それ以外の証人がいるとしても「同じ魔術によって欺かれた者であろう」と述べている。そして彼は，「こうしたことはすでに非常に多数の人々に起こっており，

---

[32] R.L. ヴィルケン『ローマ人が見たキリスト教』三小田敏雄他訳，ヨルダン社，1987年，122-138頁。

[33] CCels I,31; 38; 46. その他。

これは，誰かが何らかの精神状態で夢を見たとか，自分の願望にかなった誤った臆見のために幻覚が生じたとか，あるいはむしろ他の人々をこのような驚異的な話によって驚かせ，このような作り話を通じて他の乞食に手だてを与えようと望んでいるとかいった類のことなのだ」と激しい批判を行っているのである。イエスの復活が夢や幻覚にすぎなかったという見解は，古代のみならず今日に至るまで絶えず提示されてきた[34]。ケルソスもまた，処刑されて死んだイエスが甦ったという証言を，夢や幻覚に基づく無意識的な精神作用の産物であるにせよ，意図的な虚構であるにせよ，いずれにしても事実に基づかない作り事としか考えなかったのである。

これに対してオリゲネスは，ケルソスの発言をエピクロス主義者のようだと評した後，次のように反論している。

> II, 60「このことは，非常に見事に語られているように見えはするが，実際のところは死者たちの魂が存続しているという教えが必然的なものであることを少なからず確証させるもので，この教えを受け入れた人が魂の不死や魂の存続について空しく信じているのでないことをも確証させるのである。ちょうどプラトンも，魂についての対話篇の中で，すでに死んだ人々の影のごとき幻が，ある人々に墓の付近に現れたことがあると語っているように。従って，死者の墓の付近に現れる想念は何らかの基体から，すなわち光のごとき身体と呼ばれるものの中で存続する魂の基体から生じたものである。しかるにケルソスはこれを拒み，ある人々が白昼夢を見たり，自分の願望にそった誤った臆見に基づいて幻覚を見る（という説明の）方を好んでいる。夢が生じることを信じるのは不合理ではないが，常軌を全く逸しておらず，精神が錯乱しているのでも，憂鬱症にかかっているのでもない人々に白昼夢が生じたというのは，説得力を欠い

---

34) 古代においてキリスト教の復活論が提起した同様の問題を扱った興味深い研究として，O.Cullmann, *Immortality of the Soul or Resurrection of the Dead ?* (邦訳『霊魂の不滅か死者の復活か』岸・間垣訳，聖文社，1966 年), E.Pagels, *The Gnostic Gospels,* Pelican Books,1982, pp.35-54,（邦訳『ナグ・ハマティ写本』荒井・湯本訳，白水社，1982 年，39-73 頁）がこの研究との関連で特に参考になろう。

ている。さらにこれを見越してケルソスは，彼女がヒステリーを病んでいたと語った。しかしこのことは，彼が批判する際の素材を得ている当の聖書の記事には見当たらないのである」。

オリゲネスはまず，ケルソスが聖書の復活に関する記述を主観的な精神作用に帰した点をエピクロス主義的と評した。これは彼に反論を依頼したアンブロシオスの影響であり，当時「エピクロス主義者」の呼称は，無神論を意味する誹謗の言葉であった[35]。エピクロスは，死の際に魂まで分散すると説くことによって，黄泉の恐怖から人間を自由にすることができると考えたといわれる[36]。それゆえオリゲネスは，ケルソスを「エピクロス主義者」とみなすことによって読者の信用を低下させ，ケルソスの批判がギリシアの伝統的な思索の一つであった魂の不死の教説を否定するものであることを示そうとしたのである。オリゲネスの反論の論点は，ケルソスの議論に「死者たちの魂が存続しているという考えが必然的なものであることを少なからず確証させる」可能性を見出そうとしたところにあり，そのキーワードは，ケルソスの用いたファンタシアという語である。つまりここでケルソスが否定的な「幻覚」の意味で用いているのに対し，オリゲネスはこれを肯定的な「想念」の意味に読み換えているのである。すなわちストア派の認識論によれば，真理認識の基礎は現存する実在を直覚的に把握するところに成立し，それは個々の事象を直覚的に把握する「想念（φαντασία）」に同意を与えることを意味した[37]。また，アカデメイア派が現実認識における「想念」と夢の無差別性を主張していたのに対し，ストア派はこうした直覚的想念が明証的なものであることを主張し，両者を区別したといわれる。オリゲネスはこれを踏まえ，夢と区別されないケルソスの用いたファンタシアを逆手に取って，現存する実在に基づく真理認識を唱えるストア派の立場に

35) *CCels*.I,8 においてオリゲネスはケルソスについて「他の書物より彼がエピクロス主義者であることが知られる」と述べているが，それは読者の彼に対する信用を減じるためで，オリゲネスも後半ではケルソスがプラトン主義者であることを承認せざるをえなくなっている。詳しくは，チャドウィックの英訳テクスト序論 pp.24-26 を参照。
36) ディオゲネス・ラエルティオス『哲学者列伝』10,124-127.
37) 以下のストア派の理解について，B.Inwood (ed.), *The Cambridge Companion to the Stoics*, Cambridge, 2003, pp. 59ff. のストア派の認識論に関する記述を参照。

第2章 オリゲネスの復活理解とギリシア思想

立って反論しているのである。

オリゲネスはさらにこの見解を裏付けるために，プラトンの『パイドン』81 c-d（彼は「魂についての対話篇」と呼んでいる）を引証しているが，この箇所に全く新しい解釈を加えている。すなわちプラトンがここで，劣悪な生を送ったために肉体から完全に離れることができず，墓の付近をさ迷う魂について語り，これを死者の「影のごとき幻」と述べているのに対し，オリゲネスはストア派の理解に基づいてこれに積極的意味を付与する。そして，墓の付近（ここではイエスの墓）で見られた「想念」は，「何らかの基体」（すなわち実在）に由来し，それは「光のごとき身体と呼ばれるものの中で存続する魂」であるという。プラトンが否定的な意味で可視的な魂に用いた「影のごとき（σκιοειδής）」という形容詞は，オリゲネスの反論においては「光のごとき（αὐγοειδής）」に変えられ，このエピソードは復活の可能性や復活の身体の輝かしさを示唆するものとして全く新しい形で提示されているのである。

しかしこの箇所におけるオリゲネスの反論の核心は，最後の箇所に記されているように，ケルソスの批判が聖書の証言から引き出すことのできないものであるゆえに，全く説得力を持たないということを示すことにあった。

3. 魂の不滅か，身体の復活か

次に検討する『ケルソス駁論』第五巻 14 以下のテクストは，ケルソスが敵意をあらわにしつつ，キリスト教の終末論および復活論に原理的な批判を加えている箇所である。この部分はオリゲネスが論敵ケルソスの思想的立場をプラトン主義者と認めた第四巻 83 に続く箇所であり，プラトン主義的死生観と聖書の伝統が激しくぶつかり合う場面であることに注目したい。

V, 14「神がまるで料理人のように火を用いて罰する時に，他のすべての民族はことごとく焼き尽くされるが，彼ら〔キリスト教徒〕のみは生き残るばかりでなく，生きている者のみならず，昔に死んだ者も〔生前と〕同一の肉体で大地の中から浮かび上がると彼らが

考えていることも愚かである。これは全くうじ虫の希望である[38]。というのも，いかなる人間の魂がすでに腐敗した身体をさらに望むだろうか。

　この教義があなたがたのうちのある種のキリスト教徒に共有されていないという事実によって[39]，その非常な汚らわしさと忌まわしさが，信じ難さと同時に明らかになる。一体どのような種類の身体が，完全に朽ちてしまった後にその本来の本性，すなわち分解する前の初めの状態に戻ることができるのだろうか。彼らは何ら答える術を持ってはいないので，神にはすべてが可能であるという最も無法な避難所に逃れるのだ。だが神は，誠に恥ずべきことを（なすことは）できないし，自然に反することも望まないのだ。

　……神には魂に永遠の生命を与えることはできるかもしれないが，他方ヘラクレイトスは，「死体は肥やし以上に投げ捨てられるべきものである」と述べている。全く語るに価しない肉体を道理に反して永遠なものとすることなど，神は望みもしなければ，それは可能でもないのだ」。

　ケルソスの批判に当時の教会の態度が反映されていることは，H. チャドウィックのこの箇所に関する注目すべき論文が明らかにしている[40]。死者の復活を擁護するために神の全能（divine omnipotence）に訴えるという手法は，ローマのクレメンスやユスティノス，アテナゴラス，エイレナイオス，テルトゥリアヌスらによって採用されていた。チャドウィックは，ケルソスとオリゲネスが共に，不合理な信仰を正当化するために神の全能に訴えることに批判的であり，その際二人は共通の哲学的前提に立っているという。すなわちキケロの『占いについて』2, 41, 86 と『神々の本性について』3, 39, 92 に，紀元前 2 世紀に遡るアカデメイア派とストア派の論争が収録されており，そこでは驚異的で空想

---

38) ケルソスの批判にある，神が火で民のすべての敵を焼き尽くすこと，死者の復活への待望，そしてうじ虫の動機は，イザヤ書 26: 11,19, および 66: 24 の『七十人訳』テクストに見られる他，ユダヤ教の黙示文学にある。

39) 恐らくグノーシス主義者を指すのであろう。この点についてペイゲルスの前掲書 pp.35-54（邦訳 39-73 頁）の議論を参照。

40) H. Chadwick, "Celsus, and the resurrection of the body," pp. 84-86.

第 2 章　オリゲネスの復活理解とギリシア思想　　109

的な（吉兆占いやしるしについての）信仰を正当化するために神の全能に訴えるストア派に対し，アカデメイア派の側からここに見られるのと同様な批判が加えられているというのである。

　しかし，オリゲネスの叙述にも当時の教会に対する批判を読みとり，彼が復活の信仰を不合理なものとみなしていたというチャドウィックの批判は，オリゲネスの復活に関する一連の論争が聖書テクストの証言に依拠して復活信仰を擁護するために構成されていることを考慮すれば，妥当ではない。なぜならチャドウィックが，オリゲネスはケルソス同様，教会の復活論理解を空想的（fantastic）とみなしていたと主張する典拠は，オリュンポスのメトディオスが初期オリゲネスの見解を批判するために著した『アグラオフォン，あるいは復活について（Aglaophon seu de resurrectione）』からの間接引用にもっぱら依拠しているが，当該の『復活論』は失われて現存していないからである[41]。チャドウィックはこの論文によって，ユスティニアヌス帝がオリゲネスの復活論に対して下した異端宣告がオリゲネス自身のものではないことを明らかにしたが，オリゲネス論争において反オリゲネスの立場をとったメトディオスとヒエロニュムスの証言からオリゲネスの復活理解を再構成しようとしたために，オリゲネス自身の神学的立場を正しく理解したと言うことはできない[42]。後述するように，オリゲネスの復活論理解を知るためにはオリゲネス自身の記述を参照することが必要なのであり，彼は『諸原理について』においてパウロや福音書の復活論に基づく聖書解釈を通じて復活に対する理解を示し，『ケルソス駁論』においても同様の仕方で論敵ケルソスに反論を行っている。その際にオリゲネスは聖書神学者として復活

---

[41]　メトディオスが批判するオリゲネスの復活論は彼の初期の『復活論』からの引用に基づくが，この作品は失われて現存しない。間接引用によれば，初期のオリゲネスは絶えず（消化，吸収，排泄を通じて）流動しているこの世の身体が，復活に与かることは不可能なことを証明しており，彼は復活前と後の連続性を「身体的エイドス」や魂（創造時の状態を回復し，ヌースの状態となったもの）に求めていたとされる。メトディオスによるオリゲネスの復活論理解には問題があることについて，本書第 6 章 5 で扱う。

[42]　チャドウィックはオリゲネスの復活理解の結論として，「復活に関するオリゲネスの神学を再構成するいかなる試みにおいても，われわれの主要な権威者（our primary authorities）であるメトディオスとヒエロニュムスに完全な重点が置かれねばならない」と述べている（"Celsus, and the resurrection of the body", p.102）。復活の問題をめぐるオリゲネス論争におけるメトディオスとヒエロニュムスの役割については，本書第 6 章 5 および 6 で詳しく論じる。

に関する多様な理解の立場を意識しつつ，当時の教会の多数派が抱いていた単純な信仰に対して，聖書の証言に基づく教会の真の信仰を確立しようと試みているのである（この問題は後続の章で扱うグノーシス主義思想の問題とも深く関係している）。

ケルソスの批判の論点は，魂が永遠なものとされることはあるとしても，死んだ肉体が以前のままの状態に戻ることは不可能であり，朽ちた肉体を求めることはうじ虫のごとき愚かな希望であるということにある。ここにはケルソスのプラトン主義的立場が明白に現れており[43]，彼は魂と肉体を二元的に分離している。ケルソスが死後の魂の生に言及する際にプラトンを念頭に置いていることは，『ケルソス駁論』第七巻28のケルソスの作品からの引用からも知ることができる。ここでは，キリスト教徒の来世に対する希望はすでにプラトンに述べられているという剽窃論が展開されている。

> VII, 28「いにしえの神のごとき人々は，幸福な魂には幸福な生があることを物語っており，ある人々はこれを幸いな者の島と呼び，またある人々はその地において諸々の悪からの解放（λύσις）があるところから，極楽の野（Ἠλύσιον）と呼んだ[44]。ホメーロスも言っている。「しかるに不死なる（神々）は，汝を大地の果て，極楽の野に送るであろう。そこは誠に生きるに安楽なところ」。また魂を不死とみなしたプラトンは，魂の送られる場所をこのように端的に大地（γῆ）[45]と名付けた」。

以上に述べられているように，死後に魂は肉体を離れて永遠の楽園状態に至るというケルソスの来世観は古代世界の原始状態神話に広く見ら

---

[43] ケルソスが，中期プラトン主義者の系列に属することは，H. コッホ，アンドレーゼン，チャドウィックはじめ，多くの学者が指摘しており，中期プラトン主義に関する優れた研究, J.Dillon, *The Middle Platonists,* New York 1977 も 400-401 頁でケルソスに言及している。

[44] ユートピア的な完全な世界である「古き良き時代」に憧れる原始状態神話が古代ギリシアのみならず，イラン，バビロニア，インドに広く流布していたことについて，M. ヘンゲル『古代教会における財産と富』渡辺俊之訳，教文館，1989年，22-23頁参照。

[45] ケルソスは，キリスト教徒の来世を恐らく『七十人訳』の「出エジプト記」に記されているような「乳と蜜の流れる地（γῆ）」と取り違えて，このような批判を行ったと思われる。

第2章　オリゲネスの復活理解とギリシア思想

れるものであるが，オリゲネスは古代人の心性に深く根ざしたプラトン主義的本性把握に対し，パウロのテクストに基づいて新たな死生観の提出を試み，特に信仰の弱い読者を念頭に置いて次のように反論している。

V, 18「それではこの問題に対しても，われわれは信仰の門外漢への弁明の形態で，「人々の悪巧みと，だまし惑わす策略において生じるあらゆる教えの風のせいで」いまだ幼稚で波のように動揺し，あちらこちらに引き回されている人々のために書かれるものとして，読者（の必要）に合わせてわれわれの力の及ぶ限り短く叙述し，証明しよう。われわれも聖書も，昔に死んだ人々が大地の中から浮かび上がり，より善きものへの何らかの変化も受けずに，同一の肉体で生き返るとは主張していないのだが，ケルソスはわれわれがそのように言ったと中傷しているのだ。なぜなら復活に関する多くの（聖）書（の箇所）が，神にふさわしい仕方で語っているのをわれわれは知っているのだから。そこで今はパウロのコリント人への第一の手紙を引用すれば十分である。「だがある人は尋ねるだろう。どのようにして死人が起こされるのか，どのような身体で来るのか，と。無知なことだ。あなたの蒔くものは，もしも死なないなら生かされないし，またあなたの蒔くものは将来成る身体ではなく，麦であれ他の種であれ，裸の種なのだ。だが神はみこころに従ってこれに身体を与え，種の各々に固有の身体を与えられる」と断言している」。

V, 19「従って「神がみこころに従って各々に身体を与える」というのは，蒔かれたもの（に当てはまる）と同様，いわゆる死の中に蒔かれた人々で，蒔かれたものの中から適切な時に神によってそのふさわしさに応じて各々に定められた身体を受け取る人々にも（当てはまる）。さらにわれわれはより高度な教えを通じて御言葉からも，いわゆる蒔かれたものと，ちょうどそこから起こされたものには区別があることを聞いている。すなわち「滅びで蒔かれ，不朽性で起こされ，卑しさで蒔かれ，栄光で起こされ，弱さで蒔かれ，力で起こされ，魂の身体で蒔かれ，霊の身体で起こされる」。

オリゲネスの反論における論点は，パウロの復活に関する言葉を「より善いものへの変化（μεταβολὴ ἐπὶ τὸ βέλτιον）」として定式化したことに求められる。ケルソスがキリスト教徒にとっての復活とは死後に朽ちた肉体がそのまま復活することだと論じているのに対し，オリゲネスは死者がそのまま蘇るわけではないことをパウロの復活に関するテクストを通じて明らかにしている[46]。パウロはここで，同じ肉体がそのまま復活するという単純な復活理解を却下するための聖書的典拠として引き合いに出されているのである。

復活を終末論的様態変化としてとらえる視点は，すでに『ケルソス駁論』第四巻 57 に現れている。ここでオリゲネスは，「それゆえ死者の復活を受け入れているわれわれも，身体における属性の変化が生じると主張している」，「基在する質料が創造主の望む諸属性を受け入れることが可能だということについては，摂理を受け入れているわれわれすべてが証明する」と述べている。ここで彼は，アリストテレスに由来する当時の自然学的把握（変化は同一の基体における相反する属性の間で生じると説明する）[47]を用いており，アリストテレスの変化についての教えとパウロのテクストを結びつけることにより，パウロが示した復活前と復活後の身体における連続性と差異性の緊張に満ちた関係を，哲学的に根拠づける議論を通じて読者に対して提示したのである。

続いてオリゲネスは，第二コリント書 5: 1 以下に基づいて魂と身体の関係を，次のように考察している。

V, 19「従ってわれわれの希望はうじ虫の希望でもなければ，われわれの魂は腐敗する身体を望んでいるのでもない。場所の移動のた

---

46) R.Bultmann, *Theologie des Neuen Testaments,* Tübingen, 1954, pp.189-200（邦訳『新約聖書神学 II』川端純四郎訳，新教出版社，1980 年，10-25 頁参照。

47) オリゲネスは，ここで特にケルソスのプラトン主義的立場を意識して，アリストテレスの『自然学』第一巻の質料，形相およびその欠如態という説明方式を導入し，パウロにおける滅びと不朽性，卑しさと栄光，弱さと力のアンチテーゼに即した証明を行っている。アリストテレスのこの自然把握がプラトン批判の意図をもっていたことについて，G.E.R.Lloyd, *Aristotle: The Growth & Structure of His Thought,* Cambridge, 1977, pp.42-67（邦訳『アリストテレス』川田殖訳，みすず書房，1981 年，36-58 頁）を参照。この問題に関して詳しくは，Miyako Demura, "The Resurrection of the Body and Soul in Origen's Contra Celsum", *Studia Patristica,* IX/3, 1991, pp.375-381 を参照。

めに身体が必要であるとしても,「義人の口は知恵を学ぶであろう」という言葉に従ってすでに知恵を習得した魂は,その中に天幕のあるこわれる地上の家と,義人たちが「上に着ること」によって「死ぬべきものが生命に飲み込まれるために」,それを脱ごうと願うのではなく,「その上に着ようと」願いつつその中でうめき苦しんでいる天幕との区別を把握している」。

ここでは魂が身体を受け取ると述べられ,さらに身体の変化が三つの段階で把握されている。こわれる地上の家は肉体性に,天幕(σκῆνος)は中間時の身体に,永遠の家は神によって与えられる復活の身体に対応している。オリゲネスは,ここでもパウロに従ってケルソスに対する論争的議論を行っている。すなわち魂は身体(天幕に表象される死後の中間時の身体)を脱ぐのではなく,その上に復活の身体を着ることを願っており,魂が置かれた場に即した身体を必要としていることを一貫して主張しているのである。

オリゲネスが二つのコリント書簡に基づいて展開している以上の論争の構造には,二元論的人間観に対する反論という点で,パウロとその論敵の間の論争との平行が認められるゆえに,彼の読者にとっては,ケルソスの批判に見られるようなキリスト教の死生観に対する有効な反論となったと推測される。荒井献によれば,コリント教会のパウロの論敵は,彼らの抱いていたグノーシス主義的前提によって人間を二元的に把握し,朽ちるべきものと朽ちないものに分けていたゆえに,朽ちるべきものとしての肉体の復活はないと主張したという[48]。このような二元的理解は,ケルソスの抱くプラトン主義的な魂と肉体の二元論にも共通するゆえに,オリゲネスはパウロのテクストからの引用をケルソスの復活理解に対して適用することが読者にとって有効だと考えたのである。そして以上のように,オリゲネスはパウロの復活論解釈を通じて,復活が「よ

---

48) S.Arai, "Die Gegner des Paulus im I Korintherbrief und das Problem der Gnosis," *New Testament Studies*, 19, 1973, pp. 430-437, 及び荒井献「「十字架の言葉」と「知恵の言葉」」,『理想』3月号, 1974年, 49-59頁には, 第一コリント書 15: 35-55 と第二コリント書 5: 1-10 に共通するパウロの論敵の二元的人間観(彼らは人間における「救わるべきもの」から「朽ちゆくもの」を切り離して復活を理解した)が明らかにされている。

り善いものへの変化（μεταβολὴ ἐπὶ τὸ βέλτιον）」であり，魂が神によってふさわしい身体を付与されることであると論じている。

4.「変化」の概念の論争的意義

続いてオリゲネスはケルソスによる復活論批判に対して，「変化」の観念をめぐる理解の相違がヘレニズム世界と聖書の世界観の相違につながるものであることを論じている。第五巻20-21において，彼は，全く愚かな観念がケルソスの尊敬するギリシアの哲学者たち（ストア派，ピュタゴラス派，プラトン主義者）によって信じられていると語り，その例として「ストア派の人々はこの宇宙が周期ごとに大火とその後の秩序の回復を繰り返しており，後者にあってはあらゆるものが，以前の世界の回復の状態と全く変化がない（ἀπαράλλακτος）と考えている」と述べている。そして世界史が全く同じように繰り返されることの不合理性を，ソクラテスが再び生まれて哲学をし，同じように処刑されることになるという表現を用いて示している。そして同様の例をピュタゴラス派とプラトンにも適用するのである。

オリゲネスが用いた形容詞「全く変化がない（ἀπαράλλακτος）」は彼の反論のキーワードであり，8回も続けて用いられている上に，同じような変化の否定に関する表現がいくつも見られる。この語はフォン・アルニムの『古ストア派断片集（*Stoicorum Veterum Fragmenta*）』によれば，オリゲネスがストア派の周期的な宇宙の破壊と更新の観念に対して用いているのみであり（『諸原理について』第二巻3章，『ケルソス駁論』第四巻12および68），後に4世紀のシリアのエメサの司教であったネメシウスの『人間の本性について（*de natura hominis*）』38の中に，ほぼ同様の表現が見出される。

フィロンは『世界の不滅性』において，質料的世界は創造されたことも滅ぶこともあり得ないという見解を論じているが，グッドイナフによればこの書物におけるフィロンの本当の関心は，世界が創造と破壊を周期的に繰り返すという説を主張するストア派を攻撃することにあったという[49]。従って，ストア派による世界の周期的創造と破壊に関する理論

---

49) グッドイナフ『アレクサンドリアのフィロン入門』野町・兼利・田子訳，教文館，1994年，87-88頁．

を攻撃している点では，フィロンはオリゲネスの議論に先鞭をつけたと言える。しかし『世界の不滅性』におけるフィロンの議論が，ストア派の教説に反対するプラトン主義者かつアリストテレス主義者の見地から行われている点で，これらストア派，プラトン主義者，アレストテレス主義者の三者を共に批判の対象としているオリゲネスとは相違する。しかもオリゲネスの力点は世界の不滅性にではなく，むしろ聖書の証言に基づく終末論的「様態変化」の概念にあった点においてもフィロンとは異なっている。それゆえオリゲネスは，広い意味ではフィロンが行ったように，この時代のアレクサンドリアのユダヤ教にも見られるストア派の世界観に対する批判を展開しているが，その強調点の置き方やキーワードの用法においては独自の批判を展開したと考えられる。彼は，ソクラテスが再び生まれるという点ではキリスト教の復活論と類似していながら，これよりも遙かに不合理な観念が多くのギリシアの哲学者によって信じられているということを読者に印象づけようとしたのである。

ところで，「変化」の概念は，『ケルソス駁論』全体の中の一つの争点となっており，復活論もまた，そうした脈絡の中でとらえられる必要がある。その一つの例が『ケルソス駁論』第四巻 14 以下に見られる。ケルソスはここで，プラトンが『国家』381b-c の守護者の教育に関する考察の中でもとり分け心血を注いでいる，ホメーロスや悲劇詩人の描く神々の叙述に対する批判，すなわち神々が擬人的に描かれている上に，倫理的に見ても神々にふさわしくない行為が神々に帰されているという批判を継承して，主に次の二点からキリスト教の神観念と受肉論を攻撃している。第一に神の下降ということに関して，

IV, 14「神は善き，美しい，幸福な存在であり，最も美しく優れた状態にある。そこでもし神が人々の元へ下降するとすれば，神は善から悪へ，美から醜へ，幸福から不幸へ，卓越から劣悪へと変化せねばならない。一体誰がこのような変化を選ぶだろうか。変化と変成は可死的本性に属し，自己同一的な同じあり方を保つのが不死的本性なのである。従って神がこのような変化を蒙るということは全くありえないのだ」。

第二に受肉に関して,

> 「神は彼ら（キリスト教徒）が主張するように,本当に可死的身体の中に変化して入るのか,だがこれが不可能であることはすでに語られている,あるいは神自身は変化せずに,見る人々にそのように思わせて,迷わせ,偽るかのいずれかである」。

ケルソスの批判に引用された叙述は,イェーガーの『初期ギリシア哲学者の神学』[50]によれば,プラトンが当時の全ギリシアの伝統的な教養の支柱であったホメーロスの神々の擬人的表現とその倫理性を徹底的に批判したもので,コロフォンのクセノパネス以来行われてきたギリシアの神観に関する哲学的考察のいわば集大成と考えられる。プラトンは物語による子供の教育の規範として,神々の善性,不変性,単一性を強調しており,ケルソスもこうした伝統に身を置いていることは,「私は何ら新しいことを述べている訳ではなく,これは昔から考えられてきたことである」（第四巻14）という言葉によって裏付けられる。

オリゲネスはケルソスの第一の批判に対して,聖書の言葉を引用することを通じて二つの観点から応戦している。最初にケルソスの言う神の本性に関わる変化に対して彼は,「というのも神は本性において不変であるが,人間的事柄のための摂理と配慮のゆえに下降する。われわれはそれゆえ「汝は同一である」（詩 102: 27）,「私は変わることがない」（マラ 3: 6）という言葉で神の不変性を語っている聖書を提示するのだ」と述べて,神の実体変化を退けている。さらにオリゲネスはエピクロス派の神々については「原子から成る複合体で,結合している限り分解可能」であること,またストア派の神についても「身体的存在である限り,大火の生じたときはその存在性全体が精神の支配的部分（ヘーゲモニコン）となるが,秩序の回復（ディアコスメーシス）が生じると,その一部となってしまう」ことを指摘し,彼らは「神の本性に関する思考内容を,例えば不朽的,単一的,合成されず,不可視的であるというように明瞭に表現することができなかった」と述べている。

---

50) W.Jaeger, *The Theology of the Early Greek Philosophers,* Oxford, 1968, pp. 38-54を見よ。

第２章　オリゲネスの復活理解とギリシア思想　　　　　117

　次にケルソスの言う，神の下降は悪しきものへの変化，すなわち悪化であるという主張に対して，オリゲネスは共観福音書の山上の変貌の記事に基づいて，イエスの変化をもって反論としている。

　IV.15「人間のなかに下降した方は，元来「神の姿（モルフェー）において」存在していたが，人間愛のゆえに「御自分を虚しくし」（フィリ 2: 6-7），人間が受け入れるのを可能にした。確かに神は善から悪への変化（メタボレー）を遂げた訳ではないのであり，なぜなら彼は「罪を犯さなかった」（Iペト 2: 22）のだから。また「罪を知らなかった」（IIコリ 5:21）のだから，美から醜への変化を遂げたのでも，幸福から不幸な状態に至ったのでもなかった。むしろ彼は「御自分を低くした」（フィリ 2: 8）が，それでも幸福であり，またわたしたち人類の利益を図って御自分を低くしたときでさえ，幸福であった。さらに彼は最善から最悪への何らかの変化を遂げたのでもない。一体善良さと人類愛がどうして最悪なものであろうか」。

　オリゲネスによればイエスの変貌は，神的存在の栄光と輝きを見る能力のない人々の程度に応じてその姿（μορφή）を変えることによって，人々を徐々に高めてゆく神的配慮とされる[51]。その限りでケルソスが受肉について，美から醜へ，最も優れた状態から最も劣った状態への悪化であると述べた批判は妥当しないことになる。彼は，「ケルソスは聖書の記述の中に述べられているようなイエスの変化および変貌，また彼が不死的本性と可死的本性の両方を有していた事実を理解してはいない」と結んでいる。ケルソスが「変化」を否定的概念としてとらえているのに対し，オリゲネスは聖書に基づいてこれを積極的に援用するのである。
　本書第四巻5にも，「変化」の概念をめぐる同様の論争が展開されている。ケルソスは神の下降が地上の秩序の混乱を引き起こすと主張し，

---

　51) イエスが相手の能力に合わせて神秘的な仕方でその姿を変貌させる動機に類したものが, 外典の『ヨハネ行伝』やナグ・ハマディ文書（例えば『ヨハネのアポクリュフォン』1.30-2.7) その他に見出される。オリゲネスはこれを『ヨハネ福音書注解』の中で,「エピノイア（ἐπίνοια）論」として神学的に展開しており，CCels II,64 でも,「イエスは一人であるが，エピノイアによって多であり, 見る人のすべてによって同じ様に見られたのではない」と言っている。詳しくは，本書第 4 章 2 を参照。

「もしも神が地上のどんな取るに足りないものでも変化させたならば，神はすべてを覆し，破壊することになる」と論じている。これに対してオリゲネスは，「もし神の力の臨在や，ある人々の中へロゴスが到来したことについて，変化するということが言われねばならないならば，われわれは臆することなく，自らの中に神のロゴスの到来を受け入れる人を邪悪さから善さへ，放縦から自制へ，迷信から敬虔へと変えるのだと主張する」と答えている。

　以上の両者の論争から知られることは，ケルソスにとっての神は地上のいかなる出来事にも与り知らない，徹底的に超越した存在だということである。英知界と現象界，神的なものと可死的なもの，永遠なるものと朽ちるべきものが存在秩序において決定的に区別されることによって，自然本性（φύσις）の秩序が保たれる。人間界を治めるのは，星辰や伝統的な地方ごとの神々，皇帝などの神の代理者である。従ってキリスト教の中に見られる「変化」の概念は，ケルソスのような伝統的秩序の擁護者にとって自然や社会の秩序を覆す，不合理で危険なものに映ったと思われる。その意味でケルソスは中期プラトン主義の系譜に属する立場をとりながら，ヘレニズム世界の伝統的秩序を保持しようとした保守主義者とみなすことができる。これに対してオリゲネスは，神の「救いの営み（οἰκονομία）」が「変化」の事態，つまり受肉，変貌，復活を通じて具現されると考える。それは「変化」を通じて人々の魂を，悪から善へ，放縦から節制へ，迷信から敬虔へと高める倫理的射程を有する救済の働きである。

　結論部分でオリゲネスは，「神は自然（φύσις）に反することは望まない」と述べて復活論を非難したケルソスに対し，「そこで強いてこの語（φύσις）を用いなければならない場合には，われわれは通常に考えられている自然本性に対して，神がお作りになったと思われる，自然を超えたもの（τινὰ ὑπὲρ τὴν φύσιν），すなわち人間的本性（φύσις）を超えて人間を高め，人間を一層優れた神的本性へと変えるもの……であると言おう」，と述べているが，これも明らかにキリスト教徒の読者を意識した訴えである。オリゲネスは読者に対して，ケルソスにとって自然本性に反するように思われるキリスト教の奇跡も，自然を超越した創造主なる神が人間本性を導き，高める救いの業であり，このことは理論

のみならず，キリスト教徒の実際の「生き方」によって日々証明されるべきものであることを示しているのである。

　これら両者の議論の考察を通じて明らかになったのは，第一にケルソスが当時流布していた様々な資料を駆使しながら，キリスト教の教説を激しく攻撃しているのに対して，オリゲネスはケルソスの批判を冷静に受け止め，聖書テクストに基づいてその妥当性について検討し，ある場合には同意し，ある場合には却下しつつ，読者をキリスト教の死生観や復活論についての正しい理解に導こうとする姿勢を貫いていることである。その意味でオリゲネスの論述は，ケルソスの批判を直に論破することを目的とした論駁的性格というよりも，「信仰の弱い」読者を意識して，聖書解釈を通じてキリスト教の教えを弁明しようとする護教的性格が強いと言える。第二にオリゲネスの復活に関する論争方法に一貫して認められるのが，彼がケルソスの基盤とする古典ギリシアの伝統に基づく神，人間，世界についての理解と，オリゲネスが聖書に基づいて提示するキリスト教の神，人間，世界についての理解を逐一対比しながら論じることにより，両陣営の理解の相違を読者に明確な形で提示し，最終的な判断を読者に委ねていることである。その際オリゲネスの論争において比較級が用いられて，どちらがより善いのかを読者に問うているところに，ノースが提示したように，読者を意識してそれぞれの陣営が読者の支持を得ようとする「諸宗教の市場化」の実例を認めることが可能であり，さらにはヴィルケンが示したように，「生き方（βίος）」の選択を提示しつつ競合するヘレニズム諸宗教の「宗教プロパガンダ」の手法が反映されているといえよう。

5．オリゲネスとプラトン主義

　本書では第1章で，オリゲネスが周辺世界の宗教諸思想と対峙しながら「聖書を聖書によって解釈」しつつ論争を展開している点に，古代アレクサンドリアの文献学的伝統の影響が認められることを主張してきた。その際にオリゲネスのアレゴリー解釈が，プラトン的宇宙論の枠組みを用いたフィロンの聖書解釈とも，またアレクサンドリアのクレメンスに認められる「飛躍に富む叙述（jumpiness）」[52]とも異なり，むしろ関連する資料の徹底的な収集とテクストの自律性を重んじたペリパトス

派の学風で知られるアレクサンドリアの文献学を聖書研究に適用したものであることを示した。さらにそれは，アレクサンドリア退去後に執筆された『ケルソス駁論』にも継承，発展され，オリゲネスは復活に関する記述を構想する際に，プラトン的死生観を聖書的死生観に置き換えることを目指していたことを確認した。オリゲネスの宗教論争の中でも，これまで見たようにプラトン主義との関係は非常に複雑な様相を呈しており，これまで繰り返し論じられてきた主題であったので，次にこの問題に関する考察を試みたい。

これまでのオリゲネス研究には C.H.Bigg, *The Christian Platonists of Alexandria*, London, 1886 を嚆矢として，H.Koch, *Pronoia und Paideusis: Studien über Origenes und sein Verhaltnis zum Platonism*, Berlin, 1932, や C.Andresen, *Logos und Nomos. Die Polemik des Kelsos wider das Christentum*, Berlin, 1955 など，オリゲネスとプラトン主義思想との関係を機軸としたものが多かったのは事実である。というのもエウセビオスの『教会史』第六巻6章には「クレメンスがパンタイノスの後継者になったが，彼はオリゲネスも生徒の一人であったときまで，アレクサンドリアの信仰教育（カテケーシス）の責任者だった」とあるからである。この記述をもとに，学者たちは今日に至るまでこれらの三者の関係の系譜について様々な推測を展開し，アレクサンドリアの「カテケーシス学校」，いわゆる「アレクサンドリア学派」の存在を想定してきたからである。さらにこれにフィロンを加えて「アレクサンドリアのキリスト教プラトン主義者」の系譜として扱う研究も盛んに行われてきた。しかし文書を何も残さなかったパンタイノスを別として，フィロン，クレメンス，オリゲネスの間に何らかの依存関係が確認できるのか，彼らを「プラトン主義」の概念で相互に結び付けることは可能なのか，この点について現在様々な角度からの再検討が行われている。すでに見たように，現在のところフィロンがクレメンスの『ストロマテイス』に及ぼした影響とテクストの依存関係は確認されているが[53]，それに比べてフィロンとオリゲネスとの間の関係は単純ではない。

52) Annewies van den Hoek, "Origen and the Intellectual Heritage of Alexandria", *Origeniana Quinta*, 1992, p.45.

53) *Ibid.*, pp.41-50. 本書の第1章II.3を参照。

第2章　オリゲネスの復活理解とギリシア思想　　　　　　　　121

　ルニアの研究によれば，オリゲネスがカイサレイアに活動の拠点を移した際に携えて行ったフィロンの著作がカイサレイアの図書館に所蔵され，今日に伝えられたのであるが，フィロンへの直接的言及は三箇所に過ぎず，あとは「われわれの先人たちの中のある人」という匿名の形での言及にとどまる[54]。これは第1章 II,4 でパウロの例について示したように，すでに確立していた聖書解釈法の伝統においてフィロンの方法が当然のものとして前提され，敢えて名を挙げる必要がなかったためである。ルニアはカイサレイアにおける当時の聖書解釈における「通常の手続き」として，「聖書が開かれ，解釈の作業が始まる時に，以前の解釈者たちの見解が考慮されることは当然のこととされていた。フィロンは，霊感を受けた解釈者たちの長い系譜の中の一人で，その地位は預言者たちのそれに少しく劣るものであった」と述べている[55]。オリゲネスにとってフィロンとクレメンスはパウロと共に，アレゴリー解釈を媒介とした聖書の解明を行った先人たちの一人であり，オリゲネスは文字と霊の対比におけるアレゴリー解釈を行う際に，ヘレニズム思想に根ざした彼らの方法を自在に活用したのである。

　最近の研究者たちは，前章で見たようにアレクサンドリアで活躍した三人の神学者，フィロン，クレメンス，オリゲネスをいわゆる「アレクサンドリア学派」として一括りに論じてきたこれまでの理解に見直しが必要であるとみなすようになってきており，この問題と関連してオリゲネスにおけるプラトン主義の影響を自明なものとみなすことにも批判的になってきている。そしてオリゲネス神学の成立をプラトン主義の文脈に限定して解明しようとする従来の解釈を問題として，オリゲネスと当時のプラトン主義との関わりの複雑な様相を様々な角度から指摘し始めている。

　H. チャドウィックは，オリゲネスとプラトン主義の複雑な関係と，それが何に起因するかについて次のように述べている。

　「もし正統性という意味が，教会の信じるように信じようと欲することであるとするなら，オーリゲネースを正統と宣言することに，事実上，

---

　54)　David T. Runia, "Philo and Origen : A Preliminary Survey", *Origeniana Quinta*, 1992, pp.333-339.
　55)　*Ibid.*, p.338.

なんら躊躇はありえないであろう。彼は教会が神によって定められた制度であり，すべての信徒にとって，それが信仰と実践の規範的性格をもつことを熱烈に確信していた。キリスト自身の規範は，つねに彼の目前にある。プラトーン主義をもってキリスト教を不純にしているという非難に対し彼はすこぶる敏感なので，プラトーンや著名な哲学者に対する態度はとげとげしく，攻撃的といえるほどぶしつけなものになってゆく。彼は一プラトーン主義者ではなく，一キリスト教徒たらんと欲した。にもかかわらず，プラトーン主義は，彼の意に反して（malgré lui）彼の内奥に存在し，彼の思考を支える公理や前提そのもののなかに，すっかり溶けこんでいたのである。いな，それだけではない。彼の思考へのこのプラトーン主義の浸透は，決して護教のための単なる化粧板ではない。もし彼が自分のキリスト教信仰についていかほどか理路整然とした説明をほどこそうと望むなら，神や魂に関するプラトーン主義の思考方法は，彼にとって不可欠のものである。」[56]

　同様のことが，オリゲネスとプラトン主義との関係を再考することを試みたディロンの指摘についても言える。彼は，オリゲネスがプラトン主義の「太陽の比喩」をどのように論じているかに着目して，次のように述べている。「オリゲネスによる光のイメージの使用に関する議論が，逆説的に闇としての神のイメージで終わることは，ふさわしいように思われる。私の主要な意図は，オリゲネスがプラトン主義的イメージや定式を広範に用いているものの，それらに従属することは決してなく，むしろそれらを常に彼自身の独立した目的に従わせていることを示すことにある。そこから考えて私が希望するのは，オリゲネスを新プラトン主義者とみなす誤解に導く観念に代わって，彼を「新キリスト教徒」というもっと厳密なオリゲネス像に置き換えることである」と述べている[57]。

　さらに最近エドワーズが発表したオリゲネスとプラトン主義に関す

---

[56] H. チャドウィック『初期キリスト教とギリシア思想』中村坦・井谷嘉男訳，日本基督教団出版局，1983年，171-172頁

[57] J. Dillon, "Looking on the light: Some remarks on the imagery of light in the first chapter of the *peri Archon*", Charles Kannengiesser and William L. Petersen, eds., *Origen of Alexandria: His World and His Legacy*, University of Notre Dame Press, 1988, pp. 215-230.

第 2 章　オリゲネスの復活理解とギリシア思想　　123

る研究を挙げておきたい[58]。エドワーズは,『オリゲネスのプラトン論駁 (Origen against Plato)』という読者の意表をつく表題を付しているが, この表題の意図するところは, 彼がそれまでに発表した個別研究の蓄積を踏まえ, 教父学の分野に定着していたオリゲネスとプラトン主義思想との関係の再検討を試みることにある。本書の中で全般的に考察の対象となっているのは, オリゲネスとプラトン自身の思想との関係というよりも, オリゲネスの時代にアレクサンドリアで流布していたプラトン主義の思想の系譜とオリゲネスとの関係であり, 同時にオリゲネス神学の成立をプラトン主義の文脈において解釈しようとしてきた従来の研究者の解釈姿勢に対しても検討が加えられている。これまでのオリゲネス研究はオリゲネスとプラトン主義思想との関係を機軸としたものが多かったが, 本書はオリゲネス自身のテクストと当時の様々な哲学・神学テクストを比較検討することによって, オリゲネス神学の成立をプラトン主義の文脈に限定して解明しようとする従来の解釈の問題点を根本的に再検討している。

　オリゲネスをプラトン主義者とみなす見方が教会史において今日に至るまで永続してきた原因として, エドワーズは次の三つの要因を指摘する。第一にオリゲネスの生誕の地アレクサンドリアが, 当時哲学都市として名声を博していたこと, 第二に, オリゲネスより半世紀ほど後に生まれた新プラトン主義者ポリュフィリオスの証言の影響があること。エウセビオスによれば, ポリュフィリオスはオリゲネスが哲学者アンモニオスの聴講生であり, ギリシア人のように思考し, ギリシア人の思考をキリスト教に導入し, 著名なプラトン主義者やピュタゴラス主義者の書物に通じていたと述べたことを証言している (『教会史』第六巻 19)。第三にオリゲネスの現存する文書には, 聖書的と言うよりは, 当時の哲学者たちの用語法に従った記述が見られるのではないかという指摘である[59]。

　以上のような視点を意識しつつ, エドワーズは本書においてその反論を試みている。この研究との関係において注目したいのは, 彼がアレク

---

　58)　Mark Julian Edwards, *Origen against Plato*, Ashgate Studies in Philosophy and Theology in Late Antiquity, 2002.
　59)　*Ibid.*, p. 1.

サンドリアの宗教・文化的状況を哲学の視点のみならず，ユダヤ・キリスト教の文献学的伝統においても考察する必要があることを指摘している点であり，特にオリゲネスに及ぼしたこの地の聖書解釈の伝統の影響に留意すべきこと，とりわけユダヤ教知恵文学の影響の重要性を強調している点である。

　さらに本研究との関連において注目したいのはエドワーズも，オリゲネスの叙述には哲学的な探求方法というよりも，「一つの啓示テクストを別のテクストから注解するという方法」が常套的手段となっているとの指摘を行っていることである。このことを彼は第2章以下で，神認識の問題，魂の理解の問題，アレゴリー解釈の問題について具体的に考察している。実際本書では繰り返し，オリゲネスの著作にプラトン主義的表現が認められることと，オリゲネスがそれらの思想を受容していることとは別であって，むしろ論駁的意図のもとに引用されていることに注意が促されているのである。本書もこれまでの考察から，オリゲネスの思索は常に他の宗教諸思想との対話に開かれたものでありながら，彼自身の基本的姿勢としては聖書に基づいて神学的思索を展開した聖書解釈者であったとの見方をとっている。そしてこれまで検討したように，オリゲネスはプラトン主義的観念を批判しつつ，聖書の証言に置き換えることを目指していた限り，彼の思想はプラトン主義に還元されるものではなかったことに同意したい[60]。

　60）　詳しくは，『中世思想研究』46号，2004年，151-154頁に掲載された筆者によるこの本の書評を参照。

第3章
オリゲネスと初期キリスト教の復活理解

　オリゲネスは,後代543年と553年の二度にわたってユスティニアヌス帝から異端宣告を受けており,魂の先在説や御子の御父への従属説と並んで,復活の身体に関する彼の見解も断罪の対象とされた。彼が肉体の復活を否定したとみなされたためであり[1],復活論はまさに当時の正統的教会とグノーシス主義諸派が激しい論争を展開した争点の一つであった。新約諸文書にもその影響が残るグノーシス主義の勢力は,1世紀の半ばにパレスチナ・シリア地域から始まり,西方へとその勢力を拡大し,2世紀初頭の10年代のうちにエジプトのアレクサンドリアに広がり,その後の130年頃にはローマに到達して2世紀にその最盛期を迎えるが,3世紀から4世紀になるとその勢力は急速に衰退してゆく[2]。

---

　1) 小高毅によるオリゲネスの『諸原理について』の邦訳（創文社,1978年）の解説部分（27頁），および G.Dorival,"Origène et la Résurrection de la Chair", *Origeniana Quarta*, 1987, pp. 291-321 参照。

　2) グノーシス主義について,クルト・ルドルフ『グノーシス　古代末期の一宗教の本質と歴史』大貫隆・入江良平・筒井賢司訳,岩波書店,2001年（原著 Kurt Rudolph, *Die Gnosis*, Göttingen, 1990）；エレーヌ・ペイゲルス『ナグ・ハマディ写本　初期キリスト教の正統と異端』荒井献・湯本和子訳,白水社,1982年（原著 Elaine Pagels, *The Gnostic Gospels*, New York,1979）；E.Pagels, *The Gnostic Paul : Gnostic Exegesis of the Pauline Letters*, Philadelphia,1992；E. ペイゲルス『アダムとエバと蛇　楽園神話解釈の変遷』絹川久子・出村みや子訳,ヨルダン社,1993年；大貫隆『グノーシスの神話』岩波書店,1999年；同『グノーシス考』岩波書店,2000年；同『ロゴスとソフィア——ヨハネ福音書からグノーシスと初期教父への道』教文館,2001年；筒井賢治『グノーシス　古代キリスト教の〈異端思想〉』講談社選書メチエ,2004年；H.Strutwolf, *Gnosis als System*, Göttingen, 1993; C.Markschies, "Valentinianische Gnosis in Alexandrien und Ägypten", *Origeniana Octava*. Leuven,2003, pp. 331-346; Birger A.Pearson & J.E.Goehring, *Studien in Antiquity and Christianity 1* ,Philadelphia: Fortress,1990; R.van den Broek, *Studien in Gnosticism and Alexandrian Christianity,* Leiden:

現存するグノーシス文献の大部分が，ナグ・ハマディ文書を含めてこの2世紀に成立したものであり，オフィス派，ナハシュ派，カイン派，セツ派などのグノーシス主義諸派の名が知られている。また2世紀のグノーシス主義指導者としてその名が伝えられているのが，バシリデース，マルキオン，ヴァレンティノスの3人のグノーシス神学者である。その後正統的教会にとって大きな脅威となるのがグノーシス主義の一派のマニ教であり，アウグスティヌスにはその若き日のみならず，その後の彼の神学形成にも大きな影響を与えた。

　こうしたグノーシス諸派に反論する論争を行った初期キリスト教の神学者たちを「反異端論者」と呼び，その論争の過程を記した文書を「反異端文書」と呼ぶ。それらの文書を検討すれば，反異端論者たちの抱いたグノーシス像が非常に複雑な様相を呈していたことがわかる。本章において指摘したいのは，これまでグノーシス像は反異端論者たちの側からの間接的証言によって描かれてきたが，20世紀のナグ・ハマディ文書の発見によって，グノーシス主義者側の主張との比較検討ができるようになったことである。これによって反異端論者たちの論争の手法が明らかになると同時に，彼らとの対比においてオリゲネスが反異端論争の系譜の中で特異な位置を占めていたことも明らかになる。

　この章では，聖書証言に基づいて構築されていたオリゲネスの復活理解がなぜ正当に評価されなかったかの原因を明らかにするために，まず反異端論者と呼ばれる人々におけるグノーシス主義思想との関係を概観した後，次に3世紀のキリスト教世界におけるパウロ書簡の受容とグノーシス主義との関わりを考慮しつつ，教会史における反グノーシス論争とオリゲネスの復活論の位置づけの問題について考察したい。

Brill, 1996; Birger A. Pearson, *Gnosticism and Christianity in Rome and Coptic Egypt,* New York, 2004.

I 初期キリスト教の復活論と
グノーシス主義

1. 復活に関する証言とオリゲネス

　復活論をめぐる最近の新約聖書学の研究動向を概観すれば，復活の解釈について聖書には多様な理解の立場が存在していたことが次第に明らかになっており，西欧世界のキリスト教の復活理解は,「使徒信条」の「肉体の復活」という表現に集約されるような理解に限定しきれない多様性を示している。青野太潮は，各福音書記者に「復活」物語の解釈に関して独自の捉え方があることを指摘すると共に，マルコ福音書にイエスの顕現物語が欠けていることに着目し，そこから読者がマルコ福音書の冒頭に立ち戻ることを促すメッセージを積極的に読み取る視点を提示している。また最も物質主義的な復活理解を示すとみなされてきたルカ福音書の復活・顕現物語に関しても，最近では従来の理解を見直す新たな解釈の視点が提示されている。さらにイエス自身やパウロの復活理解の背後に，ユダヤ教の黙示文学の影響があることを指摘する研究も提示されている。従って，これらの聖書テクストを基に復活論論争を展開した初期キリスト教神学者たちの間には，強調点の置き方に従ってさらに大きな相違が見られることは想像に難くないであろう。本章では復活に関する聖書伝承のなかでも特に，パウロの復活をめぐる記述と福音書の復活・顕現伝承の記事の解釈に焦点を当てて，初期キリスト教の復活理解の変遷を辿りながら，オリゲネスの復活論について考察したいと思う。その際にこの研究では教義の問題に加えて，復活に関する聖書証言の多様性を視野に入れることにより，現代の視点からオリゲネスの復活理解を再評価したいと思う。
　オリゲネスの復活論をめぐっては，すでに彼のアレクサンドリア在住中から論争が生じていたことを，有賀鐵太郎はオリゲネスのアレクサンドリア追放の原因と異端問題との関連を扱った箇所で示しており，彼の神学的思想が異端的嫌疑をかけられていたことを，終末および復活論を論じたオリゲネスの『諸原理について』に見られる彼の発言から読みとっ

ている。彼のアレクサンドリア追放の問題については本書の第6章で扱うこととし，ここでは詳しく扱うことはできないが，この研究の目的との関連で指摘したいのは，有賀は一方ではオリゲネスが「アレクサンドリアにおいては終末，特に復活の体，についてのかれの説を異端視する事となった」[3]ことを指摘しつつ，それは彼の反対者たちにとって「オリゲネスの霊体復活説は余りにも覚知主義の理論に近く，従って異端的と考えられたのである。かれらはこのままの肉体が甦えると主張したかったのである」[4]と述べているにもかかわらず，結論としては，オリゲネスの復活論が彼のアレクサンドリア追放の直接の理由であったとの想定を否定している。その根拠として有賀が挙げているのは，オリゲネスがまさにパウロに依拠していたことであり，「しかし当時の教理の標準に照らして見て，かれに対するかかる反対が，かれの長老職を奪う程の異端の宣告を教会が下す理由となり得たとは信じ難い。「霊の体」の観念は立派にパウロの説いた思想であり……」[5]と，当時のオリゲネスに対する評価に対してある種の戸惑いを表明しているのである。

　有賀もここで指摘しているように，オリゲネスは確かにパウロに依拠しつつ復活論を展開したのであるが，こうした彼の立場は当時の神学的状況からすればむしろ例外的であったことは今日のパウロ理解からすれば驚きであろう。だがオリゲネスは，パウロとは異なる方向に復活理解を発展させていった当時の正統的教会の復活理解とは一線を画していたために，後代まで様々な批判を浴びることになった。その際に重要な論点の一つとなったのが，初期キリスト教の復活論理解におけるパウロの位置づけであると思われる。

　今日のカトリック教会の復活理解によれば，復活はパウロに即して死すべきからだが変化して朽ちないからだ，いわば「霊の体」になることとして理解されている[6]。しかし古代教会においては使徒信条[7]の「わ

---

3) 有賀鐵太郎『オリゲネス研究』創文社，1981年，419頁。
4) 同書，414頁。
5) 同書，419-420頁。
6) ドミニコ会研究所編『カトリックの教え──新カテキズムのまとめ』本田善一郎訳，ドン・ボスコ社，1994年参照。
7) 使徒信条については，J. N. D. Kelly, *Early Christian Creeds*, Third edition, New York, 1981，森本あんり『使徒信条──エキュメニカルなシンボルをめぐる神学黙想』新教出版社，

第 3 章　オリゲネスと初期キリスト教の復活理解　　　　　　　129

れは肉体の復活 (carnis resurrectionem) を信ず」という表現に典型的に示されているように，むしろこの世の肉体との物質的同一性が強調されているのである。オスカー・クルマンはこの表現について「まったく非聖書的である。パウロは，そのように言うことはできなかった」[8]と断言しており，他方ロッホマンは使徒信条が新約聖書的背景を持つ「体 ($σῶμα$)」ではなく，「肉 ($σάρξ$)」を選んだことについて，「しかしながら私は，信条定式におけるこの奇異なる強調をより積極的に把えたいと思う」[9]と，むしろ積極的に評価している。森本あんりは，「使徒信条はカトリック教会では「最高の権威」をもった伝統の始源であると考えられてきてきたし，ルター，カルヴァン，ツヴィングリといった宗教改革者たちもみな使徒信条をもっとも重要な教理的規範の一つに数えている。英国教会では毎日朝晩二度使徒信条を唱えるように定めたこともあるほどである」[10]と，これがエキュメニカルな性格を持つ重要な信条であることを指摘しており，欧米のキリスト教界では復活をいかに理解するかという問題は，今日でもいまだ決着をみていない重要な案件の一つであることがわかる。

　他方，使徒信条が教会のミサや礼拝において用いられている現代の日本の教会においては，「肉体 (caro)」という衝撃力のある言葉が新約聖書的背景をもつ「体」と訳し変えられているために[11]，こうした復活理

1995 年，J. M. ロッホマン『講解・使徒信条——キリスト教教理概説』古屋安雄・小林真知子訳，ヨルダン社，1996 年を参照されたい。

8）クルマン『霊魂の不滅か死者の復活か』岸・間垣訳，聖文舎，1966 年，55 頁。

9）ロッホマンはその理由として，ヨハネ福音書において言葉が「肉体となった」という理解があることを指摘し，「終末論的希望，その全体性は，肉体性をも含むものであり，包括的な希望は疎外と苦境の深みにまで達する。私たちは，ある（実際であろうと推定であろうと）「エリート」の復活を信じているのではない。私たちは肉体の復活を信じている」（332頁）と述べている。だが新約聖書的背景を持つ「からだの復活」や「死者の復活」をエリート的理解とみなすことができるのかどうか，疑問が残る。

10）森本前掲書，27 頁。

11）荒井献は，『初期キリスト教史の諸問題』新教出版社，1973 年に収録された「身体のよみがえり——テルトゥリアヌスの復活論をめぐって」（259-273 頁）において，日本基督教団「信仰告白」に採用された使徒信条に見られる「我は身体（からだ）のよみがえりを信ず」という一節において，ラテン語の caro が「身体（からだ）」と訳されている問題を発端として，復活を「肉体」のよみがえりとして捉えるテルトゥリアヌスの復活理解とパウロとの関係を論じている。結論として荒井は，「いずれにしても，「身体（からだ）のよみがえり」という使徒信条の邦訳は，原語に即した訳ではないが，パウロの主題に即した意訳と言えなくはな

解をめぐる教会史上の論点は見えにくくなっている。もはや使徒信条を文字どおり受け取る復活理解は，現代日本の教会においてリアリティを持たないことを意味するのだろうか[12]。

本章では，オリゲネスの復活理解が異端とみなされた歴史的背景を考察すると共に，今日の聖書学の成果に照らしながらオリゲネスの復活理解を再検討したい。その際に初期キリスト教の展開の過程で，パウロに見られるような復活における身体の様態変化を主張するような立場と，使徒信条に見られるような復活におけるこの世の身体との同一性（肉体性）を強調する立場が認められることを概観した後，これらの理解が合流する位置にいるオリゲネスの復活論理解に焦点を当て，パウロに依拠して身体の様態変化を強調したオリゲネスの復活論[13]が異端とみなされていった思想的背景について，特に初期キリスト教における復活伝承の変遷という観点から考察したい。

2. 新約聖書の復活理解とユダヤ教の黙示思想

初期キリスト教の復活論を考察する前提として，ユダヤ教の黙示思想の「復活」観念が新約聖書に及ぼした影響について概観したい[14]。黙示

いであろう」(273 頁) と述べている。

12) 森本が「プロテスタント，カトリックを問わず，さらに東方教会をも含めたすべてのキリスト者が共有できる，エキュメニカルなシンボルとして」(前掲書 38 頁) 使徒信条を講解する試みにおいて，carnis resurrectio を一貫して「身体のよみがえり」と訳し，「身体」の概念をパウロに即して「断絶であり，かつ連続」(122 頁) として捉えていることは，「われわれは今日も伝統に忠実に，伝統を越えてゆくのである」(124 頁) と言う著者の積極的な姿勢の表明と考えられる。

13) パウロの復活論の特徴として，黙示思想的な終末時における身体の様態変化に着目する視点として，山内眞『復活 その伝承と解釈の可能性』日本基督教団出版局，1979 年に見られる「存在様態そのものの根本的更新」(66 頁) という表現，Martinus C. de Boer, *The Defeat of Death--Apocalyptic Eschatology in 1 Corinthians 15 and Romans 5, Journal for the Study of the New Testament Supplement Series 22,* 1988 の "ontological transformation"(p. 37, 132,138) の概念，土岐健治「初期ユダヤ教における復活思想」，『復活信仰の理解を求めて』サンパウロ，1997 年に見られる「変容」をキーワードとみなす視点 (この視点は E. P. サンダースの『パウロ』土岐健治・大田修司訳，教文館，1994 年，141-151 頁の「この世で生じる変化」という項目において詳しく展開されている) を参照されたい。

14) 以下のユダヤ教の黙示思想とキリスト教の復活論との関係について概観する際に，佐藤研「歴史のイエスと復活」，『復活信仰の理解を求めて』サンパウロ，1997 年，土岐健治の前掲論文，W. シュミットハルス『黙示文学入門』土岐健治・江口再起・高岡清訳，教文館，1986 年，『旧約新約聖書大事典』教文館，1989 年に収録された「黙示思想」(佐竹明)，「復活」

第 3 章　オリゲネスと初期キリスト教の復活理解　　　131

思想とは，紀元前 2 世紀頃からユダヤ教で盛んになった思想で，理念的には人間界に関する二元論（義人と罪人）と歴史に関する二元論（今の世と来るべき世）との組み合わせからなっており，神は間もなく今の世から来るべき世への転換をもたらし，義人は神の祝福を受け，罪人には永遠の罰が与えられるとみなす。復活――つまり死から再び「起きあがる」――という観念は，旧約聖書においては後期の例外的な箇所に，また旧約聖書外典に属するユダヤ教の文書（エチオピア語エノク書やシリア語バルク書）にも見られ，新約聖書の復活に関する箇所に大きな影響を与えた。

　その典型例がイザヤ書 26: 19 の，「あなたの死者がいのちを得，わたしのしかばねが立ち上がりますように」という箇所である。この箇所は「イザヤ黙示録」といわれている部分（イザヤ 24-27 章）の中にあり，紀元前 8 世紀の預言者イザヤとは直接関係のないものがイザヤ書に挿入されたものである。

　先に第 2 章で見たように，イザヤ書に見られる黙示思想の終末論は，伝統的秩序保持の立場をとるケルソスが自然本性（φύσις）に反するものとして，キリスト教の復活論を批判する際に用いていた。ケルソスは『真正な教え』においてキリスト教の復活論を批判する際に，イザヤ書 22: 11,19，および 66: 24 を取り上げて，「神がまるで料理人のように火を用いて罰する時に，他のすべての民族はことごとく焼き尽くされるが，彼らのみは生き残るばかりでなく，生きている者のみならず，昔に死んだ者も（生前と）同一の肉体で大地の中から浮かび上がると彼らが考えていることも愚かである。これは全くうじ虫の希望である。というのも，いかなる人間の魂がすでに腐敗した身体をさらに望むだろうか」と述べた後に，ある種のキリスト教徒はこれを教義として受け入れていないという事実こそが，この教えの「汚らわしさと忌まわしさ」，「信じ難さ」を証明するものだ，と主張していた。おそらくケルソスは，終末時における肉体の復活を信じないグノーシス主義者の立場を念頭に置いて，こうした復活論批判を展開したと推測される。これに対してオリゲネスは，こうしたケルソスによるキリスト教の復活論（ユダヤ教の黙示思想的終末

(山内眞) の項目を参照した。

論)批判を受けて，それが自然本性に反するような不合理な観念ではないことを，パウロの復活に関するテクストを通じて反論しようと試みたのであった。

同様の観念は，旧約聖書中ただひとつの黙示文書のダニエル書により明確な形で見られるが，この文書は紀元前165年頃マカベア戦争のただなかで成立したものである。「多くの者が地の塵の中の眠りから目覚める。ある者は永遠の生命に入り，ある者は永久に続く恥と憎悪の的となる。目覚めた人々は大空の光のように輝き，多くの者の救いとなった人々はとこしえに星と輝く」(12: 2-3)。

こうした黙示思想的背景を持つ復活理解をイエス自身も共有していたことが，マコ 12: 18-27 の「復活問答」から推察される。この箇所は，佐藤によれば「生前のイエスのエピソードをかなり正確に伝えていると思われる代表的な箇所」[15]であるとされる。ここでイエスは独自の論法で，人は死から復活したときには天使のようになり，天使は不死であるゆえに子孫を残す必要がなく，もはや結婚関係は存在しないと述べており，ユダヤ教の黙示思想にいきわたった観念をそのまま受け入れているという。

イエスに前提された黙示思想の典型的な表現が，旧約聖書外典のエチオピア語エノク書 51: 4 に見られる。「そのとき，山々は雄牛のように躍り，丘は乳をたらふく飲んだ子羊のようにはねまわる。そして，みな天使になる」[16]。またシリア語バルク書 51: 8 には，「彼らはいまは彼らにとって不可視の世界を見，いまは彼らの目に隠れているときを視るであろう。もはやときは彼らを老いさせないだろう。彼らはその世界の高みに住まい，天使に似たものとなり，星と肩を並べ，自分の好きなように姿を変え，美から華麗へ，光から光栄の輝きへと変わる」[17]とある。

こうしたユダヤ教の黙示文学的復活理解を背景としてパウロの第一コリント書15章の復活に関する記述も理解されるべきであり[18]，ここでは

---

15) 佐藤前掲論文，258頁。
16) 引用は，日本聖書学研究所編『聖書外典偽典4 旧約偽典Ⅱ』教文館，1977年に収録された村岡崇光訳による。
17) 引用は，日本聖書学研究所編『聖書外典偽典5 旧約外典Ⅲ』教文館，1976年に収録された村岡崇光訳による。
18) パウロの復活論におけるユダヤ教の黙示思想の影響を重視する研究として，A. シュ

第3章　オリゲネスと初期キリスト教の復活理解

滅ぶべきものとしての肉体の甦りではなく，終末論的存在様態の変容としての復活理解がはっきりと提示されている[19]。「死者の復活もこれと同じです。蒔かれるときは朽ちるものでも，朽ちないものに復活し，蒔かれるときは卑しいものでも，輝かしいものに復活し，蒔かれるときには弱いものでも，力強いものに復活するのです。つまり自然の命の体が蒔かれて，霊の体が復活するのです」。パウロは他の書簡でも復活時における身体の様態変化を強調しており，フィリピ書3: 21には「キリストは，万物を支配下に置くことさえできる力によって，わたしたちの卑しい体を，御自分の栄光ある体と同じ形に変えてくださるのです」とあり，ローマ書6: 5には，「もし，わたしたちがキリストと一体になってその死の姿にあやかるならば，その復活の姿にもあやかるでしょう」とある。従って最初期には，黙示文学的─終末論的アスペクトからイエスの復活と信徒一般の甦りが解釈されていたといえる。

オリゲネスが復活をこうした聖書の終末論的存在様態の変容の観念に基づいて理解していたことは，彼がこれをイエスの復活問答を扱った『マタイ福音書注解』第十七巻29-30章において受容していることからも明らかである。

「だがわたしの意見では，これらの言葉によって明らかにされるのは，死者からの復活にふさわしい人々は，めとりも嫁ぎもしないという意味で天の天使のようになるばかりでなく，彼らの卑賤な身体

ヴァイツァー『使徒パウロの神秘主義』（シュヴァイツァー著作集第10,11巻）武藤一雄・岸田晩節訳，白水社，1957-58年（原著1930年）, E. Käsemann,"On the Subject of Primitive Christian Apocalyptic" *New Testament Questions of Today,* Philadelphia,1969; J.Baumgarten, *Paulus und die Apocalyptik,* Neukirchener Verlag,1975; J.C.Beker, *Paul the Apostle. The triumph of God in Life and Thought,* Philadelphia,1980; M.C. de Boerの前掲書を参照されたい。

19）新約聖書の復活論を様式史─伝承史的に考察した山内眞の研究によれば，その後弟子たちは刑死したイエスが自分たちに顕現したという目撃体験を出発点として，これに反省的解釈を加えることを通して復活のケーリュグマを形成した。解釈に際しては，パレスチナ・ユダヤ教の黙示思想的復活待望の影響が大きいとされる。復活のケーリュグマの古層──原初的形態は，ローマ10: 9, 使徒2: 32, 3: 15, 4: 10等の箇所に典型的に観察される「神が死人の中からイエスをよみがえらせた」という簡潔な記述に認められる。「よみがえらせた」，「よみがえった」は，黙示思想のコンテクストにおいては，地上的存在様態の回復，すなわち蘇生ではなく，終末時における存在様態そのものの根本的更新を意味するという（山内眞『復活　その伝承と解釈の可能性』日本基督教団出版局，1979年, 66頁参照）。

が形を変え，天の天使のようになる，すなわちエーテル的な輝く光になるということである」[20]。

新約聖書の復活理解にとってもう一つの重要な要素が，死者の「生きかえり」という観念である[21]。これはマルコ福音書 6:14 と 8:28 に出てくるもので，6章のほうに「イエスの名が知れわたったので，ヘロデ王の耳にも入った。人々は言っていた，「洗礼者ヨハネが死者の中から生き返ったのだ。だから，奇跡を行う力が彼に働いている」」とある。これは黙示思想的な終末における「復活」とは意味が異なり，死んだはずの洗礼者ヨハネが，その力をなおふるって，いわばイエスに「乗り移っている」という。この「生き返り」の観念が，第一コリント書 15:3-8 に組み込まれている「（彼は）現れた（ὤφθη）」という言葉に見られる。

「また聖書に書いてあるとおり三日目に復活したこと，ケファに現れ，その後十二人に現れたことです。次いで，五百人以上もの兄弟たちに同時に現れました。そのうちの何人かはすでに眠りについたにしろ，大部分は今なお生き残っています。次いで，ヤコブに現れ，その後すべての使徒に現れ，そして最後に，月足らずで生まれたようなわたしにも現れました」（Iコリ 15:3-8）。

佐藤はこれが，先に扱った黙示思想的な「復活」とは必ずしも同一な事態ではないゆえに，これを「イースター事件」と呼んでいる[22]。これはきわめて宗教的な特殊な表現で，普通聖書では神性顕現のときに用いられる（創世記 12:7; 17:1; 26:2; 35:9, 出エジプト 3:2 他）。これらは「世の終わり」を必ずしも前提しておらず，死んだイエスが生ける者として現れたという衝撃的な体験を述べたものとされる。

オリゲネスが「現れた（ὤφθη）」という用語をキーワードとして，イ

---

20) テクストは，*Origenes Werke*, ed.E.Benz und E.Klostermann, *GCS* vol.10, Leipzig: Hinrichs, 1935, pp. 667-671.

21) 佐藤前掲論文，256-257 頁。なお同著者による「「復活」信仰の成立」，『禅キリスト教の誕生』岩波書店，2007 年，77-95 頁も参照されたい。

22) 佐藤前掲論文，273-275 頁。

エスの復活の出来事を，旧約聖書以来の神的人物の顕現伝承や神性顕現伝承の枠組みの中に位置づけようとしている記述が『ケルソス駁論』に見られることは重要である。彼は『ケルソス駁論』第二巻 61 において次のように述べている。

　II, 61「そうしたわけで，神の決定に従って万物を造ったロゴスは，イエスに関してこう記録している。すなわちイエスは，受難の以前には端的に多数の人々に現れたが，これは常にそうであったわけではない。受難の後にはもはや同様の仕方で顕現したのではなく，各人にふさわしいものを測り与えるある種の決定によって顕現したのだ。ちょうど「神はアブラハムに現れた」（創世記 12: 7, 48: 3）とか，聖なる人々のうちのある人々に〔現れた〕と記録されているが，「現れた」というのはいつも起こるのではなく，時折であり，またすべての人々に神が現れたのではないのと同様に，わたしの考えでは神が彼らに現れたのと同様の決定により，神の子もまた弟子たちに現れたのである」。

　山内眞の研究によれば，ここに引用された「現れた」という意味のギリシア語の動詞 ὤφθη は，「見る」という意味の動詞 ὁράω の中動アオリスト形で，与格と結合した場合に was seen ではなく，appeared を意味する。この用法は七十人訳に多数認められるが，創世記 12: 7, 17: 1, 26: 2, 35: 9, 出エジプト 3: 2, 6: 3 その他の箇所においては，「神の自己顕現」に対して用いられる重要な表現となっている。それらの箇所においては「首尾一貫して，顕現者の主導性に強調点があり，顕現者とこれを受けるものの人格的出会いの次元が示唆される」[23]のだという。このような ὤφθη の用法は，新約聖書においては I コリ 15 章の復活・顕現伝承，ルカ 24: 34 のペトロへの顕現，使 13: 31, 9: 17, 26: 16 などの顕現の記述に見られる。オリゲネスはイエスの復活・顕現の出来事について，旧・新約聖書に共通に認められる「神性顕現」のモティーフに着目しつつ，独自のエピノイア論（後述）を展開したのである。

---

23)　山内前掲書，69 頁。

3. 反仮現論的モティーフとその展開

　復活の身体をこの世の身体との連続性において物質主義的に解釈する理解の方は，わずかではあるが福音書に見出される。山内は，マタ 28: 9 の「婦人たちは近寄り，イエスの足を抱き，その前にひれ伏した」という記述には「復活者の存在様態に関して身体的な理解が若干垣間見られるが，ここに示唆的である反仮現論的モティーフは，ルカ 24: 41-42 において一層強調されているのが観察される」[24] と述べている。だがルカ 24:36-43 の復活顕現の記述に物質主義的写実主義を認めるレイモンド・ブラウン[25]やフィッツマイヤー[26]などに見られる従来の理解とは異なり，三好迪は復活者の出現（24: 36-43 節）とその解釈としての復活者の言葉（44-49 節）は互いに関連のある統一体であることを指摘し，出現の箇所から「イエスの復活体の物体性を証明する」ような結論を引き出す解釈を退けている[27]。ここでは単に「十字架上にかけられたイエスとの同一性の主張」だけがなされているという[28]。

　またヨハネ福音書にもルカと共通に，顕現したイエスが疑う弟子達に対して手足や脇腹を見たり触ったりするよう勧める場面があり，一見したところ復活のイエスの身体を物質主義的に理解する立場のように見える。実際後代の絵画には，復活のイエスの傷口に手を触れるトマスが好んで描かれるようになる[29]。だがこれも注目すべきことに，弟子達がその挑戦を受けて実際に復活のキリストに触れたとは記されていない。トマスは「信じる者になりなさい」との復活者の言葉を受け入れて，イエ

---

24) 同書，137 頁。
25) レイモンド・E・ブラウン『キリストの復活──福音書は何を語るか』佐久間勤訳，女子パウロ会，1997 年，82 頁。
26) J.A.Fitzmyer, *The Gospel according to Luke X-XXIV*, The Anchor Bible, 1985, p. 157.
27) 『新共同訳　新約聖書注解』I，日本基督教団出版局，1991 年に収録された三好迪によるルカ福音書の注解 386 頁。
28) 同書，388 頁。
29) 高久眞一『キリスト教名画の楽しみ方　復活』日本基督教団出版局，1998 年には，『不信のトマス』の表題において描かれた，トマスが復活のキリストの傷口に手を触れているモティーフの代表例として，17 世紀のグエルチーノと 16 世紀のデ・フォスの作品が収録されている。高久は，「絵画作品では例外なく，トマスはいかにも疑い深そうに，主の痛みを無視して，傷口に指を差し入れている者として表現されている。疑い深さを強調するほうが絵画としては面白いことは確かだが，復活のイエスを見た瞬間に信じたとするほうが聖書に忠実だと思われる」（41 頁）とコメントしている点は重要である。

スの体に触れることなく，彼の信仰をあらわしたとされているのである（ヨハ 20: 24-29）。従って福音書のレベルでは，一見したところイエスの復活の身体を物質主義的に理解する道を開いているかに見えるものの，その要素は未だ顕在化しておらず，復活の焦点はイエスの復活の身体の物質的性質の証明には明確に当てられていないことがわかる。その後の初期キリスト教の復活論に関する文献を概観すれば，そこに一つの思想的発展の流れが確認されるのであり，それは福音書に潜在的に認められる反仮現論モティーフが顕在化し，発展を遂げていくことである。そこで仮現論とは何かを見ておこう。

　グノーシス主義の仮現論　「仮現論（ドケティズム）」とは，「……のように見える」という意味のギリシア語の動詞 δοκέω に基づく用語で，イエス・キリストの地上への到来と公生涯，十字架上の苦難と死は見せかけや仮象にすぎないとする見方である。グノーシス主義の仮現論について，大貫隆は次のように解説している。

　「キリスト教の影響を受けたグノーシス主義の神話では，啓示者として地上に遣わされるキリストと十字架上の苦難との関係が大きな問題となる。専門的な言い方ではキリスト教的グノーシス主義におけるキリスト論の問題である。グノーシス主義の「キリスト」が多くの場合，新約正典中の福音書に描かれているナザレのイエスの具体的な言動や出来事から抽象され，純粋に神話論上の啓示者の一人になってしまっていることは，今さら言うまでもない。しかし，そのイエスが十字架上に苦難の刑死を遂げた歴史的事実の重みだけは単純に無視するには余りに重かったのであろう。そこで新しくグノーシス的な解釈が行われたのである。一方では，それはただ人間の目に苦難と見えただけで，神的存在としての「キリスト」の本質を損なう出来事ではなかったのだ，という解釈が現れた」[30]。

　仮現論はナグ・ハマディ文書（「大いなるセツの第二の教え」，「ペトロ

30）　大貫隆『グノーシスの神話』岩波書店，1999 年，138-139 頁。

の黙示録」、「フィリポに送ったペトロの手紙」など）に多くの事例がある。しかしナグ・ハマディ文書の研究の進展と共に、今日ではグノーシス主義グループのなかでも見解に微妙な相違が認められ、仮現論を採らない立場があることも知られるようになった。このことを指摘した大貫は、仮現論的理解を示すグノーシス主義文書を五か所挙げると共に（断章53-57）、逆に十字架の事実性と現実性を強調する箇所を二か所（断章58と59）挙げている[31]。

大貫がグノーシス主義の仮現論の例として第一に引用している「大いなるセツの第二の教え」（18-23節）には、キリストの言葉として「あの者たちは私を罰したが、私は現実に死んだのではなく、見かけにおいてのみ死んだのである」という表現が見られる。次に引用された「ペトロの黙示録」（25-26節）には、救い主がペトロに語ったとされる言葉があるが、そこでは十字架に付けられているのは救い主の肉的な部分である「模倣物」に過ぎず、活けるイエスは十字架の傍らで笑っているという記述がある。さらに「フィリポに送ったペトロの手紙」（16節）でも、イエスの受難についてのペトロの言葉として、「イエスはこのような受難に対しては異邦人（無関係）である」と語られている。また「フィリポによる福音書」（26節a）には、イエスが受難と死に際してばかりか、彼の生涯そのものが仮象であったという見解が見られる。

> 「イエスは彼らすべてを密かに欺いた。なぜなら、彼は実際にそうであったような姿では現れなかった。むしろ、人々に見られ得る姿でこそ現れたからである。可死的な者たちすべてに彼は現れた。大いなる者たちには大いなる者として現れた」。

そして最後にプトレマイオスの教説としてエイレナイオス『異端反駁』第一巻7章2節の証言があり、プトレマイオスは救い主（ソーテール）について「十字架上の苦難を受けなかった。彼は元来捉えられない者、見られ得ない者であったゆえ、苦しみを受けることもあり得なかったからである。そしてこのため、彼に据え付けられていたキリストの霊

---

31) 同書、139-145頁。

は、彼がピラトの前に引き出された時には、すでに取り去られていた」と教えたという。

大貫が挙げるこれらの五つのグノーシス文書には、キリストを彼らの神話の中の啓示者とみなすゆえに、その苦難と死のみならず、彼の生涯のあり方そのものを仮象とみなす理解が認められる。こうしたキリスト理解に即応して、キリストの復活も独自の解釈を施される。すなわち「啓示に応答しながら真の自分自身を認識すること」こそが彼らの復活であり、これは「正統主義信仰が言う「肉体の復活」あるいはギリシア的信仰の言う「魂の不死」説と対置される」「霊的復活」であるという[32]。「フィリポによる福音書」63節aには、「われわれがこの世の中にいる限り、われわれにとって益となるのは、われわれ自らに復活を生み出すことである。それはわれわれが肉を脱ぎ去るときに、安息の中に見出されることとなり、中間（＝死）の中をさまようことにならないためである」とある[33]。

オリゲネスとケルソスの復活をめぐる論争についても、復活を世の終わりの出来事とする黙示思想的理解を前提せず、現在的に理解する立場がグノーシス主義者のなかに見られることを、キリスト教的グノーシス主義と正統的キリスト教を区別せずに論じているケルソスは知っていたかもしれない。実際キリスト教的グノーシス主義と正統的教会の境界は曖昧であったことは、正統的教会の反グノーシス主義的文献から裏付けられるのである。

反仮現論的モティーフの展開　以上のようなグノーシス主義の仮現論的・脱身体的理解に対抗するために、2-3世紀の正統的教会の神学者たちは一連の反仮現論論争を展開していった。まず使徒教父文書のスルミナのキリスト者に宛てた「イグナティオスの手紙」3.1-3には、イエスの受難がみせかけであったとみなす仮現論者たちに対して、次のような論争的記述が見られる。

---

[32]　同書、159頁。
[33]　引用は、大貫前掲書、162頁による。この書について、荒井献・大貫隆・小林稔・筒井賢治訳『ナグ・ハマディ文書II 福音書』岩波書店、1998年、328頁以下の大貫隆による「解説」を参照されたい。

「すなわち私は彼が復活後も肉にあったことを知りかつ信じているのです。実際彼がペテロを囲む人々の所に来たとき，彼は言ったのです。『摑め，私にさわり，そして私が肉体のない悪霊ではないことを悟れ』と。そこで彼等はすぐ彼に触れ，彼の肉と霊とにかたく結ばれて，信じたのです。だから彼等は死をも見下し，死に勝つものとなったのです。復活の後，主は彼等と共に，肉的存在として飲食したのです——霊的には父とひとつになっていたのに」[34]。

ここで復活のイエスの言葉として引用された言葉は，ルカ福音書24: 38–39のパラフレーズとなっているが，これを受けた弟子達の反応には聖書テクストからの明らかな発展が確認される。すなわちルカ24: 40では，「こう言って，イエスは手と足をお見せになった」とあるが，「イグナティオスの手紙」では弟子達の反応として，「そこで彼等はすぐ彼に触れ……」たことになっているのである。「イグナティオスの手紙」について，R. M. グラントは，「彼はパウロおよびヨハネ福音書の記述につきものの，イエスの復活の身体に関するすべての緊張と抑制を捨て，ルカの記述を彼の論争的目的に最も適したものとして選んだ」とコメントしており[35]，デヴァルトは使徒教父文書全体について，「概してパウロやヨハネよりも一層物質的な復活理解の方向をとっているのが見られる」ことを指摘している[36]。

使徒教父文書に属する「第二クレメンス書簡」9章にも，復活における肉体性の強調が見られ，もし最後の審判の報いと刑罰が人間の地上の生と一致すべきものであれば，肉体における復活が必要であり，キリスト教の救済は肉体的なものであるという議論が見られる。

「君たちのうち誰も，『この肉体は裁かれることもなければ甦ることもない』などと言うことのないように。あなたたちは何のうちにあっ

---

34) 荒井献編『使徒教父文書』講談社文芸文庫所収の八木誠一訳「イグナティオスの手紙」1998年，200–201頁より引用。

35) R. M. Grant, "The resurrection of the Body". *The Journal of Religion* 28, 1948, p.127.

36) Joanne E. McWilliam Dewart, *Death and Resurrection*, Wilimington, Delaware: Michael Glazier, 1986, p.37.

第 3 章　オリゲネスと初期キリスト教の復活理解　　　　　　　　141

て救われ，何のうちにあって眼を開かれたか，正にこの肉体のうちに留まっていてのことではありませんか……なぜならあなたたちは肉体のうちにある状態で召されたように，神の国にも肉体のうちにある状態で行くでしょうから。私たちを救われた主，キリストが，元来は霊であられたのに，肉体となって，その状態で私たちを召して下さったのであれば，私たちにしてもこの肉体をもった状態で報酬を受けることでしょう」[37]。

グノーシス主義への反駁を明確に意図した著作として，『使徒たちの手紙』があり，そのうちの 11-12 章には反仮現論的論争のコンテクストにおいてルカ 24: 38-40 への言及がなされている。

「すると，彼はわれわれに仰せられた，「なぜ疑うのか。なんだと言うのか。わたしが，わたしの肉体と死と復活に関することをきみたちに語った当の本人であることを信じないのか。わたしが当の本人であることがきみたちにわかるように，ペテロ，きみはわたしの手の（釘）穴に，そしてトマス，きみもわたしの脇腹に手を入れるがよい。アンデレ，きみはわたしが地面を歩くとき足跡ができるかどうかを見るがよい。亡霊や悪霊は地面に足跡は残さない，と預言書に書いてある」。それゆえ，われわれは，彼が真に肉体的に復活されたことを（知るために）彼に触れてみた」[38]。

ここにも復活のイエスの言葉に対する反応として，弟子達が実際に復活のイエスに触れるモティーフが見られるが，さらに福音書伝承からの発展として，著者がイエスの復活の肉体性を具体的に示すために，三人の使徒を証人として導入している点が注目される。すなわちペテロは手の釘跡を確認し，トマスは脇腹の傷を確認し，アンデレは地面についた足跡を確認するために登場するのである。このうちペテロとトマスの行

---

[37]　荒井献編『使徒教父文書』所収の小河陽訳「クレメンスの手紙　コリントのキリスト者へ（II）」145 頁より引用。
[38]　日本聖書学研究所編『聖書外典偽典 補遺 II』所収の村岡崇光訳「使徒たちの手紙」1982 年，58 頁より引用。

為はそれぞれ福音書伝承の解釈となっているが，アンデレが足跡を確認したというモティーフは福音書にはない。三人の弟子の行為は，「彼が真に復活されたこと」を知るための具体的な確認作業なのである。

さらにユスティノスの『復活論』9章にも，同様に弟子達が復活者イエスに実際に触れるモティーフが確認される。

> 「彼が肉体の復活を示すためでなければ，彼が受難した肉体において復活したのはなぜなのか。彼はこのことを確証しようと望んで，弟子達が彼が真に身体において復活したと信じるべきかどうか知らず，彼を訪ね，疑っていたときに，彼らに言った，「あなた方はまだ信じていない。見よ，私だ」。そして彼らに御自分を触らせ，手の釘痕を彼らに示した。さらに彼らがあらゆる種類の証明によってそれが彼自身であり，身体の状態にあることを納得したときに，彼らと共に食事してくれるように頼み，彼らがなお一層確実に彼が真に身体として復活したことを確かめられるようにした。そこで彼は蜂の巣と魚を食べた」(『復活論』9) [39]。

ユスティノスの『復活論』には，実際にイエスの復活の体に触れたことや釘痕を示したことの他にも，弟子達による確認作業が様々に試みられたことを示す記述が見られる。しかも復活のイエスが実際に食べたことを示す際にも，福音書の魚の記述の他に，「蜂の巣」が付け加えられているのである。

テルトゥリアヌスの『キリストの肉体について』5章9節でも，マルキオンの仮現論的キリスト理解を論駁するために，復活者の肉体性の証

---

[39] ユスティノス『復活論』9。テクストはJ.C.T.Otto, *Justini Opera II*, 3rd edition, Jena: Fischer, 1979, pp.228-33. ここではM. Dodsによる英訳 (*The Apostolic Fathers with Justin Martyr and Irenaeus, The Ante-Nicene Fathers vol,1*, Edinburgh, 1989, p.298) を参照した。

なおこの書の真偽については議論があるが，これを真作とみなすP.Prigentの研究 (*Justin et l'Ancien Testament: L'Argumentation scripturaire du traité de Justin contre toutes les hérésies comme source principale du Dialogue avec Trypho et de la Première Apologie*, Paris, 1964) によって，現在では真作とみなす学者が多い。この問題についてC.W.Bynum, *The Resurrection of the Body in Western Christianity*,200-1336, New York, 1995, p.28の注17を参照されたい。

言を具体的に記述した後に，ルカ 24: 39 への言及が認められる。「幻の件についても，彼は当然復活の後，弟子たちに彼の手と足を調べるようにと示したときに言った，「見よ，私だ，霊にはあなた方が見ているような肉も骨もない」と。疑いなく手と足と骨は霊が持つものではなく，肉体だけの持ち物である」[40]。同様に『マルキオン反駁』四巻 43 章においても，テルトゥリアヌスは仮現論的キリスト理解を反駁するためにルカ 24: 37-39 を引用している。

4. 肉体の復活信仰と殉教

さらに二百年頃に著された主要な復活論に見られる身体のイメージは，パウロの提示する終末論的様態変化のイメージを離れ，復活前と後の物質的連続性をいかに証明するかという問題に関心が移っていることが分かる[41]。復活はしばしば微粒子や原子の連続性として理解され，身体が死後吸収や消化などを通じて朽ちることへの脅威に対する弁明となっている。こうしたイメージのコンテクストは，C. W. バイナムによれば迫害とそれに伴う殉教者の遺体への関心であるという[42]。『殉教者行伝』には，正統的教会が肉体の復活の信仰へと傾斜を強めざるを得なくなるような当時の具体的状況が，非常に生々しく描かれている。

「かくして，殉教者たちの遺体は，六日の間，様々な仕方で，見せしめとしてさらしものにされ，その後で，不法な者たちによって，すっかり灰になるまで焼かれ，更に，遺体の一部たりとも地上に残らないようにと，近くを流れるロダノス河に投じられた。彼らがこのようにしたのは，神に勝つことができると考え，殉教者たちが復活できないようにすることが可能だと考えていたからであり，彼らは次のように言っていたのである。「あの連中が復活の望みを持てないようにしてやろう。復活を信ずればこそ，彼らは，外来の宗教

---

40) テクストは，*Tertulliani Opera II: Opera Montanistica,* ed. J.G.P.Borleffs, *Corpus Christianorum: Series Latina,* Turnhout: Brepols, 1954 による。
41) 以下の記述に際して，キリスト教史における復活論の変遷を扱ったバイナムの研究（既出注 39）を参照した。
42) Bynum, op.cit., p.27.

を持ち込み，恐るべきもの（拷問）を少しも恐れず，喜びつつ進んで死んで行くのだから。さあ，彼らが（本当に）甦るかどうか，彼らの神が彼らを助け，我々の手から彼らを救い出すことができるかどうか，見てやろうではないか」」(『ルグドゥヌムにおいて最期を迎えた人々の殉教』I.62-63，土岐正策・健治訳)[43]。

このような迫害という具体的状況から生じた殉教者の遺体への関心から，復活後の身体における物質的連続性を証明する様々な神学的試みが生まれたと思われる。ユスティノスも『復活論』において，神がいかにして死後の分解した身体の部分を再び集めることができるのかを説明するために非有機的イメージを用い，神は壊れた彫像が作り直されるように，また宝石職人がモザイクを造り，石を元に戻すように，われわれを再び集めるか，鋳直すのだという[44]。

アンティオキアのテオフィロスも『アウトリュコスに送る』において復活における物質的連続性を強調している。

「ある器が造られたけれども，なんらか欠陥があるときには，やはり再び溶かされたり造り変えられたりして，新しくまた完全なものとなるように，人間にも死を通じて同じことが起こるのである。というのも，実際のところ人間は復活のときに健全なものとして見出されるべく粉々にされたのである。つまり汚れなく，正しく，不死なる者としてである」(『アウトリュコスに送る』二巻26，今井知正訳)[45]。

アテナゴラスによれば，復活は諸部分の再集合であり，神は完全にその構成部分へと分解した諸断片を再び集めることができるという。彼は有名な chain consumption の議論を展開して，たとえ身体が多くの動物に食べられ，吸収されて分割され，それらの身体に結合されても，また

---

43) 『殉教者行伝』土岐正策・土岐健治訳，教文館，1990年。
44) ユスティノス『復活論』6。
45) 引用は，上智大学中世思想研究所編訳監修『中世思想原典集成I 初期ギリシア教父』平凡社，1995年に収録された，テオフィロス「アウトリュコスに送る」(今井知正訳)を用いた。なおテクストは，*Theophile D'Antioche, Trois Livres A Autolycus,* Traduction de Jean Sender, Introduction et Notes de Gustave Bardy, *SC,*1948 による．

それらの動物が朽ちたり食べられたりしても，神は依然として人間の断片を再び集めるために見出すことができるとみなした。彼にとって最大の問題は消化と人肉食で，彼は大部分の食物や飲み物はわれわれの身体を通過するのみで，真にわれわれの身体になるのではないという主張を展開した（『復活論』5-7）[46]。

このようにして2-3世紀には，正統的教会の多数派によって物質主義的に理解された復活論が「肉体の復活」という聖書にはない用語で表明され，この表現が使徒信条に盛り込まれ，定着してゆくことになる。初代教会はイエスやパウロに見られる黙示文学的な様態変化論を後退させ，もっぱら身体（肉体）の同一性を強調する物質主義的理解の方向を展開していったのだが，そこには殉教者の問題の他にもう一つの要因があったと思われる。

II　オリゲネスと反異端論者のグノーシス主義論駁

1. パウロ書簡の受容の問題

グノーシス主義が隆盛していた古代教会においてはパウロ書簡の受容についても問題となっていたのであり，初期の段階ではパウロ書簡はグノーシス主義諸派やマルキオンといったむしろ異端の側によって積極的に採用されたため，その反動として初期キリスト教におけるパウロ神学の影響はさほど大きなものではなかったことが指摘されている。シュネーメルヒャーは「2世紀のギリシア教会におけるパウロ」という論文のなかで，使徒教父文書，ヒエラポリスのパピアス，ユスティノス，タティアノス，アテナゴラス，テオフィロス，ヘゲシッポスといった護教論者たちの著作におけるパウロの影響について検討し，それらのうちに散見されるパウロへの言及や引用は，いずれも神学的に重要な働きを果

---

46) テクストは，W.S.Schoedel, *Athenagoras; Legatio and De Resurrectione*, Oxford,1972 による。なお J.H.Grehan, S. J. による英訳版 *Athenagoras;Embassy for the Christians, The resurrection of the Dead*, Ancient Christian Writers 23, N.Y. も参照した。アテナゴラスの chain consumption と人肉食の議論に関して詳しくは，R.M.Grant 前掲論文, pp. 120-130 および pp. 188-200 を参照されたい。

たしてはいないことを明らかにしている[47]。またカンペンハウゼンも次のように述べて，2世紀の中頃，熱心な正統的サークルの中ではパウロは完全に無視されていたことを示した。

> 「マルキオンや他のセクトが彼の著作を用いた仕方は，それらの評価を完全に傷つけたように見える。ヴァレンティノス派は特に大教会に対抗して，自分たち自身を真のパウロ的神学者とみなし，絶えず彼に訴え，「この使徒」のなかにキリストご自身の霊の一タイプの体現を見た。パウロは実際，テルトゥリアヌスが皮肉をこめてつけたように，「マルキオンの使徒」や「異端者の使徒」とならなかっただろうか。彼は最後にはカトリック教会にとってすでに失われてしまったのではないか」[48]。

さらにカンペンハウゼンは，同時期に属する偽書第二ペテロ書 3: 16 が，パウロの手紙には困難で理解しがたい箇所があるために，「無学で心の定まらない人々」によって誤用されていると述べたことからも裏付けられるとしている。パウロ書簡は，どのようにグノーシス諸派の復活論に用いられていただろうか。

ペイゲルスは，『グノーシス的パウロ——グノーシス派によるパウロ書簡解釈』において，ローマ書，第一，第二コリント書，ガラテヤ書，エフェソ書，フィリピ書，コロサイ書，ヘブル書の八書について，それらがグノーシス派の人々によってどのように解釈されたかを詳しく検討している[49]。彼女の研究によれば，教会が主張する身体ないし肉体の復活に反対する異端的キリスト教徒が，彼らの主張の根拠として用いた典拠が，パウロの第一コリント書 15: 50 の「肉と血は神の国を受け継ぐことができず，朽ちるものが朽ちないものを受け継ぐことはできません」という箇所であった。エイレナイオスは，「すべての異端者が常にこの

---

47) W.Schneemelcher, "Paulus in der griechischen Kirche des zweiten Jahrhunderts", *ZKG* 75, 1964, pp. 6ff.

48) H. von Campenhausen, *The formation of the Christian Bible,* Philadelphia, 1972, pp. 177-178.

49) E.Pagels, *The Gnostic Paul : Gnostic Exegesis of the Pauline Letters,* Philadelphia, 1992.

箇所を」この問題に関する論争に導入していると述べており，またテルトゥリアヌスは，彼らが頑強にこの箇所に関する彼ら自身の解釈に固執している，と不平を述べている。ヴァレンティノス派は，この箇所からパウロが「第一のアダム」は「土的イメージ」をまとった物質的個体を脱ぎ，変えられなければならない，と主張したという。キリストの身体における復活を宣言するのは心魂的使徒であり，パウロだけが「復活の使徒」として復活についての霊的教義を教えたという。

いずれにしても，これらのグノーシス主義文書にはパウロに近い表現が認められるものの，実際にはグノーシス派の人々はパウロの主張した復活における様態変化の教えを，身体の同一性を保持しない仕方で，むしろこの世の身体性を「脱ぐ」という表現に変えてしまっていることに注意しなければならない。この立場をここでは「脱身体的変容論」と呼ぶことにしたい。そのような仕方でパウロの復活論は，グノーシス派の霊的復活論（正統的神学者によれば，仮現論）に占有されてしまい，正統的教会はパウロを離れて独自の復活理解を展開するようになる[50]。

2. 反異端論者の論争の特徴

正統的教会側の資料からグノーシス主義論争を扱った従来の研究とは逆に，ナグ・ハマディ文書に収録されたキリスト教的グノーシス主義者の証言から当時の両者の関わりに新たな光を当てたのが，K.コショルケの研究『教会的キリスト教に対するグノーシス主義者の論争』である。彼は，ナグ・ハマディ文書の『ペテロ黙示録』と『真理の教え』を詳しく分析することにより，教父たちが実際に論争を行った相手であるキリスト教的グノーシス主義者たちの実像に迫る試みをしている。ここでは主としてコショルケの研究に基づき，両陣営の間で交わされた論争から浮かび上がるグノーシス像について概観したい[51]。

---

50) この点について詳しくは，出村みや子「初期キリスト教の復活理解の変遷（1）オリゲネスの復活論におけるパウロの影響」，『ノートルダム清心女子大学キリスト教文化研究所　年報』第 21 号，1999 年，1-31 頁，Miyako Demura, 'The Biblical Tradition of resurrection in Early Christianity; Pauline Influence on Origen's Theology of Resurrection', *Annual of the Japanese Biblical Institute*, vol.XXV/XXVI, 1999/2000, pp. 135-151. を参照されたい。

51) K.Koschorke, *Die Polemik der Gnostiker gegen das kirchliche Christentum*, Leiden, 1976, pp. 176-216.

反異端論の最初の証言とされるのが，165年頃ローマで死去した殉教者ユスティノスの『総覧（シュンタグマ）』であるが，これは失われて現存しない。リヨンの司教エイレナイオス（130-200年頃）は，教会の反グノーシス主義論争として現存する最古の，特に重要な著書の著者である。彼の著書『偽称グノーシスの正体暴露とその反駁』（略称『異端反駁（adversus haereses）』）は最も包括的で有力な論駁書であり，これは2世紀後半の成立と考えられている。この表題からも知られるように，エイレナイオスの反駁は「グノーシス（γνῶσις）」の概念にではなく，「グノーシス」を偽称する人々に向けられていることに注意する必要がある。この派に属する人々は自らを「グノーシスを奉ずる者（γνωστικοί）」と呼んでおり，そこから「グノーシス」という言葉がグノーシス主義とグノーシス派の両方を示す言葉として用いられるようになった。

　エイレナイオス自身の序論によれば，本書はヴァレンティノス派の教説について知りたいという友人の希望によって着手されたものである。ここで彼らは，「信仰による神の救いの計画の実現よりも，無意味な詮索を引き起こす」（Ⅰテモ1: 4）と聖書に述べられているように，「作り話」や空しい系図を持ち込み，彼らの策略に満ちたもっともらしさによって，単純な人々の心を虜にする人々と呼ばれ，さらに「キリストに対する狂気と冒瀆の深み」と言われている。そこでエイレナイオスは，第一巻第一部でヴァレンティノス派のプトレマイオスの教説を，第二部でヴァレンティノス派のマルコスの教説を考察した後に，さらにヴァレンティノス派の起源を論じた第三部でヴァレンティノス派の先駆者たちについて論じている。彼によれば，その起源は魔術師シモンに遡るという。

　エイレナイオスは後続の反異端論伝承に影響を及ぼすことになったが，後代への影響が最も大きいのがこの第一巻であり，この部分の記述は今日われわれがヴァレンティノス派，そのなかでも特にプトレマイオス派，バシリデース派などを中心とした諸派のグノーシス主義の神話体系を知るための重要な資料となっている。テルトゥリアヌスの『ヴァレンティノス派論駁』，ヒッポリュトスの『全異端反駁』，エピファニオスの『薬籠（パナリオン）』，さらにエウセビオスの『教会史』も，決定的にエイレナイオスの記述に従っている。このように，エイレナイオスが第一巻の冒頭で，「作り話」や空しい系図といった策略を用いて，単純

な人々の心を惑わせる狂気と表現したグノーシス像が及ぼした影響は絶大であり，後代の反異端論伝承はすべて彼の影響下にあると言っても過言ではない。

だがエイレナイオス以来の一連の反異端論的記述には，今日の視点から見れば色々と問題があることが指摘されている。カンペンハウゼンは，『異端反駁』を可能な限り体系的かつ詳細に提示するというエイレナイオスの企てにもかかわらず，それに必要な明晰さや客観性，秩序立った記述能力が本書には欠けており，そのために論敵の信用を失墜させ，戯画化する異端攻撃の典型となっていると述べている [52]。J. カステンも，本書には明確な構成と思考の統一性が欠けており，冗長さや頻繁な繰り返しのために読むのが困難であることを指摘している [53]。ルドルフは，エイレナイオスについては「情報の扱いが粗雑で，ヴァレンティノス派的な脚色を好む」ことを，またエピファニオスの記述に至っては「事実を取り扱う際のやり方がまったく無批判的になってしまっており，捏造やありそうもない記述さえ見られる」ことを指摘する [54]。さらに本書の翻訳作業を進めている小林稔も，論敵を戯画化して激しくののしるような口調が現代人の感性に合わないことを指摘している [55]。K. バイシュラークは，「教会教父の確信するところでは，グノーシス主義者は元来正統のキリスト者であったが，悪魔の誘惑によってその神話論的―哲学的邪道に陥った人々であった」[56] と表現しており，K. ルドルフも，教会教父たちのグノーシス主義批判が，キリスト教の教義の偽造，異教崇拝への逆行，統一性の欠如に向けられると同時に，グノーシス主義者には策略や虚偽，魔術といった非難が加えられていることを指摘している [57]。

このように，社会体制にとって危険とみなした論敵を戯画化して描い

---

52) カンペンハウゼン『古代キリスト教思想家　ギリシア教父』三小田敏雄訳，新教出版社，31-36 頁。
53) Johannes Quasten, *Patrology vol.1*, Westminster, 1986, pp. 288-290.
54) クルト・ルドルフ『グノーシス　古代末期の一宗教の本質と歴史』大貫隆・入江良平・筒井賢司訳，岩波書店，2001 年，14 頁。
55) 『エイレナイオス 4　異端反駁 IV』小林稔訳，教文館，2000 年，306-307 頁。
56) 『キリスト教教義史概説　上』掛川富康訳，教文館，1996 年，198 頁。
57) ルドルフ前掲書，3-50 頁。

て攻撃するという反異端論の全般的な叙述傾向のみならず，エイレナイオス以来の論駁方法それ自体にも問題があることが，ナグ・ハマディ文書との比較研究から徐々に明らかになってきた。その方法とは，グノーシス諸派を論駁する手立てとして，エイレナイオスが彼らの「神話体系」——エイレナイオスの表現を使えば「作り話」——の記述に焦点を当てて論駁を行っていることである。彼のそのような論駁方法が後続の教父たちのグノーシス像にどのような影響を与えたのか，またその問題点は何かについて次に検討したい。

3. 反異端論者の傾向性と論争の争点

コショルケは，反異端論者たちの一連の議論にはある種の「傾向性」が認められることを指摘する。つまり，反異端論者たちにはグノーシス主義者の「体系」を彼らの叙述の中心に据える傾向があるが，それはキリスト教的グノーシスの現象形態にも表現方法にとっても典型的なものではなく，むしろ，彼らに固有の論争的な関心に対応しているという。コショルケは，神話論体系の叙述を全面に出すグノーシス主義文書とは異なる叙述形態をとるキリスト教的グノーシス資料として，真理の福音，フィリポ福音書，レギノス書簡，知識の解明，真理の証言，トマス文書，ヤコブ文書，ペトロ文書などを挙げ，それらにおいては神話論的上部構造の宇宙論的解明や主題化が一般に放棄されている可能性があることを指摘する。そして，教父たちと論争を交わしたキリスト教的グノーシス主義者たちについて，彼らが実際にどのような現れ方をしていたか，どのような形で自分たちの主張を展開したか，その実像に迫ろうとするのである[58]。

先に見たように，エイレナイオスは『異端反駁』の第一巻でグノーシス主義諸派の神話体系について詳しく論じているが，そこにはエイレナイオスの並々ならぬ自負が込められていた。エイレナイオス自身の証言によれば，彼以前の教会の指導者たちは，グノーシス主義の脅威に直面して，彼らの主張を理解する有効な手立てを持ちえなかったという。エイレナイオスは『異端反駁』第四巻の序論で，彼の先行者たちの状況に

---

58) コショルケ 204-207 頁。なおグノーシス主義の神話体系について，大貫隆『グノーシスの神話』を参照。

第 3 章　オリゲネスと初期キリスト教の復活理解　　　　　　　151

ついて次のように証言している。

　　「ところで，彼らを立ち戻らせようとする人々は，彼らの〔説を〕
　正確に知る必要がある。病気にかかっている人々の被っているもの
　を知らない人に，病気の人〔々〕を治療することはできないからで
　ある。そして，このため，私たちの前任者たちは，私たちよりもずっ
　と優れた人々であったにもかかわらず，ヴァレンティノス派の人々
　に充分反対することができなかった。それは〔彼らが論敵〕の説を
　知らなかったからで，私たちは〔そのヴァレンティノス派の説〕を
　できる限りの正確さを以て，第一巻の中であなたに伝えた」（小林
　稔訳）。

　先人たちが充分な反論をすることができなかった状況を踏まえ，彼ら
に対抗するための有効な武器としてエイレナイオスが必要とみなした手
立てが，「彼らの説を正確に知る」ことであり，具体的に彼らの神話体
系を「作り話」として提示することであった。
　だがエイレナイオスの周辺のヴァレンティノス派のグノーシス主義者
たちが，彼に対して実際にどのような現れ方をしていたかについて，コ
ショルケはエイレナイオス自身の証言に基づいて次のように推定してい
る。それは，「彼らは信仰者たちと似た語りをする」ので，両者を区別
することはほとんどできず，そのために戦うことすら困難であった，と
いう理解である（序論，二巻 14.8，三巻 16.6，17.4 他）。エイレナイオス
が実際の論争において困難を感じていたのは，このような両者の類似性
であったと考えられる。そのためにエイレナイオスは効果的な武器とし
て，論敵の説をできる限り正確に知ることの必要性を主張したのである
が，この武器の投入が具体的にどのような形でなされているかを示すの
が，第三巻 16.1 である。「言葉ではひとりのキリスト・イエスを告白し
ているが，考えにおいては分割している」。ここには，言葉上では正統
的信仰に同意した振る舞いをしながらも，実際には神話論的にキリスト
と救い主，その他を別の存在として説明するというグノーシス像が，偽
装と実際の姿の乖離を暴露するという形で提示されている。グノーシス
主義者の言行不一致を暴く，あるいはその正体を暴くといったエイレナ

イオスの基本姿勢は,「彼らはうわべは羊であるが,内面は狼である」(第三巻16.8, 序論)という戯画化された表現に端的に現れている。
　コショルケは,このようなグノーシス像が描かれていることは,グノーシス主義者自身が実際に語るのを聞くときには,彼らの言葉からその反教会性を聞き取ることはできなかったためではないかと推測する。彼らの異端性が初めて明らかになるのは,エイレナイオスが彼の反異端論の序論に記した記述からである。エイレナイオスは偶然入手したヴァレンティノス派の冊子を,『異端反駁』第一巻1-18に再現しているが,それは彼がその「体系」の中に,これまで隠されていたヴァレンティノス派の「教え (regula)」が(さらに実際にはそれ以外の異端者の教えをも)あるのを見つけたからである。そこで彼は,彼の周辺および彼の共同体のなかで出会った多様な形態のグノーシス主義的な言葉をすべて,その「体系」と結び付けようと試みた。そのようにして彼は,グノーシス主義者の論敵の反キリスト性を,――彼らの発言はそれ自体あまり危険なものではないにもかかわらず――,首尾よく「暴露し」,彼らを強力に制圧しようとした。エイレナイオスの『異端反駁』第一巻を前提しているヒッポリュトスの『全異端反駁』においては,グノーシス主義者の体系の記述に中心を置く傾向はさらに強まっていく。エイレナイオスは異端者たちと聖書の理解について論争したことをしばしば報告しているが(二巻11.2, 三巻2.1, 四巻35.4, 五巻9.1),実際に反駁を行う場合には聖書解釈を争点とはせず,聖書の証言をその文脈から引き離したり,それらを省略したりしている。それは公開論争において彼らが語るのを聞く限りにおいて,一般の信徒には彼らの異端性を識別し難かった状況があったためであった。コショルケは,一連のキリスト教的グノーシス主義文書の考察を通じて,彼らの「体系」の記述を論争の焦点に据えようとするエイレナイオスの方法に疑問を投げかけると同時に,そのような形で「体系」が突出していることと相関して,グノーシス主義の聖書解釈の記述の方には後退が認められることを指摘しているのである[59]。

---

　59) この問題について詳しくは,出村みや子「古代教父のグノーシス像」,大貫隆・島薗進・高橋義人・村上陽一郎編『グノーシス　陰の精神史』岩波書店, 2001年所収, 189-199頁を参照。

4. 正統的教会の復活理解の一定式

　正統的教会は，パウロがグノーシス諸派によって受けいれられるような霊的復活論を主張したとみなしたためにパウロから離れ，新約聖書に見られる復活理解に関する別の伝承を発展させていったと考えられる。それは先に検討したように，ルカ 24: 37,39，ヨハネ 20: 19-20,26-27 に潜在的に見られるような，イエスの復活のリアリティを強調する反仮現論的モティーフに支配された復活論であり，復活前と後の身体の同一性を強く主張する立場である。正統的教会におけるこうした復活理解の変遷を辿ることによって，オリゲネス問題に重要な示唆を与えてくれるのが，A.H.C. ファン・エイクの研究である。彼は，「以前に倒れたものだけが復活できる（Only that can rise which has previously fallen）」という定式に注目し，この定式が初期キリスト教の復活に関する文書にかなり頻繁に認められ，この流れのなかで身体の同一性を「肉体の復活」という概念に集約した教義が確立していったとみなしている[60]。

　エイクの研究によれば，この表現が最初に登場するのが，おそらく 2 世紀の前半に成立したとみなされる『使徒たちの手紙』である[61]。この文書の執筆の動機は，一節によれば，「「偽使徒シモン」と，教父エイレナイオスにもグノーシス主義の異端を広めた者のひとりとして名をあげられているケリントスによって当時の教会内に深く浸透した異端のグノーシス主義」による仮現論的異端思想を論駁することであり，本書では受肉の歴史性と並んで，イエスの肉体的復活というテーマが重要な役割を果たしている。この文書は現在エチオピア語の六つの写本によって伝えられ，19 世紀の末にはコプト語による断片が発見されている。邦訳が日本聖書学研究所による『聖書外典偽典』のシリーズの補遺 II として，村岡崇光によって 1982 年に刊行されている。問題の箇所は 25 節である。

　「すると，彼はわれわれに仰せられた，「朽ちるのは肉体か，それとも霊か」。われわれは，肉体です，と彼に言った。彼はわれわれに

---
60)　A.H.C.Van Eijk, " 'Only That Can Rise Which Has Previously Fallen': The History of A Formula", *JTS* 22,1971, pp. 517-529.
61)　エイク前掲論文，517-518 頁。

仰せられた，「朽ちたものはよみがえり，病んだものは助かる。これはわたしの父がほめたたえられるためである。彼がわたしに対してなさったように，わたしたちもきみたち，ならびにわたしを信じるすべての者に対して（しよう）」」[62]。

村岡は訳注で，「朽ちたものはよみがえり」という箇所は，直訳で「落ちたものは拾い上げられ」と訳すことも可能であるとコメントしている[63]。エイクはここを，ヘンネッケ - シュネーメルヒャーのドイツ語訳テクストに基づいて，"That which has fallen will rise" と英訳して，この定式が認められることを示している。

この手紙の 11-12 節には，先にも言及したように，反仮現論的モティーフがさらに発展した形で展開され，復活における肉体性が強調されている点も注目すべきである。

「すると，彼はわれわれに仰せられた，「なぜ疑うのか。なんだと言うのか。わたしが当の本人であることがきみたちにわかるように，ペテロ，きみはわたしの手の（釘）穴に，そしてトマス，きみもわたしの脇腹に手を入れるがよい。アンデレ，きみはわたしが地面を歩くとき足跡ができるかどうかを見るがよい。亡霊や悪霊は地面に足跡は残さない，と預言書に書いてある」。それゆえ，われわれは，彼が真に肉体的に復活されたことを（知るために）彼に触れてみた」。

弟子たちが復活者に実際に触れる同様の反仮現論的モティーフは，先に検討した使徒教父文書のイグナティオスの手紙「スミルナの信徒への手紙」3: 2 にも共通するもので，両書はともに，肉体の復活を否定して，ただ霊的復活のみを信じる異端的教えに対する正統的教会側からの反論を意図したものということができる。

第二の例としてエイクが挙げるのが，前にも扱ったユスティノスの『復活論』であり，エイクはこれをユスティノスの真作とみなしている。

---

62) 以下の引用には，日本聖書学研究所編『聖書外典偽典 補遺 II』1982 年に収録されている村岡訳を用いた。

63) 前掲書，409 頁の注 25。

第3章　オリゲネスと初期キリスト教の復活理解　　　　　155

「復活は，倒れた肉体（τοῦ πεπτωκότος σαρκίου）に関わる。というのも霊は倒れないのだから。魂は身体のなかにある。魂なくしては身体は生きられず，魂がそれから離れれば，それはもはや存在しなくなる。というのも身体は魂の住まいで，魂は霊の住まいなのだから」[64]。

　この定式がより明確な形で現れるのが，テルトゥリアヌスの『肉体の復活について』と『マルキオン論駁』である[65]。『肉体の復活について』18 においてテルトゥリアヌスは，「死者の復活」の意味を言葉の分析から明らかにしようとしている。彼は，「以前に倒れたものを除いて，なにものも再び立ち上がらないだろう（Nihil resurgere exspectabit nisi quod ante succiderit)」[66]と述べており，また『マルキオン論駁』5.9.4 では，「倒れたもの以外，なにものも立ち上がらない（Resurgere autem non est nisi eius, quod cecidit)」と述べている[67]。さらに『肉体の復活について』18.6-8 においてテルトゥリアヌスは，立ち上がる「死者」とは何を指すのかを問い，それは聖書の証言（創世記 3: 19 とヨハ 2: 19）から「肉体（caro）」であり，またそれは「倒れる（cadere）」から派生した言葉の「死体（cadaver）」の語源からも明らかであるとみなす。他方，「魂（anima）」については「倒れることを意味するような名称を持たない。というのもその固有の習性において，魂は滅びないものなのだから」と述べている。エイクは，テルトゥリアヌスの cadaver-cadere の語源的解釈によって，この復活定式を用いて復活を肉体の復活に限定する議論がその最も精巧な形態に到達したと述べている[68]。

5.『諸原理について』における復活定式の使用

　これまで検討してきた復活定式はオリゲネスにも確認される。しかし

---

[64]　エイクはダマスカスのヨハネの *Sacra Parallela* に収録されたテクスト（ホル版，*Texte u. Unters.*16, I, fr.109, p. 48, lines 1-4）を引用している。
[65]　エイク前掲論文，520-522 頁。
[66]　テクストは，*Tertulliani Opera*, pt.2: *Opera Montanistica*, ed.J.G.P.Borleffs, Corpus Christianorum : Series latina, Turnhout: Brepols, 1954 による。
[67]　テクストは，同上。
[68]　エイク前掲論文，521 頁。

ここで注目すべきなのは，この定式が肉体の復活の論拠として用いられておらず，むしろパウロの復活論と結び付いて新たなコンテクストのなかで用いられていることである。パウロの復活論は，オリゲネスの『諸原理について』第二巻 10 章 1 において，これまで見てきた復活に関する二つの相容れない立場の理解に対して共に反論するために引用されている。

第一に，身体の復活を否定する人々，特にグノーシス派の人々が反駁されている[69]。

II,10,2「ある人々，特に異端者どもは，復活に関する我々の信仰をばかばかしく，愚劣なことと思い，教会の信仰につまずいているのであるから，殊更そうする必要もあろう。

　この人々に対して，次のように答えたらよいと思う。即ち，彼らは死者の復活を認めるのであれば，我々に答えるがよい。一体死んだのは何か。身体ではないのか。それ故，当然，復活するのも身体である。

そこで次に，我々は〔将来〕身体を有するであろうか，という問いに異端者どもは答えるがよい。使徒パウロは「魂的人間がまかれ，霊的身体がよみがえる」と言っているのであるから，身体が復活すること，また復活してから我々が身体を有するであろうことを異端者どもも否定できないと私は思う。

さて，我々が身体を有するであろうことが確実であって，死んだのと同じ身体が「立ち上がる」(resurgere) と言われているなら，——というのは，前に倒れたものでなければ，それが厳密な意味で立ち上がるとは言われないから——，復活の時から，我々が身体をまとうために身体が復活することに疑問の余地はない。したがって，二つのことは密接に結びついている。即ち，身体が復活するのであれば，それは，疑いもなく，我々がそれをまとうために復活するのであり，また，我々は身体を持つ必要があるなら，——確かに必要である——，別の身体ではなく，我々自身の身体を持

---

69)　テクストは *Origène, Traite Des Principes Tome I*, par H.Crouzel et M.Simonetti, *SC*, 1978. ここでは小高毅訳（前述）を引用したが，文脈に合わせて多少訳を変えたところがある。

第 3 章　オリゲネスと初期キリスト教の復活理解

たねばならないのである」[70]。

オリゲネスは復活前と後の身体の連続性を主張するためにこの復活定式を用いており，その限りで正統的教会の議論と軌を一にするが，これに続く部分の議論には新たな展開が見られる。

「しかし，我々の身体が復活すること，それも霊的なものとして復活するのが真実であれば，疑いもなく，その身体は，腐敗を粉砕し，可死性を放棄した形で，死者のなかから復活する。さもなければ，再び死ぬために死者のなかから復活するのはむなしく，不要なことであろう。このことを一層明瞭に理解するために，地にまかれた後に「霊的身体」となる「魂的身体」の性質がいかなるものであるか入念に吟味すればよい。即ち，復活の力と恵みは，「魂的身体」から「霊的身体」を導きだし，それを卑しいものから栄光あるものへと変えるのである」[71]。

この後半の議論には，パウロの様態変化の議論が正面から取り上げられ，復活における身体の差異性が主張されている。

第二の反駁は，これまで見てきた正統的教会の肉体の復活の理解に向けられている。

II,10,3「さて次に，貧弱な知性，あるいは説明不足から身体の復活について，きわめてつまらぬ，低いとらえ方をする，我々の仲間のある人々に話を向けよう。
　「魂的身体」が復活のおかげで変えられ，「霊的身体」となること，また「弱さのうちにまかれたものが強いものとして甦る」こと，更に「卑しいものとしてまかれたものが栄光のうちに甦る」こと，そして「朽ちるものとしてまかれたものが不滅へと変えられる」ことを，彼らがいかに理解しているか彼らに問いただそう。

---

70)　オリゲネス『諸原理について』第二巻 10 章 1，小高訳 180-181 頁。
71)　同上。

栄光ある，強い，不滅のものとして復活する身体は「霊的」なものとなっていると言った使徒〔パウロの言葉〕を彼らが信じているなら，その身体が再び血肉の欲 (passio) に巻き込まれると考えるのは，全く不条理であろうし，使徒パウロの言っていることに反することにもなろう。というのは，使徒〔パウロ〕は「血と肉とは神の国を受け継ぐことができないし，朽ちるものは朽ちないものを受け継ぐことはない」とはっきり言っているからである」[72]。

この議論においては，グノーシス諸派が正統的教会の復活論理解の典拠として用いた一コリ 15: 50 が引用され，正統的教会の復活論理解が「貧弱な知性」，「きわめてつまらぬ，低いとらえ方」と酷評されている。

オリゲネスの復活論は，当時の多数派の理解とは対立するものであったが，それは先にも紹介したチャドウィックの研究によれば，彼らが神の全能性に訴えて物質主義的な復活論を擁護したためであったという[73]。チャドウィックは，当時の多数派の復活理解にオリゲネスが批判的であった理由として次の四点を挙げている。第一に身体の本性が絶えず変化と変成にさらされ，恒常性を保ち得ないこと，第二に死に際して身体はその構成要素に戻り，元の形態に再編されるのは不可能であること，第三に獣などに食べられた身体はその一部となってしまうこと，最後に肉体が同一の形態でよみがえった場合，身体器官にどのような用途があるか疑問となることである[74]。

神の全能性に訴えて物質主義的な復活論を擁護した当時の教会の復活理解に対してオリゲネスが批判的であったことは確かに事実であるが，しかし彼が復活を終末時における様態変化として捉える聖書伝承に基づき，復活信仰の意義をケルソスに対して擁護している聖書神学者としての側面を，チャドウィックは見逃している。オリゲネスは，肉体の復活

---

[72] 同上，第二巻 10 章 3，小高訳 182-183 頁

[73] H.Chadwick, "Origen, Celsus, and the Resurrection of the Body," *Harvard Theological Review* XLI, 1948, pp.83-102. 本書第 2 章 II.3 参照。チャドウィックは神の全能性に訴える議論を，ローマのクレメンス (27,2)，殉教者ユスティノス (『第一弁明』19)，アテナゴラス (『復活論』9)，エイレナイオス (『異端反駁』5.3.2-3)，テルトゥリアヌス (『肉体の復活について』57)，ペテロ黙示録のエチオピア語版に見出している。

[74] チャドウィック前掲論文，86 頁以下。

への信仰が当時の異教の知識人たちの嘲笑の的であった状況を省み，キリスト教の批判者たちにも受容されるように，当時の自然学的自然観に反しない仕方で復活論を弁証しようと試みたのであった。彼は聖書伝承に見られる黙示思想的復活理解を取り上げ，パウロに依拠して身体の連続性と差異性の緊張を保持した様態変化としての復活理解を提起したのである。ここには，彼が『ケルソス駁論』においてパウロの復活論をアリストテレスの変化の理論に基づいて解釈して，朽ちるものと朽ちないもの，死すべきものと不死なるものの間の連続性と差異性の緊張に充ちた関係を，同一の身体における「より善きものへの変化」とみなした定式と共通する議論が認められる[75]。

オリゲネスの復活論は，やや図式的な表現をとれば，復活前と後の身体の差異性を「脱ぐ」という動詞で表現したグノーシス派の「脱身体的変容論」とも，またこれに対抗して物質主義的レベルで身体の同一性に固着した正統的教会の肉体の復活の理解とも一線を画しており，パウロに依拠して復活前と後の身体の連続性を保ちつつも，同時に終末時における様態変化によってそれらの身体の間に差異性が認められることを強調する第三の立場である。3世紀のオリゲネスにいたって，初代教会は初めてパウロの復活論をグノーシス派の手から奪い返し，これを正面から取り上げるに至ったということである。

初期キリスト教の復活論は，迫害の過程で殉教者の遺体への関心が教会内部で高まると共に，対外的には復活後の身体性を否定して，復活前の身体との差異性を強調するグノーシス諸派との抗争の過程で，反仮現論的動機に基づいて形成されていったため，この世の身体との同一性を示唆する福音書の復活顕現伝承を独自の形で発展させ，パウロの復活理解を無視する結果となった。オリゲネスは，こうした論争的動機に支配された復活論を離れ，グノーシス主義の理解と切り離した仕方でパウロの復活論を正面から取り上げ，身体の連続性と差異性の緊張を保持した復活論を聖書伝承に基づいて主張したのであるが，正統的教会の多数派

---

[75] オリゲネスの復活理解におけるアリストテレスの変化の理論の影響について，オリゲネス『ケルソス駁論 II』出村みや子訳，の「解説――『ケルソス駁論』の争点としての「変化」の概念」283-298頁，および M.Demura, "The Resurrection of the Body and Soul in Origen's Contra Celsum, *Studia Patristica* IX/3,1991, pp. 375-381 を参照されたい。

の人々の復活理解に対する彼のあからさまな批判と相まって，この時代としては例外的な位置を占めることになり，十分にその神学的意義が理解されなかったと思われる。

6.『諸原理について』成立の経緯と反異端論争

次に，オリゲネスが『諸原理について』の中でマルキオンその他のグノーシス主義者の立場を意識した異端論駁を行っているにもかかわらず，このことがこれまでの研究のなかで見過ごされてきた原因を，本書の成立に関するこれまでの研究に基づいて考察したい。ルフィーヌスのラテン語訳による本書は，現在四巻からなる構成となっている。しかしそれは編集上の区分に過ぎないことが明らかになり[76]，それに伴って『諸原理について』の構成と内容をどのように理解するかが近年研究者にとって重要な問題となっていた。この書物の構成に関する問題に研究者の関心が集中するきっかけとなったのが，1941年にB. シュテイドレが発表した研究であり，本書は同じ順序で，神・理性的被造物・世界という三つの主題が三度繰り返される構成になっているゆえに，内容的には三部構成をとっているとみなすのである[77]。つまり本書は，第一部（序論—第二巻3章）でそれらの主題が概説的に論じられ，第二部（第二巻4章—第四巻3章）でそれらが発展的に論じられ，第三部（第四巻4章）はそれらの総括的なまとめとなっているのである。

次の問題は，本書がなぜこのような三部構成をとっているかということであるが，その思想的位置づけをめぐって研究者の間に理解の相違が見られる。シュテイドレは本書の構成を，オリゲネスがアレクサンドリアのカテケーシス学校で行っていた講義と関連づけたが，その後M. アルルとG. ドリワルなどのフランスの学者が彼の研究を発展させて「二重説明（double exposition）」の構成に修正した。これは『諸原理について』の構成を序論—第二巻3章に当たる最初の部分（シュテイドレの第一部）とそれに続く第二巻4章—第四巻3章までの部分（シュテイドレの第二部に当たる）の二部に分け，シュテイドレが第三部とみなした第四巻4

---

76) *Origène, Traité des Principes I*, pp. 236–243.

77) Basilius Steidle, "Neue Untersuchungen zu Origenes' Peri Archon," *ZNW* 40, 1941, pp. 236–243.

章を全体の「要約（Recapitulation）」とみなす説であり，こうした構成が4世紀のギリシア哲学の文学類型，特にサルスティウスとイアンブリコスの自然学に関する書物の構成を援用したものであるとみなす[78]。これは問題となっている主題をまず初歩的かつ根本的な段階で扱い，次に困難な問題に関してそれを深化させる段階で扱う ζητήματα という類型で，オリゲネスの著作活動を当時の哲学的著作における修辞学的類型から理解しようとする試みである。これは論述の重要性の比重を第二部の ζητήματα に置くと同時に，オリゲネスの著作の構成をヘレニズム哲学の論述構成との類比において理解することを意味する。

しかしこのような『諸原理について』の理解は，グノーシス主義を始めとするオリゲネスの論敵の問題を全く視野に入れておらず，オリゲネスの著述活動が教会の置かれた状況に応じてその都度必要とされた論争的意図をもって展開されていたという本書の結論とは一致しない。さらに今問題としているオリゲネスの聖書解釈の方法における首尾一貫性の欠如をどのように捉えるかという問題も解明されない。

その後，リウス・カンプが反マルキオン論争の視点から『諸原理について』を理解すべきことを主張した講演を行い，表題の「諸原理」とはマルキオンの「原理」を意識した論争的概念であるとみなして以来,『諸原理について』におけるオリゲネスの異端論駁の意図の重要性が認識されるようになった。編集者クルゼルとシモネッティが刊行した『諸原理について』の校訂本の序論において，以下のように指摘されている。

> 「『諸原理について』が対象とする主要な異端が,ヴァレンティノス・マルキオン・バシリデスの三つ組である。彼らは互いに二つの聖書と，それらに霊感を与える神に反対している。その結果オリゲネスは，それらの統一性と聖書に由来する聖書のアレゴリー解釈を主張したのだ。ヴァレンティノスに対しては，魂の三つの本性とその運命の厳格な決定論の教義が非難される。オリゲネスは自由意志と魂

---

[78] M.Harl, "Structure et cohérence de Peri Archon," *Origeniana,pp.* 11–32.; G.Dorival, "Remarques sur la forme du Peri Archon," *Origeniana* ,pp.33–45. なおこの説に見られる両書の対応関係を図で解説したものが，小高毅による邦訳『オリゲネス　諸原理について』創文社，1978年の「解説」に紹介されている。

の元来の平等性を主張することで反論する。旧約の創造の神は，マルキオンにとっては義ではあるが，善ではなく，断固として残忍で邪悪である。オリゲネスは彼のアレゴリー解釈を通じて，旧約の残忍な場面を説明し，また魂の先在に好ましい仮説を立てることによって，創造者の善性を救おうとしている」[79]。

しかし，それではなぜこれまで本書におけるマルキオン的グノーシス主義論争の視点が省みられなかったばかりか，むしろオリゲネスをグノーシス主義異端の祖とみなすような誤解が生じてきたのか。われわれはここで，チャールズ・カンネンギーサーがこれらの疑問に答えて提示した新たなこの書の理解に注目したい[80]。

『諸原理について』は元来，序文と三一論の理解についての体系的叙述（I,1-II,3），要約からなる体系的著作として成立しており，三一論の理解についての体系的叙述を展開することを通じて，ロゴス的諸存在に関するプラトンの教説に取って代わることを目指す意図のもとで構想されたと考えられる。本書の『諸原理について』という表題も，当時の中期プラトン主義の諸原理に対抗して，父なる神と子なるキリストと聖霊の三位一体をキリスト教神学の「諸原理」に据えるという意図で付加されたものである（従ってこの本来的部分をカンネンギーサーは1992年の英語の論文では De Principiis proper と，さらに 1995 年に発表されたフランス語の論文では Peri Archon proprement dit と呼んでいる。本書では「『諸原理について』の本来的部分」と呼ぶ）。その後に教会の会衆の必要に応じてしてマルキオンに対する批判や教理的な問題に関する自由な議論，正しい聖書解釈を扱うホミリア的な部分が概念的統一性や文学的統一性を欠いた形で付加されていき，それが本書の第二巻4章から第四巻3章までの部分に拡大され，それに応じて序文にも拡張がなされた。「『諸原理について』の本来的部分」と全体の要約になるはずの「要約」部分に，異端問題に関する言及が見られないのも，本書がこうした複合的な成立の段階を経ているためである。

---

79) *Origène, Traité Des Principes Tome I, SC*, pp. 36-37.
80) Charles Kannengiesser, "Origen, Systematician in De Principiis", in *Origeniana Quinta*, 1992, pp. 395-405.

第3章 オリゲネスと初期キリスト教の復活理解 163

　以上の考察の結果明らかになったのは，グノーシス主義諸派がしばしばパウロを引用していたために，2, 3世紀の護教論者たちはパウロの復活理解よりは，福音書に見られる反仮現論的復活理解（肉体の復活）を教義として発展させたが，オリゲネスはパウロ書簡のみならず，旧約聖書や福音書の記述にも見られる復活理解（終末論的様態変化）を聖書引用の形で示したために，彼の聖書解釈に見られるパウロ主義は当時の教会としては例外的な位置を占めたことである。オリゲネス神学の評価を巡る問題は当時のパウロ受容の問題と複雑に関係しており，さらに彼が教会内の「単純な」復活の理解を批判したことも，後にオリゲネス批判を呼び起こしたと推測される。

第 4 章
オリゲネスの復活理解と
反グノーシス主義論争

―――――――

　前章では主としてオリゲネスの復活理解におけるパウロ書簡の問題に焦点を当てて扱ったのに続き，本章ではオリゲネスが福音書に記述されたイエスの復活に関する伝承の箇所をどのように解釈しているかを中心として考察したい。復活の問題に関しては，当時の教会の多数派の間で論争的意図に基づく一連の物質主義的な聖書解釈が進展してゆく一方で，オリゲネスはパウロ書簡だけでなく，福音書におけるイエスの復活のテクストからも出発した独自の聖書解釈を行っている。そのことを示すために，次にキリスト教を批判したプラトン主義哲学者ケルソスの書『真正な教え』のうちでも，福音書の復活・顕現物語を批判した箇所を詳細に反駁している『ケルソス駁論』第二巻 61-66 を取り上げ，オリゲネスにおける福音書の復活の記事の解釈の特徴を明らかにすると共に，そこに認められる反グノーシス主義論争の意図について考察したい。

1. 復活・顕現伝承理解と霊的解釈法（アナゴーゲー）

　オリゲネスは『ケルソス駁論』第二巻 61 以下で論争相手ケルソスとの間で福音書の復活・顕現記事の解釈をめぐって論争を展開しているが，この研究との関連で注目されるのが，ここでもオリゲネスはケルソスに対して直接反論を展開するというよりも，むしろ「信仰の弱い」読者の存在を視野に入れて聖書解釈を展開していることである。オリゲネスはケルソスの批判に答える形で仮現論の問題を取り上げながら，ケルソスがキリスト教の教えの批判に用いた資料について検討しつつ，仮現論的

復活理解を視野に入れた議論を展開していることに着目しながら考察したい[1]。

この箇所は，本書の第 2 章で扱った『ケルソス駁論』第二巻 55 の後半に扱われた福音書の復活顕現の記事に続くもので，そこでは復活のイエスに出会った女性についての福音書の記述を批判したケルソスの言葉が引用されていた。すなわちケルソスは，復活したイエスを見た証人として福音書が記している女性はヒステリーを病んでおり，それ以外の証人がいるとしても「同じ魔術によって欺かれた者であろう」と述べている。そして彼は，「こうしたことはすでに非常に多数の人々に起こっており，これは，誰かが何らかの精神状態で夢を見たとか，自分の願望にかなった誤った臆見のために幻覚が生じたとか，あるいはむしろ他の人々をこのような驚異的な話によって驚かせ，このような作り話を通じて他の乞食に手だてを与えようと望んでいるといった類のことなのだ」と激しい批判を行っているのである。

イエスの復活が夢や幻覚にすぎなかったという見解は，古代のみならず今日に至るまで絶えず提示されてきた疑惑であり，ケルソスもまた，処刑されて死んだイエスが蘇ったという証言を，夢や幻覚に基づく無意識的な精神作用の産物であるにせよ，意図的な虚構であるにせよ，いずれにしても事実に基づかない作り事としか考えなかったのである。

オリゲネスは復活の証人の証言について，ここではマグダラのマリアと思われる女性の証言の信憑性について聖書の記述を検討すると共に，読者が聖書テクストに基づいてケルソスの批判の妥当性を判断するように促すような記述を行っている。

CCels. II,61「まさに夢が現れたと信じることは不合理ではないが，完全に常軌を逸しているのでもなく，精神が錯乱しているのでも，憂鬱症にかかっているのでもない人々に白昼夢が生じたという主張は，説得力を欠いている。更にこれを見越してケルソスは，かの女

---

1) テクストは *Origène Contre Celse.Tome I(Livres I et II)*, par M. Borret,SC, Paris, 1967 によっており，ここでの引用はオリゲネス『ケルソス駁論 II』出村みや子訳，教文館，1987 年による。なお『ケルソス駁論』およびケルソスについて，拙訳の「解説」189 頁以下を参照されたい。

第 4 章　オリゲネスの復活理解と反グノーシス主義論争　　　　167

性がヒステリーを病んでいたと語った。だがこのことは，彼が批判
をする際に情報を得ている聖書の記事には見当たらないのである」。

　これによってオリゲネスは，ケルソスの批判が聖書的根拠のない捏造
にすぎないことを読者に対して明らかに示そうとしたのである。
　これに続く『ケルソス駁論』第二巻61には，ヨハネ福音書に収録さ
れた「疑うトマス」の記事がオリゲネスによって引用されている。ここ
では仮現論的復活理解が問題となっているが，これはケルソスの『真正
な教え』から直接引用された言葉に対する批判ではない。むしろ復活の
証人の証言の信憑性を疑問視するケルソスの批判を効果的に反駁するた
めに，オリゲネスが構成したものである。オリゲネスはこの記事を導入
する際に，まず「それゆえケルソスは，イエスが死後，十字架上の傷で
あるかのような幻想をもたらしたのであって，彼は真に傷を受けたの
ではなかったと考えているのであるが，他方福音書が教えているのは
――その一部をケルソスは批判のために好んで信じているが，他の部
分は信じていない――，弟子たちのひとりで，奇跡を不可能だと思っ
ている不信仰な者にイエスが勧告したことである」と述べているが，こ
れはケルソスの言葉を直接引用したものではなく，ケルソスの考えの推
測となっている。それは次にヨハネ福音書の「疑うトマス」の記事を導
入するためであった。従ってオリゲネスはイエスの十字架の証人の信憑
性を疑問視するケルソスの発言に，イエスは十字架上で死んだように見
えただけだというグノーシス主義の仮現論と共通する観念を認め，読者
に対してこれらの復活理解が共に誤りであることを聖書の記述から裏付
けようとしたのである。その際ここでもケルソスの批判には福音書の恣
意的な引用の問題があることが指摘されていることは重要である。続い
て聖書引用によるオリゲネスの反論がなされる。

　　CCels.II,61「なぜなら彼〔トマス〕は，イエスを見たと主張する女
　性に対して，死者の魂が見られることは不可能ではないゆえに同意
　しながらも，彼が堅固な身体で甦ったことを真実であるとはもはや
　認めなかったのであるから。そこで彼は，一方では「わたしは見な
　ければ信じまい」と言い，他方で「わたしは自分の手を釘跡に差し

入れてみなければ信じまい」(ヨハネ 20: 25) と言ったのだ。これらのことは，次のように判断していたトマスによって語られたことである。すなわち感覚の目にとって，魂の身体は以前の形姿（エイドス）と何もかも，「身の丈といい，麗しいまなざしといい，声までそっくりそのままで」現れ，そしてしばしば「肌にはそのままの衣をまとっている」。そこでイエスは，トマスに勧告して言ったのだ。「あなたの指をここに伸ばし，わたしの手を見なさい。あなたの手を伸ばしてわたしの脇に差し入れなさい。信じない者にならないで，信じる者になりなさい」(ヨハネ 20: 27)。」

ここでオリゲネスはイエスの復活の際に，「堅固な身体で甦ったことを真実であるとはもはや認めなかった」トマスの記事を引用しながら，ケルソスの批判にも共通するとオリゲネスが判断した仮現論的復活理解に対する反論を行っており，その限りでは当時の正統的教会がとった一連の議論と同様の主張を行っているように思われる。しかしこれに続く記述を読むと，オリゲネスが「疑うトマス」の記事を必ずしも物質主義的復活理解の論拠とするのではなく，むしろヨハネ福音書の意図に沿って「見ないで信じる」ことへの奨励に用いていることがわかる。
　このことを示す重要な手掛かりが後続する同書第二巻 62 において，ヨハネ福音書の引用に，ルカ福音書のエマオの記事からの引用が結び付けられる形で，オリゲネスによる反論が構成されていることである。

　　CCels.II,62「そして，すべてに優ったこの奇跡が生じたことは，彼について預言されていたすべての事柄と——それらの中にはこの奇跡も含まれていた——，彼によってなされた事柄やその結果に適合していた。なぜなら預言者において，イエスの代弁者 (πρόσωπον) を通じてあらかじめこのように語られていたからである。「私の肉体は希望の上に宿るでしょう。あなたはわたしの魂を黄泉の中に捨ておかれず，あなたの聖者が滅びを見るのを許されないでしょう」(詩編 15: 9–10〔16: 9–10〕)。とすれば，彼はあの甦りの間，まさに受難前の身体の固体性と，この同じ身体から裸となって現れる魂との境界線上にあったのである。それだから，彼の弟子

第4章　オリゲネスの復活理解と反グノーシス主義論争

たちが同じ所に「共にいたとき、戸はすでに閉じられていたのに、イエスが入ってきて、その真ん中に立って『安かれ』と言った。それから彼はトマスに『あなたの指をここに伸ばしなさい』と言った」（ヨハ 20: 26-27）。

またルカによる福音書においてシモンとクレオパがお互いにすべての出来事について語り合っていると、イエスが彼らの傍らに立って「彼らと一緒に歩いて行った。そして彼らの方はその目がさえぎられて彼を認めることができなかった。だがイエスは彼らに言った。歩きながら互いに意見を交わし合っているその話は何のことか」。そして、「彼らの目が開かれて彼を認めた」その時に、聖書はこのような表現で語っている。「すると彼は彼らから見えなくなった」（ルカ 24: 14-17, 31）。それゆえケルソスがイエスについて、復活後にイエスを見た人々についての記述を、幻覚や幻想を見た他の人々と同じであるとみなそうとしても、公正に思慮を持って調べる人々にはこれらの事が一層奇跡的であることが明らかとなろう」。

以上の記述から、オリゲネスは仮現論的見解に対抗するために物質主義的復活理解の典拠を福音書から引き出す従来の正統的教会の方法をとらずに、むしろイエスの復活の身体の「奇跡性」を示す聖書の記事に着目して反論を展開していることがわかる。このオリゲネスの記述において注目されるのは、『諸原理について』に見られたパウロ解釈の場合と同様、福音書におけるイエスの復活・顕現解釈においても、当時の正統的教会の立場とグノーシス主義的仮現論の立場をともに退けるような立場をとっていることで、その際にオリゲネスはその聖書的典拠をヨハネ福音書の復活・顕現物語とルカ福音書の「エマオ途上での顕現」のテクストから引き出しているのが確認されることである。つまりオリゲネスによるイエスの復活の身体の記述は、復活の身体を「受難前の身体の固体性」と同一であると主張する正統的教会の立場と、「この同じ身体から裸となって現れる魂」と表現されるようなグノーシス主義の脱身体的復活理解を意識した上で、これらの立場をともに退けるために、それらの「境界線上にあった」という特異な表現が選ばれたと推定される。

こうした復活の理解は、ヨハネ福音書 20: 11-18 のマグダラのマリア

への顕現の記事からも裏付けられるだろう。なぜなら福音書記者ヨハネは，復活のイエスの顕現に接して思わずイエスに触れようとしたマリアに対して，イエスは「わたしにすがりつくのはよしなさい。まだ父のもとへ上っていないのだから。」と語ったとの記述を行っているからである。従ってイエスの身体の状態を両者の「境界線上に」位置づける表現は，そのまま文字どおりに受け取られるべきではなく，聖書の霊的理解へと読者の目を向けさせるものである。こうした彼の聖書理解は，第1章で論じた聖書解釈の方法の転義的解釈（トロポロギア）にも見られるように，聖書に隠された意味を他の聖書箇所に基づいて探求するもので，後に霊的解釈（アナゴーゲー）として中世における聖書の四つの解釈方法として知られるようになった[2]。オリゲネスは『ヨハネ福音書注解』第一巻1章の終りでヨハネ黙示録14: 1の「14万4千人」の数には霊的な意味（アナゴーゲー）があることを示しており，同書第十巻3章10では四つの福音書に記述の相違があることから，これらが真理を語るものではないと考えている人々について反論がなされる際に，これらの人々が「四つの福音書を受け入れているものの，そうした表面上の記述の相違が霊的解釈によって解決されないと考えている人々（τὴν δοκοῦσαν διαφωνίαν οἰόμενοι μὴ λύεσθαι διὰ τῆς ἀναγωγῆς)」と呼ばれている。ランペの『ギリシア教父辞典』では，オリゲネスの ἀναγωγή の用法を，イスラエルの二通りの解釈について論じた『諸原理について』第四巻3章6と結び付けており[3]，ここでオリゲネスはパウロに依拠しつつ，聖書の霊的解釈について次のように説明している。

「このようにして，使徒〔パウロ〕はわれわれの理解を高めようとして（ὑψῶν τὸ διανοητικὸν ἡμῶν)，次のように言っている。「肉によるイスラエルを見よ」（Ⅰコリ10: 18）と。彼はこの言葉によって明らかに，別のイスラエルが存在することを示している。この別

---

2) ギリシア語の ἀναγωγή は上へ導くことを意味し，オリゲネスはこれを聖書の字義的解釈に対する霊的解釈の意味で用いている。これについて詳しくは，J.A.McGuckin(ed.),*The Westminster Handbook to Origen*,London, 2004, pp. 50–51 の Anagogical Interpretation の項目を参照。

3) G.W.H.Lampe (ed.), *A Patristic Greek Lexicon,* Oxford, p.100,B.2 を参照。オリゲネスの聖書解釈方法におけるパウロの影響について，本書の第1章Ⅱ.4を参照。

第4章　オリゲネスの復活理解と反グノーシス主義論争　　171

のイスラエルとは、肉によるものではなく、霊によるイスラエルである」。

　ゆえにオリゲネスの霊的解釈法（アナゴーゲー）は聖書テクストを無視した恣意的な解釈方法ではなく、その起源において聖書学的関心から出発しており、ヨハネ福音書やパウロの範例に依拠した聖書解釈法であることがわかる。オリゲネスは復活の霊的理解についても、ヨハネとルカ福音書の復活に関する記事を典拠として、正統的教会の物質主義的立場とも、グノーシス主義の脱身体的解釈の立場とも一線を画す聖書の霊的な復活理解を、パウロに基づいて提示しているとみなすことができるだろう。

　さらに、当時の正統的教会の復活理解の重要な論拠となったルカ福音書 24: 36-43 の顕現伝承についてのオリゲネスの扱いを見れば、この箇所についてのオリゲネスの言及は極度に少ない。実際に引用箇所とみなされる『ケルソス駁論』の第二巻 55 と 59、および第七巻 35 は、オリゲネス自身の記述ではなく、論争相手のケルソスの言葉に該当するものである[4]。従ってオリゲネスは、他の正統的教会の神学者たちが好んで用いた、復活のイエスの身体を物質主義的に解釈する道を開くこのルカの箇所を、意図的に解釈の対象外としたように見える。むしろオリゲネスが好んで引用しているのが、エマオ途上での顕現についてのルカ 24: 13 以下であった。オリゲネスは、彼らの心の目が開かれて彼を認めた瞬間、イエスの姿が肉眼では見えなくなったという点に読者の注意を促し、読者自身もまた心の目を開いて聖書の霊的意味を理解するように促している。従ってこれも読者を聖書の霊的理解へと導くアナゴーゲー的解釈であると言えよう。オリゲネスは本書において仮現論的理解を反駁するために、復活のイエスの肉体的出現を示す道ではなく、復活のイエスの顕現の奇跡性を示す解釈学的方法をとっている。その背後には「エピノイア論」というオリゲネスに独自の神学的理解が認められる。

---

　4)　*Biblia Patristica (Index des citations et allusions biblique dans la litterature patristique), III (Origène),* Paris, 1980.

2.「エピノイア論」

　オリゲネスに独自の復活理解の背後には，彼の「エピノイア（ἐπίνοια）論」という聖書理解が前提されているが，この教説の特徴は，聖書におけるイエスの復活顕現の奇跡的性格をいかに解釈するかということにある。これは『ケルソス駁論』において，イエスが真に神的力を示そうとしたなら，彼に敵対する人々すべてにも現れたはずだという，ケルソスの批判に対する応答として導入され，イエスが「以前とは異なった仕方で現れた」こと，とりわけ復活以前の万人に対する現れと，復活後に限られた弟子たちに対する顕現が異なっていた点を強調していることを特徴とする。オリゲネスはこのような復活顕現理解を示すために，使徒言行録 1: 3 の復活・顕現の記事を引用した後，ヨハ 20: 26 のイエスの奇跡的出現の記事，および I コリ 15: 3, 5-8 の顕現リストを対比的に引用しつつ，次のように述べている。

　　CCels.II,63「その後ケルソスは，無視できない仕方で〔聖書の〕記述を誹謗し，「もしもイエスが真に神的力を示そうと望んでいたならば，彼は彼を侮辱した人々や裁いた者，そして万人に現れたはずだ」と主張している。なぜなら福音書によれば，実際に彼が復活後にわたしたちに現れた仕方は，かつて公に万人の前に現れたのとは異なるからである。使徒言行録には，「彼は四十日にわたって」弟子たちに「現れ，神の国について」宣べた，と書かれている（使 1: 3）。また他方で福音書では，彼はずっと彼らと共にいたというのではなく，あるとき彼は八日の後に「戸がみな閉じられていたのに」彼らの真ん中に現れ，また別のときにも彼は同様の仕方で現れたとある（ヨハ 20: 19,26）。さらにパウロはコリント人への第一の手紙の終わりのところで，彼〔イエス〕が受難以前の時と同様の仕方で公に現れたのではないことを，こう記している。「わたしが最も大事なこととしてあなたがたに伝えたのは，わたしたちもまた受けたことであった。すなわちキリストが聖書に書いてある通り，わたしたちの罪のために死に」，そして甦ったこと，「そしてケファに現れ，次に十二人に現れたことである。それから五百人以上の兄弟たちに同時に現れた。その中にはすでに眠りについた者たちもいるが，大多数

第4章　オリゲネスの復活理解と反グノーシス主義論争　　173

はいまなお生存している。そののちヤコブに現れ，次にすべての使徒たちに現れた。そして最後に，いわば月足らずに生まれたようなわたしにも現れたのである」（I コリ 15: 3, 5-8）」。

　ここでまず注目されるのが，ケルソスの批判に対するオリゲネスの一連の反論が，使徒言行録とヨハネ福音書からの引用の後，パウロのテクスト，特に「復活顕現伝承」によって締めくくられていることであり，ここにもオリゲネスの「パウロ主義」の傾向を見出すことができる。ここでオリゲネスの議論の構成を概観すれば，オリゲネスはまず使徒言行録 1: 3 の顕現記事を引用することによって，それが弟子たちに対する顕現であったことを示し，次に「実際に彼が復活後にわたしたちに現れた仕方は，かつて公に万人の前に現れたのとは異なる」ことを示す福音書の例としてヨハネ福音書から，イエスが弟子たちに奇跡的な仕方で顕現したことを示す記述を引用し，次いでこれを裏付けるためにパウロが伝えた「復活顕現伝承」に基づいて，イエスがケファ（ペトロ）を筆頭に，弟子たちに順次顕現したことを示す証言を提示している。万人に現れることでイエスはその奇跡性を示すべきだったとみなすケルソスの批判に反論するために，オリゲネスはイエスの顕現に関する新約聖書の主要な証言を引用しているのであり，これによって彼は復活顕現の出来事が万人に確認されるような物質的レベルで理解されるべきではないことを読者に対して提示しているのである。

　オリゲネスはさらにこれを補強するために，第二巻 64 で「エピノイア論」と呼ばれる教説を展開している。この教説はヨハネ福音書に記された「私は……である（ἐγὼ εἰμί）」の表現によって導入されるイエスの自己啓示の定式が，共観福音書の山上の変貌の記事と結合されることにより，解釈学的構成の結果として生み出されたものである。ἐπίνοιαの原義は，見る者が見る対象「に関して（ἐπί）」抱く思いのことであるから，直訳するならば，イエスの顕現に接した人々の意識の中に結ばれる「表象」ないし，復活者に関して各人の抱く「観念」といった訳語にほぼ相当すると思われる。この語はナグ・ハマディ文書においてはグノーシス神話に登場する女性的啓示者の呼称として用いられているが[5]，オリゲネスはこれとは全く無関係に，聖書に見られるキリスト論的称号の

用法に限定している。ロナルド・ハイネはオリゲネスにおけるキリストのエピノイアの用法について，この教説は，キリストに適用される旧・新約聖書に見られる多くの多様な称号から構成され，「「キリストの諸相 (aspects of Christ)」とも「キリストについての諸観念 (concepts of Christ)」とも訳し得るギリシア語の表現で，キリストがその職務を遂行する間に被造界の秩序と関わるためにとった多くの形姿に言及するもの」と述べている[6]。つまりオリゲネスは，イエスの復活顕現が復活者に接した者が抱く主観的思いと無関係に存在する何らかの客観的出来事ではなく，あくまでも聖書信仰の枠組みの中で，キリストに接する者の信仰的表現であることを前提しているのである。そのためにオリゲネスは，復活者に関して各人が抱くエピノイアは，聖書においてその信仰理解に応じて様々な表象で表現されているとみなす。オリゲネスは次のように「エピノイア論」を提示している。

> CCels.II,64「イエスは一なる存在であったが，エピノイアにおいて多であった。また彼は，彼を見るすべての人によって同じように見られたわけではなかった。エピノイアにおいて多であったことは，「わたしは道であり，真理であり，生命である」という言葉や，「わたしはパンである」，「わたしは門である」（ヨハ 14: 6, 6: 35, 10: 9）等々多くの言葉から明らかである。また彼が彼を見る人々に同じ仕方で現れたのではなく，見る人々の能力に従って現れたことは，次の点に注目する人々には明らかである。すなわち彼は，山の頂で変貌せんとしていたとき，どうして使徒たちのすべてではなくペテロとヤコブ，ヨハネだけを伴ったのか，彼らだけがどうしてそのとき彼の栄光を見る力があり，栄光のうちにモーセとエリヤが出現した光景をつぶさに見，彼らの語らいや天の雲間からの声を聞くことができる者とされたのかということを」。

---

5) 岩波書店刊行の『ナグ・ハマディ文書』各巻の巻末に付された「補注 用語解説」の中の「エピノイア」の項を参照。『ヨハネのアポクリュフォン』§66ではプレーローマからアダムに啓示をもたらす女性啓示者を，『三体のプローテンノイア』ではプローテンノイアによって生かされている存在を指す（XIII,35,13）と共に，ヤルダバオートの母を指す（XIII,39,18以下 ,33以下）。

6) McGuckin (ed.), *The Westminster Handbook to Origen*, pp. 93-95.

第4章　オリゲネスの復活理解と反グノーシス主義論争

このように「エピノイア論」は，ロゴスなるキリストが人々の能力に合わせて顕現したというオリゲネスに独自の聖書解釈であり[7]，福音書の「山上の変貌」の記事の解釈と結合されてイエスの顕現形態の神秘性を指摘する文脈で用いられている[8]。この動機は解釈学的意図に基づいて構築されており，オリゲネスは聖書神学者として旧・新約聖書に記述された復活者に関する様々な信仰告白的記述が帰着する統一的焦点を「エピノイア」の観念に集約させたのである。これは極めて解釈学的な視点であり，旧約聖書の神性顕現伝承に依拠して，「顕現者とこれを受けるものの人格的出会いの次元」[9]を示唆する意図に基づいて導入されたものであると考えられる。これも先に示したアナゴーゲー（ἀναγωγή）と呼ばれる聖書の霊的解釈へと発展する聖書解釈の方法の一つの帰結でもある。オリゲネスがこの教説を，キリスト仮現論を主張するためでなく，聖書に見られる様々なキリスト論的表象を「見る者の能力に応じた霊的ビジョン」という解釈学的，救済論的枠組みの中に位置づけていることに注目する必要がある。なぜなら，後述するように，こうした「イエスの形姿の可変性」に関する動機はグノーシス主義文書にも見られることから，仮現論の嫌疑や彼がイエスの身体的リアリティを軽視したとの批判を招いてきたからである。

実際に外典文書を見れば，『ヨハネ行伝』89-93 には，「そしてしばしば彼は私には小さな醜い男として現れ，ある時には天まで届く人物として現れた」という仮現論的記述があり，ここでは聖書テクストから離れて，イエスが「天まで届いた」という表現の実例として山上の変貌の記事が提示されている。次に『ペトロ行伝』であるが，この文書はそれに先立つ『ヨハネ行伝』に依拠しており，この行伝もイエスの変貌および彼が栄光の形姿をまとったことを，苦難の僕に関するイザヤ書の預言と関連づけて扱っているからである。しかしオリゲネスは受難前のイエス

---

[7]　エピノイア論について，H. Crouzel, *Origen ―The Life and Thought of the First Great Theologian*, New York, 1989, pp.92-98（仏語版原著 pp.130-137），および出村みや子「オリゲネスの歴史観とアレクサンドリアの知恵神学」，『荒井献先生還暦・退職記念献呈論文集』教文館，1991 年，315-339 頁参照．

[8]　「山上の変貌」の記事の解釈史を扱った研究として，J. A. マクガッキンの *The Transfiguration of Christ in Scripture and Tradition*, New York, 1986 を参照．

[9]　山内眞『復活　その伝承と解釈の可能性』日本基督教団出版局，1979 年，69 頁．

の出現と受難後の復活・顕現の記述を区別し，パウロに依拠して福音書の復活・顕現の記事を旧約聖書の神性顕現の枠組みにおいて捉えることにより，この問題を締めくくっている。

CCels.II, 66「すでにイエスを信じている群衆が皆，彼の復活を見てはいないとしても，驚かないでいただきたい。というのもパウロは，〔イエスのエピノイアの〕多様さを受け入れる能力のない者としてのコリント人に手紙を書いた際に，「だがわたしはイエス・キリスト，しかも十字架に付けられたこのかた以外のことはあなたがたの間では何も知るまいと決心した」（Iコリ2: 2）と主張しているのだから。また，「それはあなたがたには，まだその力がなかったからである。だが今になってもその力はない。あなたがたはまだ肉の人だからである」（Iコリ3: 2-3）という言葉も同様である。そうしたわけで，神の決定に従って万物を造ったロゴスは，イエスに関してこう記録している。すなわちイエスは，受難の以前には端的に多数の人々に現れたが，これは常にそうであったわけではない。受難の後にはもはや同様の仕方で顕現したのではなく，各人にふさわしいものを測り与えるある種の決定によって顕現したのだ。ちょうど「神はアブラハムに現れた」（創世記12: 7, 48: 3）とか，聖なる人々のうちのある人々に〔現れた〕と記録されているが，「現れた」というのはいつも起こるのではなく，時折であり，またすべての人々に神が現れたのではないのと同様に，わたしの考えでは神が彼らに現れたのと同様の決定により，神の子もまた弟子たちに現れたのである」。

すでに本書の第3章I. 2にも述べたように，ここでオリゲネスが「現れた（ὤφθη）」という用語をキーワードとして一連の聖書解釈を締めくくり，イエスの復活の出来事を，旧約聖書以来の神性顕現伝承の枠組みの中に位置づけようとしていることは重要である。ὤφθηは旧約聖書においては「神の自己顕現」に対して用いられる重要な表現であり，新約聖書においてはIコリ15章の復活・顕現伝承，ルカ24: 34のペトロへの顕現，使13: 31, 9: 17, 26: 16などの顕現の記述に見られる。オリゲネスは，こうした「人格的出会いの次元」を示すὤφθηの用法が，

第4章　オリゲネスの復活理解と反グノーシス主義論争　　177

七十人訳の神の自己顕現の記事と福音書の顕現伝承，パウロ書簡に共通に見られることに着目して，一連の復活解釈を提示すると共に，ケルソスに関する論争をこのように締めくくっているのである。

　これによってオリゲネスは，復活後のイエスの顕現を誰の目にも検証できるような客観的な出来事としてよりも，神的存在と宗教的人間との間で生じる特殊な宗教的出会いの経験として理解する立場を明確に示している。このようなオリゲネスによる復活・顕現の霊的理解は，最近の聖書学の知見によれば，必ずしも退けられるべきものではないことが，先に言及したルカ福音書の最近の解釈から裏付けられる。三好迪はルカ24: 36-49 の復活者の顕現記事について，従来の物質主義的解釈に代わる新たな理解を提起して，次のように述べている。

> 「復活者の出現（36-43 節）とその解釈としての復活者の言葉（44-49 節）は互いに関連のある統一体である。出現だけを切り離して解釈しても，言葉だけを独立させて説明しても不充分に終わる。多くの注解者は，これを分離させて，出現（36-43 節）はイエスの復活体の物体性を証明するためのものという。だから，イエスが手足を見せて示しても，弟子たちは《まだ信じられず》（41 節）いるので，彼は焼き魚を彼らの前で食べて，体をもっていることを証明した，などと解説する。しかし，イエスが焼き魚を食べたら彼らは信じた，ともルカは記していない。弟子たちの目（心の目）が開くのは，45節に至ってからであり，それも復活者自らが彼らの目を開く。そこでは復活者は聖書の説明をする」。(386 頁)

さらに 36 節についても三好は，「これは十字架上にかけられたイエスとの同一性の主張である。しかし復活者が手足を示すことから，復活体の性質は，彼らの日常に経験している自分たちの体と同質のものであるという主張はしていない。「私はあなたがたの手足と同じような手足と骨肉をもっている」とは記されていないのである。ここではかつてのイエスと同一人であるという主張だけがなされているのである」と指摘している[10]。

　従って教会史において主流となってゆく復活の理解は，これまで見て

きたように正統的教会の反仮現論論争の影響を色濃く反映したものであったが，オリゲネスはこれに対して福音書の復活・顕現伝承の霊的解釈（アナゴーゲー）や，旧・新約聖書に見られる神性顕現に関する伝承の系譜を主張したと考えられる。その際にオリゲネスも反仮現論的視点から一連のケルソスに対する論争を展開しているが，彼は正統的教会の物質主義的解釈とは一線を画して，福音書に記された復活・顕現物語を旧約以来の神性顕現の視点から解釈しようとしているのである。これは復活を，信仰を媒介した復活者と信仰者の出会いの次元で捉えるパウロ的理解であり，現代ではエマニュエル・レヴィナスが「相互主観性（l'intersubjectivité）」と呼んだ関係と底通する面をもつように思われる[11]。

3. オリゲネスとアレクサンドリアの聖書伝承

こうした「イエスの形姿の可変性」に関する動機はしかし，先に見たようにグノーシス主義文書にも見られることから，オリゲネスに対しては仮現論的嫌疑が生じ，彼がイエスの身体的リアリティを軽視したとの批判を招いてきたことは事実である。それでは，オリゲネスがケルソスとの論争の際に，『ヨハネ行伝』や『ペトロ行伝』などのグノーシス主義文書にも見られるような「イエスの形姿の多様性」の動機を採用している問題をどのように考えるべきだろうか。この問題についてマクガッキンは，キリストの可変性，多様な形姿についての叙述が，オリゲネス以前のアレクサンドリア教会の中で確立していた「伝承」であったことを文献的に詳しく辿っている。そこで「イエスの形姿の可変性」に関する動機について，グノーシス主義文書と関連する箇所に関するマクガッキンの研究を参照しつつ検討したい。

イエスの形姿の可変性の伝承　　マクガッキンによれば，オリゲネス

---

10) 『新共同訳　新約聖書注解 I』日本基督教団出版局，1991年，388頁。
11) エマニュエル・レヴィナス『外の主体』合田正人訳，みすず書房，1997年。レヴィナスの「相互主観性」の観点は，アウグスティヌス研究者の加藤武立教大学名誉教授から示唆をいただいた。なお158頁以下に収録された「間主観性について——メルロ＝ポンティ覚え書き」における l'intersubjectivité の概念を，ここでは「相互主観性」と訳し変えた。

第4章 オリゲネスの復活理解と反グノーシス主義論争　179

における仮現論的グノーシス主義の傾向，あるいは彼が受肉という人間的リアリティに最小限の重要性しか付与しなかった明瞭な証拠とみなされてきたのが，イエスの「形姿の変化」に関するオリゲネスの教説であり，それは彼の著作の5箇所に見られる[12]。オリゲネスにおけるイエスの地上における顕現形態の可変性の教説には，ロゴスの「表象（ἐπίνοια）」が，その神としての本性において可変的であることが何らか反映されている。『ケルソス駁論』第二巻64の冒頭では最初に聖書に基づくイエスのエピノイアが列挙され，次に地上における「神的経綸（οἰκονομία）」におけるその実例として山上での変貌に言及され，二つの教説の結合が見られる。「イエスは唯一の人間であったが，それにもかかわらず彼は，評価される際に多様な視点に従って評価されたゆえに，多であった」（πλείονα τε ἐπίνοιᾳ ἕν）。

マクガッキンによれば，オリゲネスの様々な箇所に提示されているイエスの顕現における多様性の証言は，以下の聖書的典拠に基づいて構成されている。

> イザヤ書「人々によって彼の形姿と栄光は卑しいものとされた」（LXX Is 52:14; また イザヤ書 53: 2）。
> 詩編「あなたは人の子にまさって優美で美しい」（LXX Ps 44: 3. cf.*CCels*. VI,75; また ナジアンゾスのグレゴリオス *Orat* 29,19）。
> ユダが最後の晩餐の部屋を去った瞬間に，イエスは「栄光化された」と弟子たちに語った（ヨハ 13: 31-32, *ComJn* 32,17）。
> 「彼の名声はその地域一帯に広まっていた」のに，ゲッセマネの園でキリストを指し示す際には特別な合図が祭司長に送られねばならなかった（*SerMt* 100）。
> 「私は日々神殿に座って教えていたのに，あなた方は私に気づかなかった」（マタ 26: 55, *CCels*.II,64）。
> さらに山上の変貌の記述の古典的箇所。

---

12) *ComMt* 12,36-38; *SerMt* 100; *ComJn* 32,17; *HomGn1* 7; *CCels.* 2,64-65; 4.16; 6,68; 6:75-77; *Philocalia* 15,9,84-86. J.A.McGuckin, "The Changing Forms of Jesus According to Origen", in *Origeniana Quarta*, Innsbrucker Theologischen Studies, Board 19, 1986, pp. 215-222.

マクガッキンは，形姿の変化のこうした視点を擁護するために，オリゲネスが復活の伝承を暗示することは決してないことに着目し，ここで優位を占める神学的考察には解釈学的，救済論的関心が見られることを強調している。彼の研究で注目すべきは，オリゲネスがイエスの多様な形姿での出現に関してマタイ福音書説教 (SerMt100) で暗示した伝承は，明らかに彼の時代までにキリスト教会の内部で確立していた伝承であったとの指摘をしていることである。

この伝承がグノーシス主義陣営に見られる最初の例が『ヨハネ行伝』であるが，この伝承は『ヨハネ行伝』89-93 において極端な形態をとり，身体的仮現論の表現となっている。テクスト 89 には主の多様な形姿での出現に弟子たちが困惑する場面が，「彼はふたたび頭髪の薄い，しかし，髭の豊かなあごを備えた人として顕われたが，他方ヤコブには産毛が生え初めたばかりの青年として顕われた」，また「彼はしばしば，体軀の小さな，風采の悪い人の姿で顕われたが，すぐまた，今度は天を見上げる（大男の？）かたとして顕われた」[13]と表現され，イエスの可変性は著者によって明らかにキリスト論の特殊表現とされている。さらにテクスト 90 には，イエスが三人の弟子を山に連れて行った際に，そこで人間の言葉では到底表現できない光を見，「その頭は天にまで伸びている」と語られており，ここに山上の変貌の記事が暗示されている。これについてもマクガッキンは，これらの記述の背後に解釈学的構成を認め，イエスの背丈が天にまで伸びていたことは詩編に由来し（詩編 113: 4 その他，Ⅰコリ 8: 27），イエスが体軀の小さな，風采の悪い人の姿をとったとの描写は，七十人訳のイザヤ書 54: 14 に由来するのは疑いないという。

次に『ペトロ行伝』であるが，これはそれに先立つ『ヨハネ行伝』に依拠しつつ，キリスト論を顕著に練り上げたものである。この行伝もま

---

13) 引用は大貫隆訳による（『聖書外典偽典 7 新約外典』教文館，1978 年，169-170 頁）。大貫隆の「ヨハネ行伝概説」によれば，「ヨハネ行伝」は内容的に大きく二つのグループに分けられ，ここで引用したテクストは，88-102 章を中核とする，思想的にグノーシス主義的グループに属する。ここにはキリスト教共同体の洗礼典と聖餐典をうかがわせる部分が含まれ，様々なグノーシス主義的グループの思想，伝承が長期にわたって積み重ねられたものとみなされる。この部分とは別のグループは，他の多くの外典グループに見られるように，使徒の奇跡物語として広汎に読み継がれてきた大衆文学ともいうべき内容である（『聖書外典偽典 7 新約外典』123-124 頁）。

第4章　オリゲネスの復活理解と反グノーシス主義論争　　　181

た，イエスの変貌および彼が栄光の形姿をまとったことを，苦難の僕に関するイザヤ書の預言との関連で扱っている。「私が起きると，私がまとうことのできるような姿で彼がいるのを見た。慈悲深い神は，愛する友よ，預言者が言ったようにわれわれの弱さと罪を担った」（イザヤ53:4）。それに続く箇所では，キリストの顕現の変化について「大きくもあればごく小さくもあり，美しくもあれば醜くもあり，年若くもあればまた老いてもい，一時的に現れつつしかし永遠に見えざるおかた」[14]と述べられている。マクガッキンがここに，エイレナイオスに見られる人類の全歴史の「要約（アナケファライオーシス）」としてのイエスの救済理解の背景に想定される，出現に関する伝承の初期の形態があるとみなしていることは注目に価する[15]。これは元来，主イエスの救済の業があらゆる世代に及ぶことを示すものであったと推定されるが，これらの外典行伝からこうした意図を読み取ることは困難である。この章はキリストのエピノイアを列挙することで締めくくられている。「彼は戸，光，道，パン，水，生命，復活，再生，真珠，宝，種，豊作，芥子種，葡萄酒，鋤，恩恵，信仰，言葉，万物である」（98）。

　さらにマクガッキンは，オリゲネスに先立つアレクサンドリアのクレメンスの証言をも紹介している。クレメンスがキリストの身体には触ったときの感触がないという仮現論者の教えに言及した際に，『ヨハネ行伝』93 に言及しているのは確実であり，この場合彼もまたこの教説に「伝承の地位」を与えているという[16]。またクレメンスも山上の変貌に関する釈義を手掛けた際に，イエスを真に見るための観衆の多様な能力に関する類似の観念を教えている。「主は……見るために選ばれた者たちが

14）引用は小河陽訳による（『聖書外典偽典7　新約外典』教文館，1978 年，57-58 頁）。
15）マクガッキン論文（p.221,note.18）にはその典拠は示されていないが，エイレナイオスの『全異端論駁』第三巻 22.3 では，ルカ福音書にはアダムにまで遡る主の系図が 72 世代含まれることを指摘し，それは主がアダム以降に広がったすべての民族やすべての言語をアダム自身と共にご自身の中に集約した方であることを意味していると述べていることからも裏付けられるだろう。さらにマクガッキンが，ヨハネ福音書 8 章 57 節（「あなたはまだ五十歳にもならないのに」）に基づいて，イエスを中年とみなしたシリアの教会の伝承のなかにも（Photius, *Bibliotheca* Cod.CXIV）この主題が見られることを指摘していることも重要である（p.221, note.18）。
16）これが伝承であることを示す表現「ゆえにそれは伝承の中で語られている（fertur ergo in traditionibus）」が *Hypotyposeis(In Primam Joannis 1.1.)* GCS 17,vol.3.p.210 に見られる。

それを見ることができるように，彼から生じる力を明らかに示した」[17]。見る者の能力に応じた霊的ビジョンというこの観念はオリゲネスの神学において支配的な主題となっており，この教説を展開したことにより，彼は変貌の記事の解釈において後続のキリスト教神秘思想の注解者たち，バシレイオス，クリュソストモス，偽ディオニュシオス，マクシモス，そしてグレゴリオス・パラマスなどに深い影響を与えたという[18]。オリゲネスの聖書解釈の伝統を発展させたマクシモスは，神のロゴスの多様な出現に関して，「神のロゴスは，徳（アレテー）の身体的かたち（形相）に関心を持つ人々にとっては干草とも藁ともなって，魂の情念的部分を支え，諸々の徳に仕えるように導く。神のロゴスは他方，諸々の神的なものを真に把握するような観想に進んだ人々にとっては糧（パン）となって，魂の恣意的部分を神的な完全性へと導くのだ」[19]と述べることによって，聖書に示された個々のエピノイアの名称を，徳（アレテー）の形成に向けて個々人を導く神的働き（エネルゲイア）が様々に顕現して宿った名として理解した[20]。

以上のマクガッキンによる考察を参照しつつオリゲネスの問題に戻れば，これらの外典に見られる伝承は，確かに一見したところ『ケルソス駁論』第二巻64と非常に類似した表現であり，オリゲネスもイエスの多様な顕現について論じる際に，キリストのエピノイアに言及している。

CCels.II,64「イエスは一なる存在であったが，エピノイアにおいて

---

17) *Stromateis*.6.16.140.3（*PG* 9,368）; *Excerpts from Theodotus*(PG 9.655-656).

18) *Origenes ComMt* 12,37; *SerMt* 100; *HomGn* 1,7; *CCels*. 2,65; 4,16; 6,68; 6,77; *Philocalia* 15.9.85. Basil *Hom.In Ps*.44,5; Chrysostom, *Ad Theodorum Lapsum* 1,11; Ps. Dionysius, *Div. Nom*.1,4; Maximus , *Lib. Ambig*.

19) マクシモスからの引用（*Capita Theologica et Oeconomica*, II,66）は，谷隆一郎『人間と宇宙的神化』知泉書館, 2009年, 145頁による（『フィロカリア』III, 谷隆一郎訳, 新世社, 2006年, 168-169頁）。

20) 谷は，マクシモスが聖書に示された名称について，神的働き（エネルゲイア）が様々に顕現して宿った名として理解していることを示しており，「それぞれの名称は，同一の神的働きがそれぞれの受容力と信との度合いで受容された際の，その多様な働きのかたちから語りだされてくる」のであり，その際に「神や聖霊の実体・本質（ウーシア）が知られるのではなくて，さまざまな人間的経験のうちなる神的働き（エネルゲイア）の名称が，その経験の根拠を遥かに指し示している」ことが見落とされてはならないと述べている（『人間と宇宙的神化』144頁）。

多であった。また彼は，彼を見るすべての人によって同じように見られたわけではなかった。エピノイアにおいて多であったことは，「わたしは道であり，真理であり，生命である」という言葉や，「わたしはパンである」，「わたしは門である」等々の多くの言葉から明らかである。また彼が彼を見る人々に同じ仕方で現れたのではなく，見る人々の能力に従って現れたことは，次の点に注目する人々には明らかである。すなわち彼は，山の頂で変貌せんとしていたとき，どうして使徒の全部ではなくペトロとヤコブ，ヨハネだけを伴ったのか……」。

　この記述を『ヨハネ行伝』の叙述と比べれば，『ヨハネ行伝』の叙述はマクガッキンの分析から明らかなように，正典福音書に記述されたイエスの復活顕現の記事から意図的に逸脱して複雑な解釈学的構成の産物となっている。またキリストのエピノイアのリストについても，『ヨハネ行伝』の場合，ヨハネ福音書に見られるイエスの自己啓示の範囲を超えた付加がなされているために，福音書の伝えるイエス像とはかけ離れたものになっているのに対して，オリゲネスの叙述の方は，ヨハネ福音書に見出されるイエスの自己啓示の定式に基づいて構成されている。またオリゲネスはイエスが「人々の能力に従って現れた」ことを，山上の変貌の記事の他，イエスが譬えを語る際に，外部の者たちと弟子たちに対して区別した語りをしたことや，ユダがイエスを引き渡す際には合図が必要だったことを実例として挙げており，いずれも福音書の記述に基づく解釈となっている。

　さらにマクガッキンは，イエスの形姿の変化に関するアレクサンドリアの共通の伝承から出発しながらも，オリゲネスとグノーシス主義の解釈がこんなにも相違している理由について，グノーシス主義的解釈においてはキリスト論的関心が支配的であり，ロゴスと肉体の両立不可能性を示すことにあったのに対して，オリゲネスの思考を促していた原動力は救済論にあったことを指摘している。「イエスは一なる存在であったが，エピノイアにおいて多であった。また彼は，彼を見るすべての人によって同じように見られたわけではなかった」というオリゲネスの表現を言い換えれば，イエス自身は自己同一性を保ちつつも，異なる形姿を

とったのはロゴスの教育的・救済論的配慮のゆえであり、それが「見る人々の能力に従って現れた」ということの意味なのである。マクガッキンは「オリゲネスが仮現論的思想家ではなかったという明白な事実を論じるために、時間を費やす必要はない。彼自身がこの仮現論的立場を完全に論駁しつつ、これを明らかにしているのだ」[21]と結論づけている。

　キリストの可変性の教説に関するマクガッキンの研究を通じて、二つの外典行伝にも認められるようなキリスト教グノーシス主義のなかで流布していた伝承が、クレメンスとオリゲネスによって新たな解釈学的視点のもとに採用され、後の教父文献に継承されていったことがわかる。ただし外典行伝がイエスの形姿の変化を「ロゴスと人間イエスを分離する」ためにキリスト論の枠組みで用いたことによって、仮現論的教説を提示する結果となったのに対して、クレメンスとオリゲネスはイエスの多様な形姿に関する教説をキリスト論から分離して、「見る者の能力に応じた霊的ビジョン」という救済論的オイコノミアの教説へと再構成したのであり、これはその後の教会史の中でマクシモスの教説に見られるように、徳（アレテー）の形成に向けて個々人を導く神的働き（エネルゲイア）としての意義を得ることになった。

　ただしマクガッキンのように、オリゲネスにおいて身体の形姿の変化の伝承が復活伝承と結び付けられてはいないと断言することはできないように思われる。なぜなら先に検討したように、オリゲネスはイエスの復活に関するケルソスとの論争においても、「見る者の能力に応じた霊的ビジョン」という救済論的枠組みの教説を旧約聖書の神性顕現の伝承の流れに位置づけているからである。次にオリゲネスがグノーシス主義的解釈と直接対峙している『ヨハネ福音書注解』の問題に移りたい。

4.『ヨハネ福音書注解』における反グノーシス主義論争

　オリゲネスの『ヨハネ福音書注解』は、グノーシス主義が隆盛し、キリスト教と非常に身近な競合関係にあったアレクサンドリアにおいて着手されていることは重要である。彼の『ヨハネ福音書注解』は、ごく初期にアレクサンドリアで着手され、アレクサンドリアを去ってカイサレ

---

21) *ComLc* 14 ; 17; *HomEz* 1,4. *SerMt*.

第 4 章　オリゲネスの復活理解と反グノーシス主義論争　　　185

イアに居を移した後にも継続された。本書は全 32 巻のうち，第 1, 2, 6, 10, 13, 19, 20, 28, 32 巻の 9 巻分のみが現存する。

　オリゲネスとグノーシス主義との関わりは，彼が若き頃，父親の殉教の後に養子となって経済的支援を受けた女性のキリスト教徒の家庭で，アンティオキア出身のパウロという名のグノーシス主義者の集会が行われていたのを目のあたりにしていたことに始まる[22]。後にオリゲネスは彼の後援者となるアンブロシオスをヴァレンティノス派のグノーシス主義の影響下から正統信仰に立ち返らせることにより[23]，それ以降彼の著述活動は，アンブロシオスの経済的支援のもとに行われることになり，グノーシス主義との論争は彼の神学活動における重要な課題の一つとなっていた。オリゲネスの『ヨハネ福音書注解』は，このアンブロシオスの要請で，グノーシス主義者ヘラクレオンの『ヨハネ福音書注解』に対抗するために，ヘラクレオンのグノーシス主義的解釈に逐一反論する形で著述された[24]。

　オリゲネスはこの書の第五巻の序文でアンブロシオスについて，「あなた自身，一層優れた〔教え〕を弁護する人々を欠いていましたため，イエスへの愛ゆえに，言論を欠き拙劣な信仰に耐えきれず，かつて，様々な教えに自らを委ねてしまいましたが，その後，あなたに与えられた洞察を用いて，それらを誤った〔教え〕として退けたのです」（小高毅訳）と述べている。ここには，オリゲネスによる反グノーシス主義論争の基本的方針がはっきりと表現されていると思われる。アンブロシオスが正統的信仰から逸れてグノーシス主義に身を委ねたのは，「言論を欠き稚拙な信仰」が耐え難かったためであることが指摘されているが，これは

---

[22]　エウセビオス『教会史』第六巻 2。

[23]　エウセビオスは，「ヴァレンティノスの異端の教えを信奉していたアンブロシオスもまた，オリゲネスが提示した真理によって論駁された」ことを伝えている（『教会史』第六巻 18）。この点について，H. クルゼル前掲書『オリゲネス』，13-14 頁を参照。

[24]　テクストは Cecile Blanc によるフランス語版の校訂本，*Origène, Commentaire sur Saint Jean, Tome III, SC,* Paris, 1975 を用い，邦訳テクストとして小高毅訳『オリゲネス　ヨハネによる福音注解』創文社，1984 年を参照した（必要に応じて訳語に手を加えた）。なおオリゲネスの『ヨハネ福音書注解』における「イエスとサマリアの女の対話」の記事（ヨハネ福音書 4 章）の解釈について，Jean-Michel Poffet, *La Méthode Exégétique d'Héracléon et d'Origène; commentateurs de Jn 4: Jésus, la Samaritaine et les Samaritains,* Editions Universitaires Fribourg Suisse, 1985, および本書の XIX-XXIX 頁に収録された文献表を参照。

当時の教会の信仰が彼にはグノーシス主義思想に比べて合理性を欠く稚拙な教えに映ったためであった。しかしその後アンブロシオスは「一層優れた教え」を弁証するキリスト教の指導者に導かれ，そしてついには自分自身の判断によってグノーシス主義思想の誤りに気づき，キリスト教の信仰に立ち返ったということである。

つまりオリゲネスは自らのこうした体験に基づき，当時のキリスト教信仰の稚拙さゆえにグノーシス主義思想に影響された人々をキリスト教の信仰に引き戻すには，キリスト教信仰がグノーシス主義思想よりも一層優れた教えであることを示すことが必要であると考えたと思われる。その際に彼は，グノーシス主義思想に惑わされていた当人自らがそれらの双方の教えの内容を厳密に比較検討することによって，いずれが「一層優れた教え」であるかを聖書テクストに基づいて主体的に判断する必要があると考えていたのである。したがってオリゲネスは，グノーシス主義者たちの聖書解釈や聖書注解が教会内に及ぼしていた深刻な影響と，それに有効に対処するためにキリスト教の教えの優越性を人々に示す必要性を，誰よりもはっきりと自覚していたと思われる。

以下にオリゲネスが『ヨハネ福音書注解』においてグノーシス主義者ヘラクレオンに対してどのような論争を展開したかを概観したい。ここでは『ヨハネ福音書注解』第十三巻に収録されたヨハネ福音書4章の「イエスとサマリアの女の対話」から，ヘラクレオンに見られる典型的なグノーシス主義的解釈とオリゲネスの反論を見てみよう。

XIII.11「67. さらにヘラクレオンは，……「救い主によって，サマリアの女の夫と呼ばれているのは，彼女のプレーローマのことである。この〔プレーローマ〕と共に救い主のもとに来て，力（デュナミス）と一致（ヘノーシス）と彼女のプレーローマとの混交（アナクラシス）を受けることができるためであると」と考えています。実に，「〔救い主が〕呼ぶように彼女に言われたのは，この世の夫のことではない。正式な夫がいないことを知らなかったわけではないから」と言うのです。

68. ヘラクレオンは，「あなたの夫を呼んで，ここに来なさい」という言葉を，プレーローマからの配偶者（シュジュゴス）に言及す

第4章　オリゲネスの復活理解と反グノーシス主義論争　　187

るものと，強引な解釈をしている。

69. さらにまた，ヘラクレオンは次のように言っています。「彼女は，精神的な意味では，自分の夫を知らなかったが，単純な意味では，夫はいないが姦通の相手がいることを言われて恥じ入った」と。それでは一体何のため救い主は，「行って，あなたの夫を呼んで，ここに来なさい」と言われたのか。

70. 「『夫はありません』と言うのはもっともだ」という言葉については，ヘラクレオンは言います。「それは，サマリアの女はこの世で夫を持っておらず，彼女の夫はア・イ・オ・ー・ン・のうちにあったからである」と。

71. わたしたちの手持ちの聖書には「五人の夫」とあるが，ヘラクレオンの解釈では，「六人の夫を持った」とされている。

72. そして，「六人の夫によって，すべての物質的な悪が示されている。それに満たされ，親密になり，ロゴスに逆らって不倫の関係を結ばされ，侮辱され拒まれ，彼らから捨てられたのである」と〔ヘラクレオンは〕解釈しているのです。

73. 彼〔ヘラクレオン〕に対してこう言ったらよいでしょう。霊的な女が不倫の関係を持ったとすれば，霊的な女は罪を犯したのです。霊的な女が罪を犯したとすれば，その霊的な女は善い木ではなかったのです。といいますのは，『福音』によれば，「善い木は皆，悪い実を結ぶことができない」からです」。

ここでオリゲネスは，ヘラクレオンがヨハネ福音書のテクストに付したグノーシス主義的解釈を努めて忠実に引用しつつ，その解釈の矛盾を指摘しつつ反論を行うという手法をとっていることがわかる。それによって読者は，ヘラクレオンが元来の聖書テクストに対して二次的にグノーシス主義的解釈を付け加えた寓意的解釈を行っていることをはっきりと知ることが出来るのである。ここでヘラクレオンが用いているグノーシス主義神話体系に固有の用語は次の通りである。「プレーローマ (πλήρωμα)」，「力と一致と彼女のプレーローマとの混交 (τὴν δύναμιν καὶ τὴν ἕνωσιν καὶ τὴν ἀνάκρασιν τὴν πρὸς τὸ πλήρωμα αὐτῆς)」，「プレーローマからの配偶者 (τὸν ἀπὸ τοῦ πληρώματος σύζυγον)」，「ア

イオーンのうちにあった（ἐν τῷ αἰῶνι）」。

　ヘラクレオンはここで，ヨハネ福音書が伝えるイエスとサマリアの女との出会いの記事を，過ちと物質界に落ちたために無知の状態にあったサマリアの女が，イエスによって照明を受け，霊的存在として救済された存在として彼女の本来的世界であるプレーローマに戻る過程の寓意としてグノーシス主義的再解釈を施している。それによってヘラクレオンは，ヨハネ福音書4章のテクストをグノーシス的神話論に基づく霊的覚醒と救済の物語に変えることにより，「脱歴史化（deshistoricisation）」[25]してしまったのである。

　さらにヘラクレオンが五人の夫を六人に変えることによって聖書テクストそのものを改変したことや，彼の解釈は倫理的レベルにおいてマタ7：18のメッセージとの矛盾を犯していることもオリゲネスによってはっきりと指摘されている。この最後の点についてオリゲネスは，サマリアの女はかつては霊的な本性を有するものであったが，不倫を働いたので転落したとみなすヘラクレオンのグノーシス的解釈（§72および§149参照）は，「善い木は皆，悪い実を結ぶことができない」と告げる聖書の記述（マタ7：18）とは矛盾することを読者に対して指摘している。2世紀後半のアレクサンドリアはグノーシス主義が繁栄を見せた都市であったが，同時に古代図書館を中心とした文献学的伝統が脈々と継承されていた。オリゲネスはまさに問題のテクストを批判的に研究するこうした文献学的手法を通じて，読者に対してヘラクレオンのグノーシス主義的な寓意的解釈の誤りを指摘すると共に，正しい聖書理解と聖書解釈へと読者を導こうとしたのである[26]。

　オリゲネスの聖書解釈法について，グノーシス主義論駁の視点を中心として論じるのがシモネッティである。彼は，「旧約聖書を新約聖書から切り離す裂け目（hiatus）を強調するやり方で旧約聖書を解釈するとともに，新約聖書については，グノーシス主義者の基本的教説を確証す

---

25) Poffet, op.cit., p.111.
26) アレクサンドリアの文献学的伝統が及ぼしたオリゲネスへの影響とその聖書解釈の特徴について，出村みや子「オリゲネスの聖書解釈における古代アレクサンドリアの文献学的伝統の影響──『マタイ福音書注解』17巻29-30を中心に」，『教会と神学』第43号 2006年，1-25頁，Miyako Demura,"Origen's allegorical interpretation and the Philological tradition of Alexandria", *Origeniana Nona*, 2009, pp.149-158 を参照。

第4章　オリゲネスの復活理解と反グノーシス主義論争　　　189

るためにその意味を歪曲することによって解釈をしていた」グノーシス主義者に対する論争という枠組みで，オリゲネスの聖書解釈法の問題を理解するための重要な視点を提起している[27]。特に注目すべきは，オリゲネスがアレゴリアを使用する意図は限定的なもので，アレクサンドリアにおけるグノーシス主義の文化的優位性や，彼らの聖書解釈の優位性に対抗する目的で使用されていることを強調していることである[28]。そこでシモネッティの指摘を検討しつつ，オリゲネスの聖書解釈法におけるアレゴリアの問題を再検討したい。

　シモネッティは，「オリゲネスの名がアレゴリーの使用の決まり文句となっているが，その同じ人物がそれまでになく字義的意味に非常な重要性を付与してもいたことに，まず最初に注意する必要がある」と述べている[29]。そしてオリゲネスが字義的解釈を重視した理由として，「グノーシス主義者たちのアレゴリー解釈の行き過ぎ（the excessive allegorisation of the Gnostics）を論駁する必要」を挙げ，これこそオリゲネスが『諸原理について』第四巻2章9と3章4で，正しく解釈するには聖書の文字と霊との関係を結び付ける必要があるとみなした理由であると述べている。オリゲネスの『ヨハネ福音書注解』に見られるように，聖書注解を最初に導入したのはグノーシス主義の陣営であり，オリゲネスはこの書においてグノーシス主義者ヘラクレオンに対する反グノーシス主義論争の意図のもとで教会史において初めて組織的な聖書注解を手掛けた。グノーシス主義の側が聖文書を次々に生みだしていたことが，正統的教会の陣営に聖書注解という類型の導入のきっかけとなったことは事実であるが，しかしヘラクレオンが行った注解は部分的なものであり，聖書全体を体系的に注解するオリゲネスとは異なっている[30]。それは聖書全体を詳しい注釈の対象とする点において独自な画期的なものであった。グノーシス主義者のアレゴリー解釈の行き過ぎ（the

---

27) Manlio Simonetti, *Lettera e/o allegoria: Un contributo alla storia dell'esegesi patristica*, Rome, 1985; Profilo storico dell'esegesi patristica(*Biblical interpretation in the early church: an historical introduction to patristic exegesis*, translated by John A.Hughes, Edinburgh, 1994, p.34).
28) オリゲネスのアレゴリー解釈について，本書第1章IIを参照。
29) シモネッティ前掲書, p.44.
30) Bart D. Ehrman, "Heracleon, Origen and the text of the Fourth Gospel", *Vigiliae Christianae* 47, 1993, pp.105-118.

excessive allegorisation）に対するオリゲネスの批判の例を見ておきたい。

　*ComJohn*XIII.9「51. 感覚的なことに交わった後，そこを去り，精神によって捉えうるものへと向かいたいと願っている人が，寓意的解釈という口実のもとに（περιτύχῃ λόγῳ προφάσει ἀλληγορίας），実は健全ではない教えに出会うとすれば，その人はいわば以前の五人の夫に離縁状を手渡し，六番目の男と一緒に住むことを決意し，五人の夫の後で，他の男のもとに走るでしょう」。

　次に同書二十巻20には，人間の本性を霊的なもの，心魂的なもの，肉的なものと三元的に区分するグノーシス主義的決定論の立場からヨハ8:43を解釈するヘラクレオンに対するオリゲネスの批判が記されている。「どうしてあなたたちはわたしの話すことを知覚しないのか。それは，あなたたちには，わたしの言葉を聞くことができないからである」というヨハネ福音書の言葉について，ヘラクレオンがそれは「彼らが悪魔の存在性（ウシア）からのものであるから」で，この人々は霊的とか，心魂的と呼ぶ人々とは別の存在性であるとみなしているのに対して，オリゲネスはイエスの癒しの記事を引き合いに出して次のように反論している。

　*ComJohn*XX.20「165. ところで，これらの言葉を通して本性についての教え（τὸν περὶ φύσεως λόγον）が示されていると考えている人々に，次の問いに答えてもらいたい。イエスによって癒された耳の不自由な者らは，それまでも聞くことはできたのでしょうか，それともできなかったのでしょうか。
166. 聞くことができなかったことは明らかです。すなわち，イエスの言葉を聞くことのできない状態から，それを聞くことのできる状態へと変わること（μεταβαλεῖν）は可能であり，ある人が聞くことのできない時にも，本性によって癒し難い（διὰ φύσιν ἀνιάτως）のではありません。とりわけこれらのことを，寓意的な解釈を好み，いやしに関する記述を，イエスによってすべての病，すべての弱さから解放された魂の治療に当てはめるような異端者たちに指摘する

必要があるでしょう」。

次に逆の例として，オリゲネスがヘラクレオンに対して，聖書箇所をアレゴリアとして解釈せずに，字義的な解釈にとどまっているという批判をなしていることにも注目する必要がある[31]。これは擬人神観的表現があることを理由に，旧約聖書を批判の対象とみなすマルキオンなどの立場にも向けられており，オリゲネスの反グノーシス主義論争の重要な争点となっている。同様のことは，ギリシア哲学の伝統におけるアレゴリー解釈の立場からのキリスト教批判を扱った『ケルソス駁論』の論争にも該当する[32]。

これらの反グノーシス主義論争やケルソスとの論争から明らかになるのは，まずオリゲネスがアレゴリー解釈を恣意的に用いているという従来からの批判については，彼はむしろ彼の論敵の過度なアレゴリー解釈やその恣意的使用を議論の争点としていることであり，同時に彼らが逆に字義的解釈にとどまってしまったために，正しい聖書の意味を理解できずに誤解し，それを批判の対象としたという批判もなされていることである。この二つの批判はアレゴリアの使用に関して一見矛盾を含むように見えるが，その根本にはアレゴリアを用いる彼らが，解釈の対象としている聖書テクストを正確に引用していない，あるいはそれに強引な解釈を加えているという指摘があると思われる。ここでもオリゲネスは厳密な文献学的方法に基づく聖書内在的なアレゴリー解釈を問題にしているのであって，その基盤となる聖書テクストを正確に用いるべきことを主張している。彼は，聖書にはアレゴリアとして解釈すべき箇所がある一方で，むしろ字義的に解釈すべき箇所もあり，アレゴリアとして解釈すべきか否かは他の聖書の文脈と実例に照らして判断すべきであるとみなしていたのである。

---

31) その典型的な例が『ヨハネ福音書注解』第十三巻 39-53 であり，ヨハ4章35節についてヘラクレオンが霊的意味を見出すことができないとみなし，字義的解釈にとどまっていることを批判している。

32) *CCels*.III,23, IV,38-39, 42,44, 45,49,51 を参照。

5.『マタイ福音書注解』における「パウロ主義」

先に本書第 3 章 II,1. で初期キリスト教におけるパウロの受容の問題を扱った際に示したように，パウロは当初正統的教会からみれば周縁的なグループによって受容されていったために，神学的に顧みられない傾向にあったことは事実である。そのためにパウロに依拠していたオリゲネスの復活論は当時としては例外的な位置にあり，同時代人に理解されなかったのみならず，後世異端とみなされることになった。バブコックは，これまでの初期キリスト教史におけるパウロ評価に認められる傾向を，以下の四点にまとめている[33]。

第一は，パウロが人気を博していたのは，後に主流となった伝承の基準から見れば周縁的，ないしは異端的なキリスト教の流れであったこと，第二に最終的にキリスト教に永続的な形態を与えることになる諸伝承においてパウロは無視，ないしは誤解されていったこと，第三にパウロにおける中心的な動機の発見，特に恩寵と信仰による義認というパウロ的主題が正当に認められるのは，西方ラテン世界におけるアウグスティヌスに始まること，第四にギリシア語圏ではアウグスティヌスの以前も以後も，適切なパウロ評価は一度もなされなかったということである。

しかしナグ・ハマディ文書その他の資料の発見と研究の進展につれて，初期キリスト教の多様な潮流と反異端論者の傾向性が少しずつ明らかになるにつれて，アウグスティヌス以前のギリシア語圏におけるパウロの受容について研究することの必要性が明らかになってきたのであり（バブコックの論文集はその試みの実例である），本書もその試みの一つである。そこでオリゲネスの後期の神学的著作に見られるようになった「パウロ主義」の問題を明らかにするために『マタイ福音書注解』XVII,29 の復活論を検討し，オリゲネスがマタイ福音書の復活の解釈においてもパウロ神学を非常に重視しつつ，聖書の正典的理解に基づく聖書解釈を行っていることを示したいと思う。

オリゲネスにおける「パウロ主義」の傾向を指摘したのがクリストファ・マルクシーズであり，彼はマクガッキンの編纂したオリゲネス研究のハンドブックに「使徒パウロ」の項目を執筆し[34]，その中で「オリ

---

33) William S. Babcock (ed.), *Paul and the Legacy of Paul*, Dallas, Texas, 1990, p. xiii.

34) J.A.McGuckin,(ed.), *The Westminster Handbook to Origen*, pp. 167-169 の「使徒パウロ」

第4章　オリゲネスの復活理解と反グノーシス主義論争

ゲネスは包括的な「正典的読み」において聖書全体〔特に旧約聖書〕の枠組みの中でパウロを理解しようと努めていた」ことを指摘している。オリゲネスがフィレモン書，エフェソ書，フィリピ書，コロサイ書の注解を著したのは233年以降であり，第一コリント書のホミリアを240年頃に，また晩年には『ローマ書注解』や『マタイ福音書注解』その他の数多くの注解書やホミリアを著しているのである。それらの著作を通じて明らかになる「パウロ主義」は，オリゲネスがまさに当時のアレクサンドリアの文献学的伝統から継承した遺産であった。

『マタイ福音書注解』は彼の晩年に作成され，完全な形では今日に伝えられていない。マタイ福音書13章36節から22章33節までの注解を含む第十巻から第十七巻までの部分がギリシア語で現存している。以下に訳出したのはそのうちの第十七巻29で，マタイ福音書22章23-33節の「イエスの復活問答」の記事を注解したものである[35]。なお訳者不明のラテン語訳において，マタイ16章13節に当たる第十二巻以降の部分がマタイ27章66節まで伝えられている。中世になると，ギリシア語に並行箇所のない最後の部分が独立の著作として扱われ，多様な長さの145の部分に分割され，*Commentariorum Series* の名で呼ばれるようになった。このラテン語訳にはそれ自身の禁欲主義的，修道的関心が現れており，ギリシア語の原典に対して慎重な修正を加えた後代の証言とみなすことができる[36]。

　　ComMt XVII,29「……実際に復活はないと主張していたサドカイ派は，より単純な人々が呼び習わしていた肉体の復活を否定したばかりか，魂の不滅をも完全に否定したのみならず，魂の存続すら否定したのであるが，それは彼らがモーセの書にはどこにも，魂のその後の生について述べられていないと考えたからである。人間の魂に関してサドカイ派と同じ教説を今日まで保持しているのがサマリ

の項目。

35)　テクストは，*Origenes Werke*, ed.E.Benz und E.Klostermann, *GCS* vol.10, Leipzig: Hinrichs, 1935, pp.663-668. なおこのテクストの独訳が H.Vogt, *Origenes Der Kommentar zum Evangelium nach Mattäus*, I-III, Stuttgart, 1993 として刊行されている。

36)　Charles Kannengiesser, *Handbook of Patristic Exegesis, Volume One*, Brill, 2004, pp. 543ff. に収録された H. フォークトの研究を参照。

人であり，またモーセの律法と割礼について死ぬまで苦闘している，彼らから律法を習得したと思われる人々である。復活に関するこのような主張〔私はこの生の後の魂の生を否定するサドカイ派とサマリア人の主張のことを言っている〕は，かの使徒の時代に復活はないと言明していた，コリント人のうちの何人かも抱いており，彼らについて彼〔パウロ〕は次のように記している。

「キリストは死者のなかから復活した，と宣べ伝えられているのに，あなた方のなかのある者が，死者の復活などないと言っているのはどういう訳ですか」（Iコリ 15: 12）。

コリントで死者の復活はないと言った人々は，サドカイ派の人々の主張に従って魂の存続を否定したということを，彼は次の言葉から明らかにしている。

「この生においてキリストに望みをかけているのみならば，私たちはすべての人々のなかで最も惨めな者です」（Iコリ 15: 19）。

あなたが入念に探求するならば，教会で信じられてきた死者の復活を否定する人は，誤ってしまったために否定しているとしても，「この生においてキリストに」望みをかけているのみではないということを見るでしょう。というのも，多くの人々のもとで信じられてきた復活が真理ではないという仮説に従えば，魂は身体を取り戻すのではなく，何かエーテル的な，より善いものをまとうことになるのですから，そのような魂の生を否定する者は，この生においてキリストにのみ望みをかけているのではありません。そこで私たちも，魂は生きて存続すると主張し，魂にこの身体を付与することも，魂がそれを取り戻すということも主張しないなら，「すべての人間のなかで最も惨めな者」ではなくなるのです。

さらに，使徒がコリント人への第一の手紙の中で，主としてこうした理解に反対していたことを証明するために，私たちはまた次のような言葉を引用しましょう。

「死者が決して復活しないなら，なぜ死者のために洗礼など受けるのですか。またなぜ私たちはいつも危険を犯しているのですか」。

さらに他にも，「単に人間的な動機からエフェソで野獣と戦ったとしたら，私に何の得があったでしょう。もし死者が復活しないと

第4章　オリゲネスの復活理解と反グノーシス主義論争　　195

したら，食べたり飲んだりしようではないか。明日は死ぬのではないか」（I コリ 15: 29-32）。

　死者の復活について大多数の人々が真理とみなしていることは，真理ではないということを仮定するなら（καθ'ὑπόθεσιν），そこからどうして次のような結果になるのでしょうか。つまり私たちが魂の救いのために戦うときに，私たちが危険を身に負うのは無益だということになるのでしょうか。キリストのために戦い〔……〕，ふさわしさに従って配分を受ける人が，以前の肉体を再び手に入れるのではないことは，どうして無益ということになるのでしょうか。肉体の復活がないということから，どうして「食べたり飲んだりしようではないか。明日は死ぬのではないか」という要求が生じるのでしょうか。だが私たちはそのような主張はしません。なぜなら私たちは，イザヤ書に記されているような言葉，「すべての肉は神の救いを見るだろう」（イザヤ 40: 5）を信じないでしょうから。またヨブが，「私を大地に呼び起こした方は，永遠に生きておられ，このすべてを耐えた私の皮膚は蘇らせられるだろう」（ヨブ 19: 25）と語っていることも〔信じないでしょう〕。

　私たちは，「彼は，あなた方のうちに宿っているその霊によって，あなたがたの死ぬはずの身体をも生かして下さるだろう」（ロマ 8: 11）という使徒の言葉は，決して疑いません。私たちは，この福音書のテクストのなかで，復活という言葉によって意味されていることを示すことができるゆえに，コリント人への第一の手紙で言われていることを引き合いに出したのです。」

　まずオリゲネスの聖書解釈の方法について見れば，彼はマタイ福音書のテクストにおいて問題になっている「復活」の意味を解明するために，マタイ福音書のテクストから出発して，パウロの第一コリント書における将来の復活に関する箇所を引用しつつ検討し，最後に旧約聖書の死生観に関する箇所を検討してゆくという方法を取っている。それは彼が「復活」というテーマを論じるために，この箇所を理解するのにふさわしい光を当てる他の聖書箇所を参照しつつ，この問題を聖書内在的に解明するという解釈方法（聖書を聖書によって解釈する方法）を採用しているた

めである。マタイ福音書の復活理解のためにパウロのテクストを引き合いに出すことが有益であることを，一連の検討の締めくくりとして傍点で示したように，オリゲネス自身が「私たちは，この福音書のテクストのなかで，復活という言葉によって意味されていることを示すことができるゆえに，コリント人への第一の手紙で言われていることを引き合いに出したのです。」という言葉で示している。さらにこの箇所では，当時の教会の多数派の主張する「肉体の復活」を支持するような旧約聖書の引用箇所のいくつかを退けるために，やはりパウロの権威に訴えていることも重要である。

次にオリゲネスの聖書解釈の内容について見れば，この議論では復活に関する様々な立場が扱われているゆえに，一見すると非常に複雑な議論展開となっている。まず第一の立場は，冒頭に言及された「より単純な人々が呼び慣わしていた肉体の復活」という表現によって示されているように，単純な人々の間で信じられているようなこの世の肉体がそのまま復活することを主張する立場であり，この立場に対して反論することがオリゲネス自身の主要な目的となっている。第二は，マタイの聖書箇所の具体的な文脈において論じられる，単純な肉体の復活理解も，死後の魂の存続および不滅も否定するサドカイ派やサマリア人の立場である。第三は，第二の立場に通じるものとして，コリント教会におけるパウロの反対者によって主張された，死者の復活と魂の存続を否定する立場である。

オリゲネスはこれらの三つの立場を共に，復活についての誤った理解として退けており，これらの人々の復活理解の帰結は，復活をこの世のレベルの問題に限定してしまうことになり，キリスト教の教えのために命を賭すのは無益であるということになってしまうという。また，復活を不合理とみなしてこれを認めない立場は，「食べたり飲んだりしようではないか。明日は死ぬのではないか」といった，現世の欲望に限定された生き方に行き着くとみなす。これらの立場に対してオリゲネスが第四に「仮説として（καθ᾽ὑπόθεσιν）」提起するのが，第一の立場を否定した復活理解である。これは当時の教会の多数派によって信じられてきた単純な復活理解を否定することにより，来世に何らかの希望を抱くことを可能にする立場である。オリゲネスはこの立場を，魂が死後も存続

して，より善い身体をまとうというパウロの終末論的変容論につながる立場とみなしている。

　従ってオリゲネスは，肉体がそのまま復活するとみなす第一の誤った復活理解のために，イエスに反論する第二の人々（サドカイ派），コリント教会においてパウロに反論した第三の人々が生じたとみなし，パウロの言葉に従って，単純な復活理解ではない新たな復活理解を仮説的に提起しているのである。オリゲネスの仮説によれば，死者の復活は単なるこの世の生の回復ではなく，この世のみならず，この世の生を終えた後の生における終末論的希望となるべきもので，その際には復活の身体もまた，この世の属性を払拭した新たな身体になるという。オリゲネスは，パウロがそのような復活への希望を抱いていたゆえに，死に瀕する危険を冒すことも厭わず，この世の飲み食いに耽るような現世享楽主義的生き方を退けたと解釈しているのである。

　以上の議論は明らかに元来の聖書の復活論争の文脈を超えて，オリゲネスの時代状況の問題の地平に移され，論じられているが，それはこの『マタイ福音書注解』にはオリゲネスが当時の教会で行っていた説教の経験が反映されたものとなっているためである。オリゲネスは当時の教会の多数派が信じていたこの世の状態の回復としての復活理解が誤りであることを，ここではもっぱらパウロの復活に関する発言を示すことによって明らかにしようと試みているのである。

　しかし，オリゲネスが直接の批判の対象としている単純な復活の理解もまた旧約聖書によって証言されているために，オリゲネスは実際にそのような聖書に基づく反論をも取り上げ，単純な復活理解を支持する旧約聖書の箇所を問題にしている。そしてイザヤ書40: 5 の「すべての肉は神の救いを見るだろう」と，ヨブ記19: 25 の「私を大地に呼び起こした方は，永遠に生きておられ，このすべてを耐えた私の皮膚は蘇らせられるだろう」の言葉については，パウロの「彼は，あなた方のうちに宿っているその霊によって，あなたがたの死ぬはずの身体をも生かしてくださるだろう」（ロマ8: 11）という言葉を引用して肉体〔肉や皮膚〕を霊と対比させ，これらの旧約聖書を復活に関する聖書証言とはみなし得ないことを主張しているのである。

第5章
オリゲネスの聖書解釈とユダヤ教

1. オリゲネスと反ユダヤ主義

　キリスト教の復活理解に対して外部から加えられた批判に対して，オリゲネスがどのような反論を行ったかを彼の聖書解釈に焦点を当てながら考察してきたこの研究が，次に扱うのがユダヤ教との関係である。オリゲネスとユダヤ教の関係は，比較的最近になって研究者の関心を呼び起こした主題であり，その重要なきっかけとなったのがオリゲネスにおけるユダヤ教の問題を包括的に扱ったデ・ランゲの研究である[1]。彼は，オリゲネスがユダヤ人に対して抑制された態度を示していることに注目し，それは教会とユダヤ教の会堂との間の亀裂は過去の事柄であったためであり，2世紀の中頃には両者の間の抗争が続いていたとの証拠はほとんどなかったとみなしている。従ってデ・ランゲは，彼の著作に見られる議論は歴史的出来事ではなく，神学的性格のものであって，ただ新約聖書の記述とオリゲネス以前の教会著述家の議論を繰り返しているに過ぎないとみなす。この研究を通じてオリゲネスがパレスチナのラビとの学術的交流に開かれていたことが明らかにされて以来，オリゲネスの神学形成に与えたユダヤ教の神学的要素に研究者の関心が向けられるようになったと言える。
　しかし彼の研究は今日，現代のキリスト教の「超教派主義（ecumenicity）」の精神において，オリゲネスとユダヤ教の関係を平和的に描き

---

[1] Nicholas R.M.DeLange, *Origen and the Jews. Studies in Jewish-Christian Relations in Third Century Palestine,* Cambridge,1976.

すぎているのではないかとの批判がなされている[2]。そして今日の宗教学の分野ではオリゲネスとユダヤ教の関係は，ストロウムサの研究に代表されるように，現代のグローバル化した宗教・文化的状況において聖書および教父文献における反ユダヤ主義の問題を明らかにするための重要な資料とみなされている[3]。というのもオリゲネスの著作はその後代の神学的発展への影響と言う点で，宗教間対立，反ユダヤ主義や反セミティズムといった現代社会の宗教に関わる問題状況を歴史的に考察するための重要な手掛かりを豊富に含んでいることが明らかになってきたからである。本書第1章Iで見たように，実際にオリゲネスの著作にはユダヤ教の宗教的習慣に従うアレクサンドリアの教会の信徒に対する批判や，ユダヤ人キリスト教徒の一派であるエビオン派の字義的な聖書解釈に対する批判が認められる。

こうした研究状況の下，オリゲネス研究においても新たな局面を迎えたことを示すのが，2001年の夏にピサで開催された第8回オリゲネス学会（Colloquium Origenianum Octavum）であることはすでに述べた。本章との関連で特に注目したいのが，ロバート・ヴィルケンがそのオープニング・セッションにおいて行った「反ユダヤ主義とオリゲネス研究（Anti-Judaism and Scholarship on Origen）」と題する講演である。ヴィルケンは教父学において反ユダヤ主義の問題が急速に研究者たちの関心を集めている状況を指摘した後，オリゲネスとユダヤ教の関係を主題としたこれまでの研究の中から，特に「反ユダヤ主義」の概念を「問題発見的カテゴリー（a heuristic category）」として扱っている研究を紹介している[4]。まず最初に挙げられているのが，オリゲネスの反ユダヤ主義が歴史的状況の反映ではなく，むしろキリスト教の思想に深く浸透したものであることを示したミリアム・テイラーの研究であり[5]，テイラーは反ユダヤ主義が古代における歴史的状況の結果としてではなく，キリス

---

  2) David T. Runia, *Philo in Early Christian Literature,* Van Gorcum, Asren, 1993, p. 170.
  3) Guy G. Stroumsa, "From Anti-Judaism to Antisemitism in Early Christianity ?" in Ora Limor and Guy G.Stroumsa (ed.), *Contra Iudaeos: ancient and medieval polemics between Christian and Jews,* J.C.B.Mohr, 1996, pp. 1–26.
  4) R.Wilken, "Creating A Context : Anti-Judaism and Scholarship on Origen", *Origeniana Octava,* Leuven, 2003, pp. 55–59
  5) Miriam S. Taylor, *Anti-Judaism and Early Christian Identity,* Brill, 1995.

ト教の思考において，「キリスト教的メッセージのまさに中核的部分に」深く浸透している観念の結果とみなすことにおいて，リューサーの見解に従うものである。次に，オリゲネスの『マタイ福音書注解』と『ケルソス駁論』に見られる反ユダヤ主義的な箇所を考察したフォークトの研究[6]であるが，これはオリゲネスがテクストのすべてに反ユダヤ主義的解釈を加えている訳ではないが，それらの引用が集積した結果として，オリゲネスにおける反ユダヤ主義的解釈が強調される結果となるとみなしている。さらにヴィルケンは逆の立場からの研究として，テレサ・ハイザーの研究を例に挙げている[7]。ハイザーは，オリゲネスにおいてユダヤ人という概念が肯定的に用いられていることを指摘し，彼の時代におけるユダヤ人とキリスト教徒との間の神学的対話状況を示そうとしている。

　以上のようにこの主題に関する主要な研究を概観した上でヴィルケンは，オリゲネス研究においてこの問題をどのように位置づけるべきかを考察し，以下のような結論を下している。

　　「「反ユダヤ主義」という用語が現在流布しているが，わたしには初期キリスト教の思想，特にユダヤ人とオリゲネスの思想を理解するために有効なカテゴリーであるとは確信していない。これは磁石のようにある種のテクストを議論に引き入れるが，他のテクストを排除してしまう。それはキリスト教の中に築かれたユダヤ教に対する関係の弁証法を崩すものである」[8]。

　さらにヴィルケンは，「反ユダヤ主義」という言葉にはマルキオン的響きがあり，これまでのオリゲネス研究の動向からも裏付けられるように，オリゲネスの著作にはユダヤ教に対する両義的な姿勢が見られるこ

---

　6) Hermann-Josef Vogt, "Die Juden beim späten Origenes : Antijudaism und Antipaganismus", in *Christlicher Antijudaismus und Antipaganismus: ihre Motive und Hintergründe in den ersten drei Jahrhunderten,* Edited by H.Frohnhofen, Hamburger theol. Stud.3.Hamburg: Steinmann & Steinmann,1990, pp. 152-169.

　7) Theresa Heither, "Juden und Christen. Anregungen des Origenes zum Dialog", in *Theologische Quartalschrift,* Stuttgart, 1997, pp. 15-25.

　8) R.Wilken, op.cit, p. 58.

とが確認されることを指摘し，オリゲネスが反ユダヤ主義者か否か，という単純な問題設定ではオリゲネスの神学思想に有効に接近することはできないと主張する。そして「キリスト教とユダヤ教にはリアルで有意義な相違があり，キリスト教の思想家たちは，ユダヤ教の習慣や思想について批判的に記述をすることなしには，彼らの最も深い信仰を表明することができなかったのだ」[9]と結論づけている。

ヴィルケンがこの問題について断定的な結論を避けていることは，研究者の見解が大きく相違しているばかりではなく，オリゲネスの神学思想自体が一義的な理解では捉えきれない複雑な面を有している状況があるからである。さらにこれまでの『ケルソス駁論』の考察から明らかになったように，ケルソスのような異教哲学者にとっては，キリスト教とユダヤ教との区別がつきにくく，両者が未分化なまましばしば混同されていたという状況がある。

またオリゲネスが反マルキオン論争を意識して旧約聖書と新約聖書の統一性を強調し，聖書的伝統を擁護するために「セミティズム好み」の風潮に訴えていること，さらに，キリスト教が未だ皇帝の宗教となる以前の反ユダヤ人論駁には，それ以降の人種的偏見をともなうアンティ・セミティズムのような急進的なユダヤ主義批判は認められないことなども考慮しなければならないだろう。実際5世紀に入ると，強硬派のキュリロス（在位412-444年）がアレクサンドリア教会の主教に就任した直後から，ユダヤ教と異教に対するキリスト教会の姿勢は過酷さを増していった。教会史家ソクラテスによれば，ユダヤ人による教会の火事騒ぎとキリスト教徒に対する暴動をきっかけに，多くのユダヤ人がアレクサンドリアから追放されるに至ったのである（『教会史』13章）。

こうした状況を踏まえて本章で取り上げるのは，オリゲネスに対して最近浮上してきた反ユダヤ主義的記述の問題をどう理解するかということであり，以下に紹介するように，一連のヨセフス研究者たちによって反ユダヤ主義の文脈で提起されたオリゲネス批判が問題視されていることである。それによればオリゲネスは『ケルソス駁論』のいくつかの箇所で，エルサレム神殿の崩壊の原因をユダヤ人による義人ヤコブの殺害

---

[9] *Ibid.*

の罰とみなす記述の証言をヨセフスに帰すと同時に，さらにそこからイエスの死に対するユダヤ人の責任論へと発展させる一連の反ユダヤ主義的記述を行っているが，しかしそれらに該当する箇所は現存するヨセフスの記述には見当たらないことである。従ってそうした反ユダヤ主義的記述は捏造されたものと結論せざるを得ず，そのようなオリゲネスの記述が後代に及ぼした反ユダヤ主義的叙述の影響は無視できないものであるという批判が提示されているのである。

これらのオリゲネスの反ユダヤ主義的記述の存在は，これまでのオリゲネス研究者がほとんど見過ごしていた問題であり，確かにオリゲネスの著作のうちでも，特にカイサレイアに移住後に執筆された後期の著作にはユダヤ教に対する批判が多く認められる。しかしヨセフス研究者たちが言うように，それをオリゲネスの個人的資質の問題として論じることは果たして適切であろうか。なぜならオリゲネスがカイサレイアに移住後に，『ヘクサプラ』や多くの聖書注解，ホミリアなどを手掛けながら，聖書神学者として聖書を解釈してゆく過程において，この地のラビたちから積極的に学んでいたことは事実であり，両陣営の間に敵対関係があったとは認められないからである。

聖書解釈に着目しつつオリゲネスの神学論争を考察してきた本書では，オリゲネスの内在的聖書解釈の傾向と，反ユダヤ主義との関わりに焦点を当ててこの主題に接近することを試みたいと思う。そこで以下にヴィルケンが指摘した「磁石の両極」の視点を念頭に置きつつ，この問題が主題的に論じられている『ケルソス駁論』と『エレミヤ書ホミリア』，さらに『ヘクサプラ』の編纂の問題の考察を手掛かりにして，オリゲネスの聖書解釈における反ユダヤ主義的記述の問題を扱いたい。

2. オリゲネスのヨセフス引用

まず，最近のヨセフスの研究者たちが指摘する，オリゲネスにおけるヨセフス引用と反ユダヤ主義的記述の問題について概観しよう。この問題は先に述べたようにオリゲネスによるヨセフス引用に端を発しているが，この問題は非常に複雑な様相を呈している。というのもヨセフス研究者ツヴィ・バラス（Zvi Baras）の論文によれば[10]，ヨセフスのテクストに対してキリスト教側からなされた改竄と明らかに推定される『ユ

ダヤ古代誌』十八巻の「キリスト証言」(いわゆる「フラウィウス証言」)の場合[11]、オリゲネスはその証言を伝えていない事実がある。しかし他方で、オリゲネスがヨセフスによる反ユダヤ主義的記述の証言として引用しているいくつかの箇所については、現存するヨセフスのテクストに該当する記述が見出されないのである。またヨセフスによる反ユダヤ主義的証言としてオリゲネスが引用したものが、さらにエウセビオスにおいて発展を遂げていることも指摘されているからである[12]。そこでオリゲネスの反ユダヤ主義的傾向の記述とそれに該当するヨセフスの記述としてバラスの挙げる箇所を見ておきたい。

　　CCels.I,47「なぜならヨセフスは、『ユダヤ古代誌』の第十八巻で、ヨハネが洗礼者であり、洗礼をうけた者に潔めを約束した、と証言しているからである。この著者はイエスをキリストと信じなかったが、エルサレムの陥落と神殿の破壊の原因を追及した。彼は次のように言うべきであった。イエスにたいする陰謀のためにこれらの破局がこの民を見舞ったが、それは彼らが預言されたキリストを殺したからだ、と。しかし、彼はそれに気づいていないが、これらの災

---

10) ツヴィ・バラス「ヨセフスの「キリスト」証言とヤコブの殉教」秦剛平訳、L.H. フェルトマン・秦剛平共編『ヨセフスとキリスト教　ヨセフス研究2』山本書店、1985年、7-24頁(なお、以下の引用は秦剛平による邦訳の引用を参照した)。
11) ヨセフス『ユダヤ古代誌』第十八巻の「彼〔こそ〕はクリストス(キリスト)だったのである」という記述は、後代のキリスト教徒による加筆であり、「フラウィウス証言(Testimonium Flavianum)」として知られる(ヨセフス『ユダヤ古代誌』秦剛平訳、山本書店、1980年、43-45頁参照)。この箇所がカイサレイアのエウセビオス(後260-339年)による引用以来、イエスの神性やメシア性を証言するユダヤ教側の信頼に足る証言としてしばしば論争に利用されたことについて、詳しくはバラス論文を参照。
12) エウセビオスは『教会史』第二巻23において、「ヘーゲシッポス(ヘゲシップス)はこのように詳述しているが、それはクレーメンス(クレメンス)の報告とも一致している。実際、ヤコーボス(ヤコブ)は立派な人物で、その義のためにすべての者に知られていたと思われる。そして、思慮あるユダヤ人でさえも、彼の殉教直後にヒエルーサレーム(エルサレム)の包囲攻撃がはじまったのは、他のいかなる理由からでもなく、彼にたいする犯罪のためである、と考えた。
ヨーセーボス(ヨセフス)も臆せずにそのことを証言し、次のように書いている。
「これらのことは、クリストス(キリスト)と呼ばれたイエースース(イエス)の兄弟である義人ヤコーボス(ヤコブ)の復讐として、ユダヤ人どもを見舞った。なぜならば、ユダヤ人は、彼がもっともすぐれた義人だったにもかかわらず、彼を殺したからである」(秦剛平訳、山本書店、1987年、123-124頁)と述べている。

禍がキリストとも呼ばれたイエスの兄弟であった義人ヤコブのための復讐として——彼らは，この上なく義しい者だったこの人物を殺したのだ——ユダヤ人を見舞ったと言うとき，真理から遠くはないのである。このヤコブはイエスの真の弟子であるパウロが見たと言っているあのヤコブである。パウロは，彼を主の兄弟として叙述し，二人の血縁関係や二人の生い立ちよりも，彼の正しい生活と知力に言及している。それゆえに，彼はエルサレムが破壊されたのはヤコブのためだったと言っているが，これはキリスト・イエスのために見舞った，と言う方が理に適っていないだろうか」。

ヨセフス『ユダヤ古代誌』第十八巻 63-64「さてこのころ，イェースース（イエス）という賢人——実際に，彼を人と呼ぶことが許されるならば——が現れた。彼は奇跡を行う者であり，また，喜んで真理をうけいれる人たちの教師でもあった。そして，多くのユダヤ人と少なからざるギリシア人とを帰依させた。彼〔こそ〕はクリストス（キリスト）だったのである。
ピラトス（ピラト）は，彼がわれわれの指導者たちによって告発されると，十字架の判決を下したが，最初に〔彼を〕愛するようになった者たちは，彼を見すてようとはしなかった。〔すると〕彼は三日目に復活して，彼らの中にその姿を見せた。すでに神の子の預言者たちは，これらのことや，さらに，彼に関するその他無数の驚嘆すべき事柄を語っていたが，それが実現したのである。なお，彼の名にちなんでクリスティアノイと呼ばれる族は，その後現在にいたるまで，連綿として残っている」。

まずオリゲネスの記述を見れば，ここで彼は「エルサレムの陥落と神殿破壊の原因を追究した」者としてヨセフスを引き合いに出し，「これらの災禍がキリストとも呼ばれたイエスの兄弟であった義人ヤコブのための復讐としてユダヤ人を見舞った」，さらに「エルサレムが破壊されたのはヤコブのためだった」という記述をヨセフスに帰しているが，ヨセフスの現存するテクスト（『ユダヤ古代誌』第18巻 63-64）にはそのような記述は見当たらない。さらにオリゲネスは，「彼は次のように言う

べきであった。イエスにたいする陰謀のためにこれらの破局がこの民を見舞ったが、それは彼らが預言されたキリストを殺したからだ」と述べ、さらに「それゆえに、彼はエルサレムが破壊されたのはヤコブのためだったと言っているが、これはキリスト・イエスのために見舞った、と言う方が理に適っていないだろうか」と述べて、ヨセフスの発言を訂正すらしているが、それは当然のことながらヨセフス研究者の批判を招いている[13]。

次にヨセフス『ユダヤ古代誌』第十八巻の記述に目を向ければ、この箇所は「フラウィウス証言（Testimonium Flavianum）」として知られる箇所であり、この証言はエウセビオスが『教会史』に引用（「証言」のヴルガータテクスト）して以来、イエスの神性やメシア性を証言するユダヤ教側の信頼に足る証言としてしばしば論争に利用された。しかし16世紀以来、この証言の真正性が論争され、ユダヤ側とキリスト教側で議論が続いている。ヨセフス学者たちは、この証言はキリスト教側の改竄であろうと推測する。その有力な根拠が、「二つの主要な重要資料であるエウセビオスとオリゲネスの間の矛盾」[14]であり、『ケルソス駁論』第一巻47にも、次に引用するオリゲネス『マタイ福音書注解』第十巻17にもヨセフスによる「キリスト証言」は見られないのである。オリゲネスの『マタイ福音書注解』は次の通りである。

　　ComMt X,17「このヤコブは性格が義なるゆえに、ユダヤ人の間では輝けるものであった。それゆえに、フラウィウス・ヨセフスは『ユダヤ古代誌』第二十巻で、この民族がなぜそのような災禍をこうむり、ついには聖なる家まで破壊されるに至ったかを記録したとき、キリストと呼ばれたイエスの兄弟ヤコブに加えた仕打ちのために、これらの災禍が神の怒りによって彼らを見舞った、と言っている。彼はイエスをキリストとして受け入れなかったが、それにもかかわらず、彼がヤコブを大変な義人であったと証したことは立派なこと

---

　13) バラスは注10において、オリゲネスがイエスとイエスの兄弟ヤコブを組にして言及していることに注意を促し、そのような言及の仕方が後世に影響を与えずにはいなかったことを指摘している。

　14) バラス前掲論文、邦訳10頁。

である．彼はさらに，この民はヤコブのためにこれらの災禍をこうむったと考えている，と言っている」．

オリゲネスは『マタイ福音書注解』第十巻 17 でも『ケルソス駁論』第一巻 47 と同様に，神殿崩壊の原因をイエスの兄弟ヤコブの殺害に求める記述をヨセフスに帰していることと，「キリスト証言」が見られないことが確認される．しかしオリゲネスがヨセフスの証言とみなす箇所（『ユダヤ古代誌』第二十巻 200-201）を見てみると，ヤコブの死に対しては，「市中でもっとも公正な精神の持ち主とされている人たちや，律法の遵守に厳格な人たちは，この事件に立腹した」と述べられているのみであるが，オリゲネスのこれら二つの箇所では，ヤコブの死に関するこの記述がユダヤ民族の災禍や神の怒りへと拡大解釈されていることがわかる．オリゲネスのこのような記述態度について秦剛平は，「ヨセフスはこれ以上のことは何も述べてはいないし，ここ以外にヤコブに言及する箇所はほかにない．そもそもヨセフスは，ヤコブの死それ自体に特別の関心を払ってなどはいない．彼の死をエルサレムの荒廃に結びつけるのは，キリスト教の独自な歴史解釈にもとづく，オリゲネスの神学的解釈ないしは神学的盲信なのである」と手厳しく批判している[15]．ヨセフスのテクストは次の通りである．

ヨセフス『ユダヤ古代誌』第二十巻 200-201「彼（アンナス）はフェーストス（フェストス）が死に〔後任の〕アルビノス（アルビヌス）がまだ赴任の途中にあるときこそ絶好の機会と考えた．そこで彼はスュネドリオン（サンヘドリン）の裁判官たちを召集した．そして彼はクリストス（キリスト）と呼ばれたイェースース（イエス）の兄弟ヤコーボス（ヤコブ）とその他の人びとをそこへ引き出し，彼らを律法を犯したかどで訴え，石打ちの刑にされるべきであるとして引きわたした．市中でもっとも公正な精神の持ち主とされている人たちや，律法の遵守に厳格な人たちは，この事件に立腹した」．

---

15) 秦剛平『ヨセフス　イエス時代の歴史家』ちくま学芸文庫，2000 年，192 頁．

エルサレム神殿の崩壊の原因をヤコブの殺害に求める証言をヨセフスに帰しつつ，さらにその原因をイエスの死に結びつける同様の記述が，オリゲネスの次の2箇所にも認められる。

CCels.II,13「エルサレムがまだ立っていて，ユダヤ人の礼拝がそこで執り行われていたとき，イエスはそこにローマを介して起ころうとしていることを預言した。人は，イエス自身の弟子や聴衆たちが福音の教えを書き記したりしないで伝えたとか，イエスの思い出を文書に残さないで弟子たちのもとを離れて行った，などとは言えない。福音書にはこう書かれている。『エルサレムが軍隊に包囲されるのを見たら，その破壊が目近に迫っていることを知るのだ』と。当時エルサレムを包囲している軍隊は周辺に一つもなかった。包囲攻撃はネロがまだ皇帝だったときにはじまり，ウェスパシアヌスの治世まで続き，彼の息子のティトスがエルサレムを陥落させた。ヨセフスはキリストと呼ばれたイエスの兄弟で義人のヤコブのためにそうなったと言っているが，実際は神の子キリスト・イエスのためだったのである」。

CCels.IV,22「わたしは，ユダヤ全民族がイエスに加えたこれらの災禍のために一世代足らずで滅びたと言うとき，この申し立てを真実でないとする者に挑戦する。彼らがイエスを十字架にかけたときからエルサレムの陥落までの期間は42年であった。……彼らは，神に対して深遠な秘儀の象徴である慣例的な儀式を執り行っていたエルサレムで，人類の救い主である主に対して陰謀を働いたとき，もっとも不敬虔な犯罪を犯したのである。それゆえに，イエスがこれらの屈辱をなめたあの都は徹底的に破壊されねばならなかった。ユダヤ民族は滅ぼされねばならなかった。そして至福への神の招きは，簡素で純粋な仕方で神に礼拝するという教えをうけた他の者たち——キリスト教徒のこと——に移ったのである」。

オリゲネスが一連の記述において「ヤコブの殉教」を神殿陥落の原因とみなす証言をヨセフスに帰しつつ，さらにそれをイエスの死と結び付

けるべきであったとヨセフスに対して「訂正」を加えることは，ヨセフスのテクストとはほど遠いものであり，以上のバラスや秦剛平の所見は，ヨセフス研究者としては当然の批判であろう。しかしこれまで見てきたようにオリゲネスはテクストに基づく厳密な議論を要求し，他の教父たちに優って，生涯にわたってユダヤ教に関心を抱き，積極的にラビたちと対話していたことや，オリゲネスがカイサレイアで写本の収集に基づいて著作活動を行っていたことを考慮すれば，オリゲネスの一連の反ユダヤ主義的記述がオリゲネスの「盲信」（秦剛平）や，バラスの言う「彼らのキリスト教の歴史哲学的解釈」の所産に過ぎないと断じてしまうことはできないように思われる。ルニアによれば，カイサレイアの教会図書館でエウセビオスが入手することのできたほぼすべての書物が今日現存しているが，それらが保持されたのはオリゲネスが233年にアレクサンドリアを決定的に退去してカイサレイアに移住した際に携えていた書物が基になっている蓋然性が高く，オリゲネスは聖書解釈のためにヘレニズム・ユダヤ教文献の価値を認め，それらの保持に貢献したという[16]。従って，オリゲネスがそのような記述を含むヨセフスの写本を入手していた可能性も完全に排除することはできないと思われる。

3. オリゲネスの福音書解釈と反ユダヤ主義

別の視点からこの問題に新たに接近するための重要な手掛かりが，オリゲネスの『エレミヤ書ホミリア』である。なぜなら『エレミヤ書ホミリア』の検討を通じて，これらの一連の反ユダヤ主義的視点が実際には福音書伝承自体に内在するもので，オリゲネスは聖書神学者としてこのような内在的聖書解釈の視点を彼自身の状況において再発見したのだと言うことができるからである。実際にオリゲネスの一連の記述の背後には，旧約聖書と新約聖書をいかにして連続的に捉えるかという神学的問いが繰り返し確認されるのであり，彼はユダヤ教の知恵文学や福音書伝承（Q資料）に基づいてその課題を遂行している[17]。つまりオリゲネスの

---

16) D.T.Runia, "Caesarea Maritima and the survival of Hellenistic-Jewish literature", in A.Raban and K.G.Holum(eds.), *Caesarea Maritima : a retrospective after Two Millenia, Documenta et Monumenta Orientis Antiqui 21,* Leiden, 1996, pp. 476-95.

17) この問題について，出村みや子「オリゲネスの歴史観とアレクサンドリアの知恵神

一連の反ユダヤ主義的記述の形成には聖書伝承の理解が大きく作用しており，ヨセフスによる証言はそれを補強するために引用された傍証にすぎないと言える。そのことを『エレミヤ書ホミリア』の記述から見ておきたい。

  HomJer. XIV, 5「それゆえ彼〔エレミヤ〕は——まず通俗的解釈を述べれば——「わたしは災いだ，母よ，いかなる男をあなたは生んだのか，全地で裁きに付され，紛争のもとである男を」と言ったのだ。しかし，わたしたちの先駆者たちのひとりがこの箇所に専心して，エレミヤがこの言葉を向けたのは身体的意味での母ではなく，預言者たちを生む母に対してであると言っている。預言者を生むのは神の知恵でなくて，誰であろうか。それゆえエレミヤは，「わたしは災いだ，母よ，いかなる男をあなたは生んだのか，知恵よ」と言ったのだ。だが知恵の子らは福音書にも記されている。「そして知恵は彼女の子らを遣わす」（ルカ 11: 49Q 参照）。
  このような訳で，「わたしは災いだ，わが母なる知恵よ，いかなる男をあなたは生んだのか。全地で裁きに付され，紛争のもとである男を」と言われたのかもしれない。もしエレミヤが，「いかなる男をあなたは生んだのか。全地で裁きに付され，紛争のもとである男を」と言うなら，「全地で」という言葉を説明することはできない。というのもエレミヤは「全地で裁きに付され」てはいないのだから。あるいはもしわれわれが強いてこの表現を用いようとするなら，「全地で」とは「ユダヤ全土で」の代わりなのではないか，と言おうか。というのも彼の預言は，彼が預言をした時点では「全地」には届いていなかったのだから。あるいはむしろ，エレミヤの名がむしろわれらの主イエス・キリストの代わりに他の無数の箇所で挙げられていることをわれわれが示したように，ここもまたそうであると言わないだろうか。最初にわたしは，「見よ，わたしはあなたを人々や諸国の上に立てる。抜き，壊し，滅ぼし，建て，植えるために」というテキストに注目した。エレミヤはそれをしてはいなかった。し

学」，佐藤研編『聖書の思想とその展開　荒井献先生還暦・記念，献呈論文集』教文館, 1991年, 315-339 頁を参照されたい。

かしイエスは，罪の王国を抜き，悪の建造物を壊し，彼はそれらの王国の代わりにわれわれの心に正義と真理が支配するようにしたのだ。それゆえにそれらの箇所をエレミヤよりもキリストに帰すことがふさわしいように，私が思うに，他の多くの箇所にもそれが適合するのだ」。

同 XIV,6「「わたしは災いだ」という表現について，これが冒瀆的に思われるゆえに，まず初めに論じる必要がある。他の者を「災いである」とみなした救い主が，「わたしは災いだ」と言うことはありえるのだろうか。救い主以外には適合しないことが同意されている箇所から，いかにして彼がまたエルサレムのために嘆かれたかを提示しよう。その嘆きの声が「災いだ」である。福音書には，彼がエルサレムを見て，彼女のために嘆き，そして「エルサレム，エルサレム，預言者たちを殺し，自分に遣わされた人々を石で打ち殺す者よ，めん鳥が雛を羽の下に集めるように，わたしはお前の子らを何度集めようとしたことか，等々」（ルカ 13: 34 Q）と言ったと記されている」。

同 XIV,13「もしあなたが受難とエルサレムの陥落とこの都市の破壊の時を検討し，この民がキリストを殺したゆえに，どのように神が彼らを見捨てたかを検討するなら，あなたは神がこの民を寛大に扱うことはなかったのを見るだろう」。

　オリゲネスはここに引用した『エレミヤ書ホミリア』の 3 箇所において，預言者エレミヤの苦難をイエスのそれと重ね合わせ，さらにイエスの処刑をエルサレムの陥落の原因とみなす記述を行っているが，これはこれまで確認したように，「聖書を聖書から解釈する」オリゲネスの聖書解釈の手法であった。しかし同時にこのような方法は，歴史的文脈を無視した手法としてヨセフス引用の問題においてすでに確認されたものであった。

　ここでオリゲネスの聖書解釈における解釈学的構成を考察しておきたい。まず預言者エレミヤとイエスを結び付ける動機として「預言者を生む母なる知恵」の観念が導入されている。XIV,5 に引用された「そして知恵は彼女の子らを遣わす」という表現はそのものとしては正典福音書

にはない。しかし文脈からルカ 11:49 Q の「だから，神の知恵もこう言っている。『わたしは預言者や使徒たちを遣わすが，人々はその中のある者を殺し，ある者を迫害する』」というイエスの言葉に基づくパラフレーズと推測される。さらに『エレミヤ書ホミリア』XIV,6 においても，ルカ 13:34Q のイエスの嘆きの言葉「エルサレム，エルサレム，預言者たちを殺し，自分に遣わされた人々を石で打ち殺す者よ，めん鳥が雛を羽の下に集めるように，わたしはお前の子らを何度集めようとしたことか，等々」が引用され，これが預言者の言葉とイエスの言葉を結び付ける解釈において重要な役割を果たしている。シュテックやジェイコブソンのような聖書学者たちは，これらの Q 資料の箇所には「預言者の職務と預言者が被るべき不幸な運命」を記した申命記的歴史観が見られることを指摘している[18]。それゆえに救い主と預言者を密接に結び付けたものは，Q 資料に認められる「預言者に対する暴力的殺害の動機」であり，さらにアレクサンドリアの知恵伝承に見られる神の知恵の子らの派遣の動機であったと考えられる。

さらに佐藤研は，Q 文書の成立の問題としてその段階的編集について言及し，「その際の意図は現行のイスラエル批判」にあったことを指摘している。佐藤は「結局，さまざまな研究者が自説を述べ合う中で，イスラエル批判の層が一つの編集層としてあるという点では，漠としたコンセンサスが出来つつある」と述べている。これは Q 資料を担った人々の「宣教がついに華々しい成果を収めることがなかったことと無関係ではない」のであって，イスラエル自体は「回心」しないままであった。そのため，イスラエルを断罪する預言者的言葉が増えていったのだと佐藤は推測する（その例として，ルカ 19:12, 13-15, 11:29-32, 49-51, 13:34-35 が挙げられている）[19]。オリゲネスにおけるイエスの死の理解には，元来聖書テクストに内在していたイエスの弟子たちの宣教活動の状況を反映した神学的動機が，新たな状況において引用されたことに付随して，反

---

18) O.H.Steck, *Israel und das gewaltsame Geschichck der Propheten. WMANT 23.* Neukirchen-Vluyn: Neukircher Verlag, 1967; A.J.Jacobson, "The Literary Unity of Q", *JBL* 101, pp. 365-389 参照。

19) 佐藤研「Q 文書」，木幡藤子・青野太潮編著『現代聖書講座第二巻 聖書学の方法と課題』日本基督教団出版局，1996 年，276 頁。

第5章 オリゲネスの聖書解釈とユダヤ教

ユダヤ主義的動機が顕在化したと考えられるのであり，それは彼が「聖書を聖書によって解釈する」聖書の内在的理解の立場をとっていたためである。

本書の序論で示したように，オリゲネスはキリスト教と競合していた当時のユダヤ教のラビたちと学術的交流があり，聖書解釈をめぐって公開の討論も行っていたことが知られている。この点について，ポール・ブロワーズはオリゲネスがラビたちと積極的に知的交流をしていたことを認めつつも，当時のカイサレイアにおけるキリスト教とユダヤ教との競合状況に着目して注目すべき指摘を行っている。

「しかし，オリゲネスのユダヤ教に対する学問的，および神学的興味は，ユダヤ人に対する彼の公的姿勢のなかにオープンにその本性を現さなかったことがほぼ示唆される。ここにおいてオリゲネスが行っている聖書に関するラビとの討論は，学問的な知見の交換と言うよりは，相互に拒否し合うための表明演説である。オリゲネスのホミリアと注解書における反ユダヤ主義的操作（maneuvers）は，正にこれと同じ頑固さを反映している。これらの「哲学者たち」の討論には，交渉の余地はない。ラビたちの釈義の議論は，完全に退けられねばならなかったのであり，なぜならユダヤ教は依然としてキリスト教の宣教にとって脅威になりえるものであり，また聖書の伝統に忠実であることを求める人々にとっての当面の選択肢であり続けたのだから。ユダヤ教に対するこうした強硬な公的姿勢において，オリゲネスは古典後期におけるキリスト教とユダヤ教の関係の実に典型的なパターンにとどまっていたのだ」[20]。

このことと関連してオリゲネスの反ユダヤ教的記述を理解する上で重要なのが，本書序論で示したように，アレクサンドリアのキリスト教の起源の問題であり，それはユダヤ教の影響下にあってグノーシス主義の

---

20) Paul M.Blowers, "Origen, the Rabbis, and the Bible: Towerd a Picture of Judaism and Christianity in Third-Century Caesarea", in Charles Kannengiesser & William L. Petersen (ed.), *Origen of Alexandria—His World and his Legacy,* University of Notre Dame Press, Indiana, 1988, p. 116.

潮流も許容しつつ，次第にそれらとの関係から脱し，固有のアイデンティティの確立を模索する共同体であったと推定されることである。オリゲネスがパウロに基づいて聖書解釈の方法を確立したことは，キリスト教会のアイデンティティの問題と無関係ではないと思われ，彼がユダヤ人キリスト者の一派であるエビオン派の聖書解釈をしばしば論駁の対象としていることもその表れと思われる[21]。またユダヤ教との競合関係にあった当時のキリスト教会の中にユダヤ教の宗教的習慣に従う信徒が存在し，そうした者に対してオリゲネスがしばしば批判を行っていたことも知られている。実際に彼はカイサレイアの一人の女性が，キリスト教徒にとっては断食すべき日であった金曜の夕べに，安息日の遵守のために身を清めたり，身を飾ったりしているのを知っていた[22]。

従ってオリゲネスのこうした反ユダヤ主義的記述もまた，彼の個人的資質というよりは，教会内の読者を視野に入れた内部に対する論争であったと思われる。というのも『ケルソス駁論』が対象とした読者は，聖書の記述に通じておらず，ケルソスの『真正な教え』に含まれる様々な角度からのキリスト教批判に揺り動かされるような「信仰の弱い」人々であり，そこには当然のことながらユダヤ教との関係も重要な比重を占めていたと考えられるからである。ヴィルケンが指摘したように「ユダヤ教の習慣や思想について批判的に記述をすることなしには，彼らの信仰を表明することができなかった」のは，聖書解釈をめぐってユダヤ教と競合関係にあったQ資料の担い手も，オリゲネスの時代の彼の読者も同様であったと思われる。現代的視点から見れば，ここにオリゲネスの聖書主義の限界を見ることができるだろう。

4.『ヘクサプラ』の編纂意図

これまで検討してきたオリゲネスにおける反ユダヤ主義的記述の存在は，これまでのオリゲネス研究者がほとんど見過ごしていた問題であり，

---

21) A.F.J.Klijin and G.J.Reinink, *Patristic Evidence for Jewish-Christian Sects,* Leiden,1973. この点について，出村みや子「アレクサンドリアの聖書解釈の伝統における貧困と富の理解」，『聖書学論集41 経験としての聖書 大貫隆教授献呈論文集』日本聖書学研究所，2009年3月，531–550頁を参照。

22) John A. McGuckin, "Caesarea Maritima as Origen Knew It", *Origeniana Quinta,* 1992, pp. 3–25.

第 5 章 オリゲネスの聖書解釈とユダヤ教

確かにオリゲネスの著作のうちでも，特にカイサレイアに移住後に執筆された後期の著作にはユダヤ教に対する批判が多く認められる。そこで最後に，オリゲネスがカイサレイアに移住後に手掛けた『ヘクサプラ』の編纂の問題について考察したい。

オリゲネスが作成した『ヘクサプラ（六欄対訳聖書）』は旧約聖書の本文研究の最初の試みであり，オリゲネスがラビとの学術的親交を持っていたことを示す。これはアレクサンドリアで着手されたが，長期にわたるこの事業が本格的に遂行され，完成を見たのはカイサレイアに移住した後のことである。秦剛平は，オリゲネスが正確さの基準としたヘブル語のテクストは移住先のカイサレイアに存在したユダヤ人シナゴーグで使用されていたものであろうとみなしている[23]。実際オリゲネスは『ヘクサプラ』の編纂のために周辺諸地域を旅して精力的に写本の収集に当たり，この地に「研究機関―図書館（Schola-Library）」を設立したのだった[24]。この学術図書館についてマクガッキンは，「まさにその存在は後代になると，カイサレイアにおけるキリスト教徒の図書館と学術機関を宣伝する役割を果たしたのであり，かの著名な図書館とムーセイオンに相当するものがキリスト教の側によって設立されたと記述されるようになったのだ」[25]と述べている。オリゲネスの『ヘクサプラ』の原本はカイサレイアの図書館に保存され，エウセビオスとヒエロニュムスがそれを用いている。エウセビオスはコンスタンティヌス帝の要請を受けて，50 部の写本を作成しているが，現在では完全な形では現存していない。特に第五欄のオリゲネスの改訂による七十人訳聖書のテクストには，ヘブル語本文には欠けていることを示す星印のアステリスコスと，本文への付加箇所を示すオベロスが用いられているが，これらはアレクサンドリア図書館員の文献学者アリスタルコスが，ホメロスの『イリアス』と『オデュッセイア』の校訂本を完成させた際に用いた六つの記号のうちの二つであったことは重要である。これは次のような構成であったと伝えら

---

23) 秦剛平訳『七十人訳聖書 III レビ記』河出書房新社参照。
24) 本書第 1 章 I.3 参照。
25) John A. McGuckin, "Origen as Literary Critic in the Alexandrian Tradition", *Origeniana Octava,* Leuven, 2003, pp.126 f.

れる[26]。

1欄　ヘブル語版聖書本文
2欄　そのギリシア語音訳
3欄　アクィラ訳　90年にヤムニヤにおけるユダヤ教ラビたちの会議でヘブル語マソラ本文が規範として定められ，他方でキリスト教側が七十人訳を重視する姿勢を強く打ち出したために，2世紀にヘブル語原典により忠実なギリシア語訳が必要となり，アクィラ訳が生み出された。アクィラは小アジアのポントス出身のユダヤ教改宗者で，アクィラ訳はユダヤ人の会堂で七十人訳に代って広く用いられることになった。
4欄　シュンマコス訳　シュンマコスはユダヤ人キリスト教徒の一派エビオン派に属し，律法の字義通りの遵守を旨として，アクィラ以上に言語に忠実な訳を行った。オリゲネスはこれをカッパドキアで入手している。
5欄　オリゲネスの校訂による七十人訳（ヘクサプラ改定版（Hexapla recention））　ヘブル語版との異同を示すためにアリスタルコスの記号を使用している。
6欄　テオドティオン訳　テオドティオンはエフェソス出身のユダヤ教への改宗者。この翻訳はマソラ本文に密着して七十人訳を改訂したもので，ヘブル語の特殊な単語や表現の多くがギリシア語に音訳されているのを特徴とする。

オリゲネスは『ヘクサプラ』を編纂した動機を，「アフリカヌス宛て書簡」5で次のように述べている。

「だがわれわれは彼ら〔ユダヤ人〕の間に流布している様々な〔テクスト〕に無知でいないように努めているが，それはわれわれがユダヤ人たちと論争する際に，彼ら〔の写本〕に見出されないものを彼らに対する反論の際に引用することを避けるためであり（ἵνα πρὸς Ἰουδαίους διαλεγόμενοι μὴ προφέρωμεν αὐτοῖς τὰ μὴ κείμενα ἐν τοῖς ἀντιγράφοις αὐτῶν），またその中に見られるものが，たとえわれわれの書に見出されないとしても，利用することが

---

[26]　Josef W. Trigg, *Origen : The Bible and Philosophy in the Third-Century Church*, SCM Press LTD, 1983, pp.82–86，小高毅『人と思想　オリゲネス』清水書院，1992年，39–44頁参照。

第5章　オリゲネスの聖書解釈とユダヤ教　　　　　　　　　217

できるようにするためである。もしわれわれが彼らに対して探求の
備えをしていれば，彼らが異邦人信徒に対してしばしばなすよう
に，彼らの有する写本に書かれた真の読みを知らないとの理由から
(ὡς τ'ἀληθῆ καὶ παρ' αὐτοῖς ἀναγεγραμμένα ἀγνοοῦντας) 軽蔑
し，嘲笑するなどということはなくなるだろう」[27]。

　以上の記述から，オリゲネスが『ヘクサプラ』を作成した目的は，旧約聖書の解釈をめぐってユダヤ教のラビたちと論争する際に，キリスト教徒が用いた七十人訳テクストの真正さを弁護するための手立てを生み出すことにあったばかりでなく，異邦人キリスト教徒たちが旧約聖書テクストの改竄や強引な解釈を行っているといった嫌疑を，もはやユダヤ人たちから受けることがないようにとの教育的配慮にあったことがわかる。先に本書第1章で示したように，彼はキリスト教徒が教会で用いていた「七十人訳」のテクストをヘブル語テクストと比較検討する際に，「聖書を聖書によって解釈する」アレクサンドリアの文献学的伝統に従っていることは重要である[28]。従ってここにも『ケルソス駁論』と同様に，キリスト教の外部の者に対する論争的意図と同時に，キリスト教内部の者に対する内的論争の両面を認めることができる。

　ところで，オリゲネスの『ヘクサプラ』の編纂に対しては，彼が「七十人訳」のテクスト伝承を損なったとの批判がしばしばなされてきた[29]。オリゲネスがその第5欄に書き込んだテクストは，「ヘクサプラ改定版 (Hexapla recention)」と呼ばれるが，その評価を巡る問題はテクスト伝承の点から見て単純に答えることができない。

---

27)　*Epistola ad Africanum* 5 (PG11, cols60-61) in P.Nautin, *Origène: Sa vie et son oeuvre*, Paris, 1977, p.180.
28)　本書第1章 I.2 参照。
29)　Eugene Ulrich, "Origen's Old Testament Text: The Transmission History of the Septuagint to the Third Century C.E.", in Charles Kannengiesser & William L. Petersen (ed.), *Origen of Alexandria— His World and his Legacy*, University of Notre Dame Press, Indiana, 1988, p. 31 (若干の修正を加えた邦訳として，ユージン・ウルリッチ「エウセビオスの旧約聖書——オーリゲネースの遺産」，秦剛平・H.W. アトリッジ共編『キリスト教とローマ帝国』リトン，1992年，33頁)．ここでウルリッヒは，オリゲネスに対するこのような否定的評価がS.R.Driver，(*Notes on the Hebrew Text and the Topography of the Books of Samuel*, Oxford,1913) からBarthélemy ('Origène et le text de l'Ancien Testament', *Epektasis, Mélanges patristiques offert au Cardinal Jean Daniélou*, Paris: Beauchesne,1972, pp.247-261) に至るまで，数多く下されてきたことを指摘している。

「七十人訳」のテクスト伝承とオリゲネスとの関係について詳しく論じているウルリッヒの研究によれば，モーセ五書の古ギリシア語訳は前3世紀中頃から開始され，オリゲネスの時代より約五百年前後先行しているゆえに，その間に省略や重複誤記といった機械的な誤りの他，明確化や訂正，調和化などの意識的改変など，オリゲネスが有していたテクスト自体が相当量の改変の跡を示しており，「われわれは，その翻訳の原初のものと誰もが見なすものをどの書に対してももたないし，オリゲネスももたなかった」[30]というのが実情なのである。オリゲネスは，当時の教会で使用されたギリシア語聖書の写本の間に不一致が見られることを認識しており，教会が用いている聖書と著しく異なる聖書をめぐってユダヤ人と論争する際には，ヘブル語聖書が優先されるべきであると考えていた[31]。M. ヘンゲルも，オリゲネスが七十人訳本文を，「神の摂理によって生み出されたものであり，教会の中で拘束力を持つ翻訳」として尊重していたが，「アリステアスの手紙」が伝える七十人訳の翻訳伝説と霊感伝説には決して言及せず，「権威においてヘブル語原典を決して超えることのできない」単なる翻訳であるとみなしていたことを指摘している[32]。

　そのためにノータン[33]やトリッグのように，責めはオリゲネスにではなく，彼の批判的な基準を維持しなかった弟子たちにあるとして，オリゲネスの編纂を肯定的に評価する立場もある。トリッグは，「ヘクサプラ」は聖書学における道標であり，オリゲネスをキリスト教の伝統におけるテクスト批評の父としたと評価して次のように述べている。

　　「現代の何人かの学者はヘクサプラ版の七十人訳が，七十人訳のテクスト伝承を損ねたことを嘆いているが，それはオリゲネスが用いた他の訳が，マソラ版テクストより古いヘブライ語伝承に依拠しており，〔七十人訳の伝承は〕その証言であったためである。オリゲ

---

[30] Ulrich, op. cit., p.16.（邦訳19頁）。
[31] Ibid., p.30.（邦訳34-35頁）。
[32] M. ヘンゲル『キリスト教聖書としての七十人訳　その前史と正典としての問題』土岐健治・湯川郁子訳，教文館，2005年，35頁。
[33] P.Nautin, op. cit., pp. 358-361.

ネスは七十人訳がこのような仕方で有益であることを十分承知していたのであるから，このゆえに彼らはオリゲネスを非難するべきではなく，彼の批判的基準を保持し損ねた後代の伝承を非難するべきである。ヘクサプラが重要なのは，オリゲネスのこの著作のお陰でヒエロニュムスが新しいラテン語聖書，ウルガータを七十人訳からではなく，ヘブライ語から作成したからである。オリゲネスとヒエロニュムスの例に倣い，ヘブライ語聖書は宗教改革がルネサンスの批判的学問の復興を採用した時に，プロテスタントの人々にとっての基準となったのだ」[34]。

しかし問題はウルリッヒが指摘するように，オリゲネスが彼の時代までに標準化していたヘブル語聖書を，「真正なヘブライ語聖書」とみなし，これが七十人訳の底本と同じタイプのテクストであるとみなした点にあった。彼は同時代の幾分か毀損され，幾分か改変された，コイネー・ギリシア語で書かれた普通のテクスト（それは「七十人の翻訳」，または，たんに「セプチュアギンタ」と呼ばれた）から出発して，このギリシア語訳が当時のヘブル語本文から逸脱している場合には，ギリシア語に問題があるか不忠実であるとみなして，アリスタルコスの印を付した質的改変や，印の付されていない語の入れ換えなどを含む量的改変を行った。その結果，実際にオリゲネスが残したのは，「原初の古ギリシア語訳でもない，また純化され霊感を受けた「七十人の翻訳」でもないテクスト」[35]であった。

従って現代的視点からオリゲネスの『ヘクサプラ』編纂を評価するならば，われわれは聖書解釈者としてオリゲネスが果たした役割を彼のテクストに基づいて適切に評価する必要があると共に，後代に残された課題についても検討する余地があるということである。オリゲネスは現代の本文批評が目標とするような，原初の古ギリシア語訳を生み出すことには貢献せず，逆にそれを遠ざけてしまったが，肯定的に見れば「キリスト教の伝統になった聖書の本文批評の開拓者」であり，「批判的学問を神学と霊性とで統合する道を開いた」ことや，キリスト教徒のテクス

---

34) Trigg, op. cit., p. 85.
35) Ulrich, op. cit., pp. 20-32.（邦訳 23-36 頁）。

トを 3 世紀のラビのヘブル語テクストに近づけることで，ユダヤ教との対話を引き続き可能にしたというウルリッヒの結論[36]が，七十人訳をめぐるオリゲネスとユダヤ教との関係を適切に表現していると思われる。

　以上の考察により，オリゲネスはアレクサンドリアを退去してカイサレイアに移住した後にユダヤ教との論争に着手しているが，未だユダヤ教と未分化な状況にあった教会はユダヤ教との競合関係にあって聖書解釈をめぐる論争を展開していたことがわかった。オリゲネスにおいて反ユダヤ主義的記述が強硬なものとなっていた背景には，ユダヤ教との競合関係にあった当時のキリスト教会が自己定義の必要に迫られていた状況があり，また福音書伝承に内在する反ユダヤ主義的視点を，彼が聖書解釈者として彼自身の状況において新たに再発見したことも重要な要因である。

　さらにオリゲネスが長期にわたって取り組んだ『ヘクサプラ』の編纂についても，これによって彼が七十人訳のテクスト伝承を損なったとの批判がなされる一方，これによってオリゲネスがキリスト教の伝統におけるテクスト批評の父としての地位を確立したとみなす立場もある。

　ここから明らかになるのは，オリゲネスのテクストに見られる反ユダヤ主義的記述は，いずれにしても当時のユダヤ人との対話的ないし論争的意図のもとになされた聖書解釈の問題であり，キリスト教公認後の 5 世紀のキュリロスの時代に生じたアレクサンドリアからのユダヤ人追放のような歴史的事件とは全く異質なものだということである。

---

36)　Ibid., pp. 32-33（邦訳 36-38 頁）。

第 6 章
オリゲネス神学が異端とみなされた経緯

　これまで見てきたように，オリゲネスは聖書解釈者として多くの聖書注解やホミリアを生み出し，『ヘクサプラ』を編纂したことによって，砂漠の修道士たち，アタナシオス，カッパドキアの三教父，アウグスティヌス，聖証者マクシモスなど後代のキリスト教神学の伝統，特に聖書神学に多大な影響を与えた聖書学者であるにもかかわらず[1]，これまで教会史のなかで様々な批判にさらされ，長い間正当な評価を受けずにいた。それは本書の最初で述べたように，4 世紀以降にオリゲネス神学の正統性を巡る論争（いわゆるオリゲネス論争）が生じ，6 世紀には異端宣告がなされたためである。それによって彼の著作の多くが失われるというキリスト教史における非常に不幸な結果が生じた。ユスティニアヌス帝は 543 年の「メナス宛て書簡」において「オリゲネスに対する十箇条の異端宣告文」をもってオリゲネスとその教説を断罪し，その後 553 年の公会議の直前に「オリゲネスに対する十五箇条の異端宣告文」をもってオリゲネスに異端宣告を下した[2]。

---

[1] オリゲネスが聖書解釈史のみならず，砂漠の修道士たちの禁欲主義的修行やその後の修道神学に大きな影響を及ぼしたことについて，荒井献・出村みや子・出村彰『総説　キリスト教史 I 原始・古代・中世篇』日本キリスト教団，2007 年 2 月，98, 122-125,135-141 頁；関川泰寛『アタナシオス神学の研究』教文館，2006 年，202-232, 326-334 頁；S.Rubenson, *The Letters of St.Anthony. Origenist Theology, Monastic Tradition and the Making of a Saint,* Lund: Lund University Press, 1990 ; S.Rubenson "Origen in the Egyptian Monastic Tradition of the fourth century", *Origeniana Septima,* Leuven, 1999, pp.310-337; C.Kannengiesser, 'Origen's Doctrine Transmitted by Antony the Hermit and Athanasius of Alexandria', *Origeniana Octava,* Leuven, 2003, pp. 889-900 を参照。

[2] ユスティニアヌス帝がオリゲネスに対して下した異端宣告文の邦訳が，小高毅編『原

この最後の章では，オリゲネスに対して6世紀に異端宣告が下されるまでの複雑な歴史的経緯の一端を見ることにより，中世の聖書解釈に多大な影響を与え，また後世のプロテスタントにおける聖書主義のいわば先取りとも言えるオリゲネスがなぜ6世紀に異端として退けられ，その著作の多くが失われることになったのかを示したいと思う。この問題は，オリゲネスが存命中に生じた問題と，彼の死後かなりの時を経て6世紀の半ばにユスティニアヌス帝によって異端として断罪されることになった問題の二つの局面を区別して論じる必要がある。そこでまずオリゲネスの神学活動中に生じた問題，特に彼がアレクサンドリアを退去せざるを得なくなったいきさつについて概観した後，次にオリゲネス批判に決定的な役割を果たしたエピファニオス（315-403年）の『パナリオン（薬籠）』64の構成と記述内容に着目して，聖書解釈のみならず禁欲主義者的神学者としても尊敬され，後世の修道的聖書解釈に重要な影響を及ぼしたオリゲネスが一転して危険な異端とみなされるようになった一要因について検討したい。

1. アレクサンドリア退去問題

　オリゲネスのアレクサンドリア追放の問題は，しばしばオリゲネスの神学思想が異端の嫌疑を受けていたことと結び付けられてきた。特に教会史上「普遍救済論」と戯画化して呼ばれる教説，つまりオリゲネスは悪魔も最後には救われると主張したとの嫌疑がかけられたことが問題となるが，この件については，ヒエロニュムスの『ルフィヌスへの弁明』に収録されたオリゲネス自身の「アレクサンドリアの友人たちへの手紙」から事の真相を知ることができる。これは彼がある異端者と公開討論を行った際の記録が改竄されたために，その誤った記録が彼の神学者としての資質を疑問視させることになったことによって生じた。しかしこの件についてはオリゲネスが当時の記録と照合しつつ，改竄した本人にその事実を認めさせたことで一応の決着をみたのであった[3]。ただしそのような誤解を招く表現が『諸原理について』第三巻6章5や『ヨ

典　古代キリスト教思想史2　ギリシア教父』教文館，2000年，433-438頁に収録されている。
　3）　記録文書の改竄問題について詳しくは，小高毅『人と思想　オリゲネス』清水書院，1992年，69-73頁参照。

第6章　オリゲネス神学が異端とみなされた経緯　　223

ハネ福音書注解』に見られることは，小高毅が指摘しているとおりである[4]。だが『諸原理について』の問題の箇所を見てみると，パウロのⅠコリ15: 26以下が引用され，終末時の世の完成においてはすべてが神に服従し，「神がすべてにおいてすべてとなる」結果，聖書においては全被造物の完全な回復が示されていると理解すべきことが記されているにすぎない。従ってこの問題も，オリゲネスの聖書主義の立場と当時のパウロの受容の問題とが複雑に絡み合って生じた出来事と説明することができるだろう。さらに本書第3章で紹介したように，有賀鐵太郎はオリゲネスのアレクサンドリア追放の原因と異端問題との関係に言及し，オリゲネスの復活理解がアレクサンドリアですでに「異端視」されていたと述べているが[5]，オリゲネスの復活理解は確かに当時の教会の傾向とは異なっていたものの，以下に見るようにアレクサンドリア退去の直接の原因ではなく，後代のオリゲネス論争において異端とみなされるようになった主題である。

　それではオリゲネスが233年にアレクサンドリアを退去してカイサレイアに活動の拠点を移した直接の原因はどこにあったのだろうか。オリゲネスのアレクサンドリア退去の経緯について記している資料としては，エウセビオスの『教会史』第六巻の他に，パンフィロスの『オリゲネス擁護論』の記述を再録した9世紀のコンスタンティノポリス総主教フォティオスの『図書目録』118，ヒエロニュムスの『著名者列伝』54と『第33書簡，パウラへの手紙』，それにオリゲネス自身の記述（『アレクサンドリアの友人たちへの手紙』と『ヨハネ福音書注解』第六巻序文）など多くの証言が残されている。これらの記述に基づいてこの出来事を再構成した小高毅によれば，その主たる原因はアレクサンドリアの主教デメトリオスとの長年にわたる対立関係にあった[6]。

　オリゲネスがアレクサンドリアから旅立ったのは230年であるが，215年にはすでに最初の対立が生じている。この年にはカラカラ帝によ

---

4)　小高はこの個所について，「この悪魔の救いに関して，オリゲネスは，『諸原理について』第三巻6章5でも，最終的には悔い改めて神の敵ではなくなると論じている」（上掲書，72頁）と述べているが，ここには悪魔の問題は出てきておらず，「死と呼ばれている最後の敵」が滅ぼされ，「創造者にとって直せないものは何一つない」と記されているのみである。

5)　有賀鐵太郎『オリゲネス研究』創文社，1981年，419頁。

6)　小高前掲書，64-82頁。

るアレクサンドリア訪問をきっかけに，皇帝に反発した市民が暴動を起こし，それが市民に対する虐殺事件に発展するという出来事が生じる。この時オリゲネスはカッパドキアに避難しているが，その際カイサレイアの主教テオクティストスとエルサレムの主教アレクサンドロスに乞われて聖堂で説教をしている。一信徒にすぎないオリゲネスが主教たちを前に聖書に関する講話をしたことを伝え聞いたデメトリオスはこの出来事に憤慨し，すぐに手紙を送ってオリゲネスを呼び戻した。さらに230年頃には，先に文書の改竄事件で触れたように，オリゲネスがアテネで異端者との討論を行うためにアレクサンドリアを旅立ち，その途上パレスチナで司祭に叙階されるという出来事が起こる。フォティオスの証言によれば，オリゲネスはこの時「主教の同意なしに」出発したという[7]。エウセビオスはこの出来事について，「パレスチナで最高の敬意をうけていた二人の傑出した主教，すなわちカイサレイアとエルサレムの主教が，オリゲネスを司祭の地位と最高の名誉に値すると判断し，按手して司祭職につけた」（第六巻 8.4）と伝えている。この時も主教のデメトリオスはこのことに激怒し，抗議の書簡を起草してエジプトの何人かの主教の署名を取りつけ，ローマおよび全地の主教たちに発送した。さらに彼はオリゲネスのアレクサンドリア追放を裁決するためにエジプトの主教と司祭とを会議に招集し，これによってオリゲネスのアレクサンドリア追放は決定的なものとなったのである。

　最近の研究者たちも，オリゲネスがアレクサンドリアを去ってカイサレイアに移ることになった経緯については彼の異端的思想と結び付けず，アレクサンドリア教会内の対立に原因があったとみなしている。カンペンハウゼンはこの対立を，「自立〈教師たち〉の自由な，そして職掌とは無関係に持ちうる権威と，彼らの上にある教会当局の権威との間の，張り合いと闘争の最初の顕著な実例」としてとらえている。彼は，主教デメトリオスが当時エジプト教会に彼の権威を承認させようと努めており，カテケーシス学校をも自分の直接的監督下に置こうとしたことから，これに抵抗した平信徒教師オリゲネスとの間で確執を引き起こし

---

[7]　これは9世紀のコンスタンティノポリス総主教フォティオスの『図書目録』118の記述によるもので，フォティオスはパンフィロスの『オリゲネス擁護論』の記述を再録している。

たことがその原因であったとみなしている[8]。

　またアニック・マルティンは，デメトリオスが44年間もの間（189-233年）その地域の主教の座に留まったことから，その組織者としての力の行使の問題を挙げている。特にデメトリオスが司祭たちの筆頭である主教を中心として共同体を編成し，キリスト教グノーシス主義者に対抗して多数者と教会の統一性を守ろうとして，彼がその権威の強化を可能にするためにエジプトの主教職を設置したことに着目する。その際に教会教育の機能の問題が共同体内に緊張関係を生みだす重要な争点となり，それは結果としてアレクサンドリアのクレメンスの暗黙の締め出しと，平信徒のオリゲネスの公式な締め出しを招くことになった。デメトリオスはこの信仰教育の機能を最終的に司祭職に限定しながら，その権限を発展させていったという[9]。

　さらにマクガッキンも，この問題に関して教会の教育システムの相違という点から解明を試みている。オリゲネスが当時の正統的教会の単純な信仰を批判した『諸原理について』を公刊したことによってデメトリオスとの抗争の激化が決定的なものとなり，オリゲネスは自発的にアレクサンドリアからの退去を選択せざるをえなくなったが，それはこの都市におけるキリスト教的研究機関（Christian Schola）の発展のためにオリゲネスが提起した諸観念に対して，デメトリオスは自らがそれらの監督的立場にあるとの自覚を有していたためであったと見る。『諸原理について』が示すように，オリゲネスがこの都市に創設することを望んでいたのは，この地の教会のカテケーシス学校と呼ばれるものとは非常に異なった研究機関だったのであり，それは有名なアレクサンドリア図書館によって代表されるような世界的な教育施設をある種模倣したものであった。実際洗礼志願者のために主教が設置した当時のカテケーシス学校は，パンタイノスによって創設され，クレメンスとオリゲネスによって継承されたと信じられている，いわゆる学識ある哲学的神学者のために構想された学校とは，当然のことながら設立の趣旨が異なっている。従って主教のデメトリオスがキリスト教教師（Christian Didaskalos）の

---
8) カンペンハウゼン『古代キリスト教思想家 I ギリシア教父』三小田敏雄訳, 75-76頁。
9) A.Martin, "Aux Origines De L'Alexandrie Chrétienne: Topographie, Liturgie, Institutions", *Origeniana Octava,* Leuven 2003, pp. 105-120.

固有の役割や機能とみなしたものと，オリゲネスが彼の任務や使命として理解したものとの間の緊張は以前から潜在的に存在したのであり，それがオリゲネスにおいてはアレクサンドリアからの追放という形で顕在化したにすぎないという[10]。

　これらの指摘からわれわれは，当時有数の文化都市であったアレクサンドリアが一時期クレメンスやオリゲネスのような自由なキリスト教研究と教育の伝統を育んだ場であったものの，やがて「キリスト教グノーシス主義者に対抗して多数者と教会の統一性を守ろうとした」デメトリオスが，主教としての自らの権限を強化してゆく過程で教会制度の再編に着手し，オリゲネスのような自由な立場の平信徒を教会の教育職から排除していったことを知る。同時にこれまでのオリゲネスの著作の検討から明らかになったように，オリゲネスが自分の読者に対して正しく聖書を読み，聖書解釈については自ら判断するように導いていたことが，当時のキリスト教世界に多様な聖書解釈を許容することとなり，それが主教の指導権を脅かすものと映ったであろうことも想像に難くない。

　その後オリゲネスは移住先のカイサレイアにおいて教会の保護と経済的支援を得て，非常に早期に大規模かつ精力的に写本の購入に着手し，そのために彼はパレスチナ，アテネ，そして恐らくはローマへも足を伸ばしたのだった。アレクサンドリアで着手された彼の神学的活動は，引き続きカイサレイアで継続され，大きな実りを得ることとなった。だがオリゲネスの死後，彼の神学的遺産がその後の教会史に思わぬ影響を及ぼすことになった。オリゲネス論争の勃発である。

2. 禁欲主義の隆盛とオリゲネス主義

　オリゲネスの異端宣告が彼の死後かなりの期間が経過してからなされたのは，これがオリゲネス自身の神学の問題というよりは，彼の神学が後の砂漠の修道士たちに与えた影響が新たな問題を引き起こし，それにアレイオス論争をはじめとして数々の神学論争の問題も加わって，いわゆるオリゲネス論争の進展の中で彼に対する批判が新たに展開されていったためである。3世紀末から4世紀にかけて，それまでキリスト教

---

10) John. A. McGuckin, "Origen as Literary Critic in the Alexandrian Tradition", *Origeniana Octava,* Leuven, 2003, p.12.

会の脅威であったグノーシス主義は急速に衰退するが，その背景として考えられるのが，キリスト教側から数多く提示された反異端論駁の効果が一定の成果を上げたことと同時に，彼らの文献自体が内包していた急進的な禁欲主義的傾向が受け入れられなくなったことである。大貫隆は，現存するグノーシス主義文献に見られるのはエピファニオスのような反異端論者がグノーシス像として提示する「性的放埓」ではなく，むしろ逆に「性欲そのものを悪魔視する過激な禁欲主義の立場」が圧倒的であることを指摘している[11]。同時にグノーシス主義の過激な世界拒否の姿勢も，徐々に当時の知識人たちに受け入れられなくなっていったと考えられる。ピーター・ブラウンは，「一世代前の知識人はプラトン主義を装ったグノーシス派のペシミズムに惹かれていたが，3世紀末の知識人は物質界を軽蔑するグノーシス派のペシミズムを拒否したのである」と述べており[12]，地中海世界の時代の潮流が急速に変化を遂げていたのである。

その後グノーシス主義に取って代わる形で，間もなくエジプトには禁欲主義的隠修者たちが出現する。オリゲネスが異端とみなされるようになった時期は，ちょうどキリスト教会が迫害される対象から帝国の公的宗教としての責任を担うという，ローマ帝国との関係における未曾有の激変期に当たっており，それまで聖書に基づく多様な解釈を許容していたキリスト教会は325年に開催されたニカイア公会議以降，統一的な組織編成と教理面での一致を迫られていた。ストロウムサが「皇帝の回心は同時に，現実に多数の宗教が存在すること (the actual existence of religious plurality) の消滅よりも，宗教的多元主義 (religious pluralism) の消滅を，つまりその正当化の消滅をもたらした」[13]と述べたように，「皇帝の回心」後に新たに生じたオリゲネスの教説をめぐる論争は，オリゲネス神学の持つ多元主義的傾向を許容することを不可能にした。その

---

11) 大貫隆『グノーシス考』岩波書店，2000年，2頁。グノーシス主義者の性的放埓主義とエピファニオスの記述について *The Panarion of Epiphanius of Salamis, Book I*（*Sects1-46*），translated by Frank Williams, E. J. Brill, 1987, p. XXI 参照。

12) ピーター・ブラウン『古代末期の世界——ローマ帝国はなぜキリスト教化したか』宮島直機訳，刀水書房，2002年，64頁。

13) Stroumsa, "From Anti-Judaism to Antisemitism in Early Christianity?" in Ora Limor and Guy G.Stroumsa (ed.), *Contra Iudaeos: ancient and medieval polemics between Christian and Jews*, J. C. B. Mohr, 1996, p. 18.

結果ニカイア正統主義の旗印のもとにオリゲネスを後続の異端の祖とみなすことにより，オリゲネス主義修道士を修道院から追放し，一元化の方向を辿ることになったのである。そしてそのためには，聖書主義に基づいて多様な解釈を許容する立場の象徴的神学者であったオリゲネス神学[14]の影響の広がりは何としても阻止される必要があり，その過程で中心的な役割を果たしたのがサラミスの主教エピファニオスであった。

　社会学的視点からオリゲネス論争を考察したエリザベス・クラークは，4世紀のオリゲネス論争について，当時の教会共同体が置かれていた社会的関係，ローマ帝国に拡大していた禁欲主義神学の関心，教会指導者たちの管轄権獲得への野心といった複雑な網の目（ウェッブ）の産物であることを示し，この論争が実際にはオリゲネス自身の神学思想に関するものというよりは，「オリゲネスは5世紀の転換期においてキリスト教徒にとって問題となっていた様々な関心に対する一つの暗証（a code word）としての役割を果たした」ことを示した。クラークは，親オリゲネス派と反オリゲネス派の間で激しく争われたオリゲネスをめぐる数多くの論争は，もはや彼の神学に焦点を当てたものでは全くなく，むしろ「個人的な同盟関係，憎しみ，嫉妬によって引き起こされたものである」ことを，エヴァグリオス，エピファニオス，テオフィロス，ヒエロニュムス，シュヌーダ，ルフィーヌスの事例を分析することによって説得的に示している[15]。

　エピファニオスの時代に隆盛したエジプトの修道制の特徴として「身体の面における自己否定と，アパティアと神化を達成するための個々人の自己鍛練」[16]が挙げられるが，人間の身体的状態からの解放を求める修道士たちの禁欲主義の広まりに警戒感を抱いたエピファニオスは，このタイプの禁欲主義の理論的支柱がオリゲネスの神学思想とアレゴリー

　　14）　出村みや子「古代アレクサンドリアの多文化主義的状況とキリスト教」，『ヨーロピアン・グローバリゼーションと諸文化圏の変容　研究プロジェクト報告書Ⅰ』東北学院大学オープン・リサーチ・センター，2007年3月，178-193頁，Jon F. Dechow, "Origen and Early Christian Pluralism", in Charles Kannengiesser and William L. Petersen, eds., *Origen of Alexandria: His World and His Legacy,* University of Notre Dame Press, 1988, pp. 337-356.

　　15）　Elizabeth A.Clark, *The Origenist Controversy The Cultural Construction of an Early Christian Debate,* Princeton University Press, 1992, p. 6.

　　16）　Dechow, *Dogma and Mysticism,* p. 350.

解釈にあるとみなした[17]。彼は「〔オリゲネスから〕生じた異端は，最初にエジプト人の地で始まり，そして現在は修道生活を受け入れたことでも知られる何人かの著名な人々の間に見られ」[18]，彼らは「エジプト，テーベ，およびその他のどこにおいても禁欲主義者たちの間で最高位を占めている」[19]と記している。従ってエピファニオスは，実際にはエジプトの禁欲主義的修道士マカリオスの名で伝えられているホミリアや，オリゲネス主義者として知られるポントスのエヴァグリオスの霊的身体の教説とそれが修道士たちの禁欲主義に及ぼしている影響が実際問題となる中で，その元凶はオリゲネスの神学的教説にあると考え，オリゲネスの神学を徹底的に否定しようとしたと考えられる。

　エピファニオスがオリゲネスの神学的影響に危機感を抱いた背景には，彼が若い頃に受けた神学教育の影響が大きく関わっている。エピファニオスは315年頃にユダヤのエレウテロポリス近郊のベサンデュケで生まれた。彼の『テオドシウス帝宛て書簡』によれば，彼はキリスト教徒の両親によって「ニカイアの父たちの信仰の中で」育てられたという[20]。この時代はちょうど修道制が隆盛し，かつては異教徒だった人々が修道生活に熱狂した時代であり，彼も若い頃に修道士たちから教育を受け，エジプトの地で修道生活の訓練を積んだ。ウィリアムスは，エピファニオスが当時の他の教養ある神学者たちのように古典的教育を受けることなく，早くからニカイア信仰を教え込まれたために，特殊なキリスト教解釈版（a particular version of Christianity）が当初より彼のアイデンティティの一部となっていたことを指摘し，「別の解釈版——エピファニオスはそれらを「有毒な蛇」と呼んだであろう——が警戒すべき脅威に見えたとしても，驚きではない」と述べている[21]。

　エピファニオスは20代の時にエレウテロポリスに修道院を創設しており[22]，その際に彼はこの共同体を異端から守ることに努めていたとの

---

17) *Ibid.*
18) *Panarion* 64.4.1.
19) *Ancoratus* 82.3.
20) Nicephorus, *Adversus Epiphanium,* XV,61, Pitra, *Spicilegium Solesmense,* p. 340, 8-10.
21) エピファニオスの生涯について詳しくは，*The Panarion of Epiphanius of Salamis, Book I Sects 1-46,* translated by Frank Williams, E. J. Brill, 1987, pp. XI-XVIを参照（引用はXI頁）。
22) *Ancoratus,*Praef.

証言が『パナリオン』40,1,6 に見られる（これは彼自身が修道院長としての働きに言及した唯一の資料である）。デショウはエピファニオスの時代に，多くの無学な修道士たちの「非妥協的傾向」の禁欲主義と，オリゲネスの影響を受けた修道士たちの「エリート主義的傾向」の対立がエジプトの修道制において徐々に顕在化しつつあったことを指摘しており，哲学的・神学的思弁に敵意を抱いていたエピファニオスは非妥協的な無学の修道士たちの代弁者であった。彼が376年に刊行した異端論駁書『パナリオン』は，二つの相対立する禁欲主義的傾向を内包していたエジプトの修道制を舞台として，オリゲネス論争が勃発する点火剤の役割を果たした[23]。

グリックスはエジプトにおけるオリゲネス論争のその後の展開を，アレクサンドリアの主教テオフィロス（在位 385-412 年）の言動を中心に次のように記述している。

「4 世紀末にパレスチナにおいてエピファニオスの毒舌によって点火されたオリゲネス主義論争は，400-401 年にエジプトでテオフィロスとニトリアのオリゲネス主義修道士の間で勃発した。論争におけるオリゲネス側の指導的修道士は，「長身の兄弟たち」と呼ばれる，アンモニウス，エウセビオス，エウテュミウス，それにヘルモポリスで399-403 年の間主教であったディオスコロスの四人であった。当初はテオフィロスとこれらの修道士たちの関係は非常に良好で，テオフィロスはディオスコロスをヘルモポリスで主教の地位につけている。しかし 399 年の復活祭書簡でテオフィロスは神が人間の形姿をとるという彼らの観念を非難したために，神を擬人神観的に考えていた多くの反オリゲネス主義修道士たちを怒らせ，これが神学論争に発展した」[24]。

---

[23] オリゲネス論争勃発におけるエピファニオスの役割について，Dechow., *Dogma and Mysticism*, pp.376-378; *The Panarion of Epiphanius of Salamis, Book I*, p.XIV; クルト・ルドルフ『グノーシス　古代末期の一宗教の本質と歴史』大貫隆・入江良平・筒井賢治訳, 岩波書店, 2001 年, 13 頁; 小高毅『人と思想　オリゲネス』清水書院，1992 年，185-187 頁参照。

[24] Griggs, *Early Egyptian Christianity*, Brill, 1993, p.186. 小高毅『人と思想　オリゲネス』185-190 頁参照。ディオスコロスをはじめとして砂漠の師父たちの金言が，古谷功訳『砂漠の師父の言葉』あかし書房，1986 年に収録されている。

第 6 章　オリゲネス神学が異端とみなされた経緯　　　231

　ナイルデルタの南西部のニトリア砂漠の「長身の兄弟たち」の指導のもとに暮らしていたオリゲネス主義修道士たちに加わったのが，オリゲネス主義神学者の代表者とされるエヴァグリオスであり，彼はこのグループの神学の多くを書物に著述した[25]。エヴァグリオスの著作のうちでも実践的性格の『修行論（Practicus）』は『祈りについて（De Oratione）』と共に後代の修徳神学に重要な影響を与えた作品で，ギリシア語原典が伝承された上，これまで研究も数多くなされてきたが[26]，修行論の理論的基盤をなす神学・形而上学の『グノーシス的断章（Kephalaia Gnostica）』や『知識者（Gnosticus）』は異端宣告のためにギリシア語原典は伝承されず，これらに関する研究も極めて少ない。鈴木順はこうした写本伝承やその受容史の傾向について，「異端宣告によって伝承の危機に直面していたエヴァグリオス作品を神学・形而上学的著作と修行論的著作に二分し後者のみを偽名で流布させた」ことを指摘し，「古代末期の修道者達の選択的受容」の蓋然性が高いとみなしている[27]。実際神学・形而上学を扱った『グノーシス的断章』は，神論・キリスト論・天使論・悪魔論などの根本問題に関する金言の集成であるが，魂の先在説，復活後の身体の質料性の否定，悪霊の復活を含む万物復興などのオリゲネス主義的傾向のため，ギリシア語原典は伝承されず，シリア語訳とアルメニア語訳のみが伝えられている。実際ギヨモンは大英博物館のシリア語写本の中に，エヴァグリオスの『グノーシス的断章』（シリア語版 Additional 17167）が含まれているのを発見して公刊した。彼が，553 年の第 5 回コンスタンティノープル公会議において引用されたオリゲネス主義に対する異端宣告のリストに認められるのは，エヴァグリオスのキリスト論であったことを明らかにして以来，オリゲネスの神学的影響と

---

25)　エヴァグリオスの『修行論（Practicus）』，『知識者（Gnosticus）』，『グノーシス的断章（Kephalaia Gnostica）』が三大著作として彼自身によって言及されている他，『想念について（De malignis cogitationibus）』，『祈りについて（De Oratione）』，『スケンマタ（Skemmata）』などが伝えられている。エヴァグリオスの神学思想について詳しくは，鈴木順『古代末期禁欲論とエヴァグリオス』Lithon, 2009 年参照。

26)　『修行論』の仏語対訳テクストが A. & C.Guillaumont, Traité pratique, ou, le moine, SC 170-171, Paris,1971 に収録されている他，邦訳が佐藤研訳で『中世思想原典集成 2　後期ギリシア教父・ビザンティン思想』平凡社，1994 年，29-81 頁に収録されている。

27)　鈴木順前掲書，217-218 頁。

彼に対する異端宣告の問題の見直しがなされている[28]。

公会議直前に公布されたユスティニアヌス帝の「オリゲネスに対する十五箇条の異端宣告文」のうち、第6, 7, 8, 9, 12, 13条はエヴァグリオスに対するものと考えられている[29]。エヴァグリオスの『修業論』66には「祈るとき、あなた自身のなかで神的なものを形あるものと想像してはならず、あなたの精神が何らかの形をとった印象を受けるのを許してはならない。むしろ、非質量的なものとして非質量的なものへと進め。そうすれば〔非質量的なもの〕と一つに結ばれるであろう」[30]とあり、彼らは「祈る際に人間の形姿を持つ神や、上方にいかなる空間的地位のイメージも想像において認めてはならない」と実際に教えていたと推測される[31]。彼らはオリゲネス神学における禁欲主義的傾向を日々の修行（アスケーシス）に適用し、「身体の面における自己否定と、アパティアと神化を達成するための個々人の自己鍛練」を実践していたと考えられる。

こうしたオリゲネス主義者に反発したのが単純な信仰を持つ修道士たちであり、彼らは擬人神観的立場から神を、人間の形姿をとって天空に在す存在としてイメージしていたと考えられる。彼らはアレクサンドリアに大挙して押し寄せ、それまではオリゲネス主義を受け入れていた主教のテオフィロスに脅しをかけたので、テオフィロスは恐怖のために転向し、オリゲネスの著作と教義を正式に断罪した。さらにテオフィロス

---

28) A.Guillaumont, *Les six centuries des 'Kephalaia gnostica' d' Évagre le Pontique*, Patrologia Orientalis 28.1, Paris, 1958; A.Guillaumont, *Les 'Kephalaia gnostica' d' Évagre le Pontique et l'histoire de L'origenism chez les grecs et chez les syriens*, Patristica Sorbonensia 5, Paris,1962,p.43; Michael O' Laughlin, "The Anthropology of Evagrius Ponticus and its sources", in Charles Kannengiesser and William L.Petersen, eds., *Origen of Alexandria: His World and His Legacy*, University of Notre Dame Press, 1988, pp. 357-373; Michael O' Laughlin, "New Question Concerning the Origenism of Evagrius", *Origeniana Quinta*, Leuven, 1992, pp. 528-534; Kevin Corrigan, *Evagrius and Gregory : Mind, Soul and Body in the 4th Century*, Ashgate, 2009, pp. 34-36. なおオリゲネス論争におけるエヴァグリオスのテクスト引用の問題について、Miyako Demura, "Origenist Controversy and Church Politics" in *Studies of Religion and Politics in the Early Christian Centuries*, Edited by David Luckensmeyer and Pauline Allen, St Pauls, 2011, pp. 115-122 を参照。

29) 小高毅編『原典　古代キリスト教思想史2　ギリシア教父』教文館, 2000年, 248頁。

30) 引用は小高毅編『原典　古代キリスト教思想史2　ギリシア教父』251頁の佐藤研訳による。

31) H.Chadwick, *Early Church*, Baltimore:Penguin Books,1973, p. 185.

は400年にニトリアとスケティスの修道士たちを攻撃し，オリゲネスの誤りを断罪する教会書簡を書き，ディオスコロスをヘルモポリスの主教職から追放した。その後オリゲネス派の修道士たちがコンスタンティノポリスのヨアンネス・クリュソストモスのもとに庇護を求めたことから，オリゲネス論争は403年の「樫の木」教会会議におけるヨアンネスの追放へと拡大する。グリックスは，「オリゲネス論争のエジプト版は，テオフィロスが修道院運動から多大な支援を得られることを保証してくれる地位を自ら進んで占めた点で，政治的性格のものである」と結論づけている。

次に論じるエピファニオスの晩年期はまさに，エジプトにおけるこうしたオリゲネス論争の危機に当たっていた。当時テオフィロスはパレスチナとキュプロスの諸教会に支援を求め，特にエピファニオスに対してはオリゲネスの著作を断罪するための教会会議の開催を促していたことが，エピファニオスの「ヒエロニュムス宛て書簡」91から知られている。そこで次に，こうしたオリゲネス論争の火付け役となったエピフェニオスの『パナリオン』を検討したい。

3. エピファニオスの『パナリオン』と反異端論の系譜

6世紀に下されたオリゲネスの異端宣告に決定的な役割を演じたのが，4世紀後半に活躍したキュプロスの主教で反異端論者として有名なエピファニオス（315頃-403年）である。彼が376年に著した『パナリオン（薬籠）』は，本書の第3章IIで扱った反異端論の系譜の頂点に位置すると同時にその転換点を画するものである[32]。表題のパナリオンとは薬箱を意味するが，ここにはすべての異端者たちは獰猛かつ有害な野獣（とりわけ蛇）であり，その毒牙によって信仰の清浄さが損なわれているゆえに，彼らに対抗するための解毒剤として薬籠を提供するという意図が込められている。ここでは20のキリスト教以前の異端（異教の哲学諸派とユダヤ教の諸分派）と，60のキリスト教的異端が論駁の対象

---

32) テクストは，*Epiphanius II, Panarion haer.34-64*, herausgegeben von Karl Holl, Berlin : Akademie-Verlag,1980を用いた。なお英訳版 *The Panarion of Epiphanius of Salamis, Book II and III（Sects 47-80, De Fide）*, translated by Frank Williams, E. J. Brill, 1994 が *Nag Hammadi and Manichaean Studies* のシリーズとして出ている。

となっているが，その中にはグノーシス主義のようなキリスト教会と対立関係にあった外部集団のみならず，ニカイア公会議の正統的信仰の基準から逸脱していると思われる教会内の著名な神学者たちの名もリストに挙げられている[33]。『パナリオン』63 では「オリゲネス主義者」が，続く 64 ではオリゲネス自身とその教説が異端論駁の対象とされている。

エピファニオスは『パナリオン』64 においてオリゲネスに対する七つの告発のリストを提示しており（告発 1. 従属論，2. 魂の先在，3. 神の似像の喪失，4. 皮膚の覆い（創世記 3: 21），5. 復活論，6 および 7.「創世記」のアレゴリー解釈），このうちの第五番目の告発がオリゲネスの復活の教説に向けられている。デショウの研究によれば，第一番目の従属説に対する告発以外の六つの項目はすべてオリゲネスの復活の教説に対する反論を準備するものとなっており[34]，さらにエピファニオスの批判が実際には「4 世紀のオリゲネス主義の修道士たちの禁欲主義的熱意によって引き起こされた」[35] ことも指摘されている。

ここでエピファニオスの反異端論の特徴を見れば，その第一は，プーキエが指摘するように，エピファニウスが異端の始祖をもっぱら強調したことである[36]。ピーター・ブラウンが「聖人伝の時代」[37] と呼んだ古代末期は，また数々の神学論争によって多数の異端者が生み出された時代であり，つまり聖人伝の時代はまた，反異端論の時代となったのである。エピファニオスが論争においてありありと，蛇や薬，悪霊，異端の始祖たちの堕落した姿を描いたことは，この時代において無学の修道士たちをも視野に入れたキリスト教教育において，神学的議論の内容よりもイメージの使用がいかに重要だったかを物語るものである。聖人の持つ霊的力を否定的に描いたものが，異端の始祖の中に投影された。『パナリオン』に列挙された異端者はもはや，彼に先立つ反異端論者たちが論駁

---

33) John Anthony McGuckin (ed.), *Westminster Handbook to Patristic Theology*, p. 119. 参照。

34) Jon F.Dechow, *Dogma and Mysticism*, p. 349. なお，この書の 10-12 章で論じられたオリゲネスに対するエピファニオスの告発内容についての要約として，Jon F.Dechow, "The Heresy Charges against Origen", *Origeniana Quarta*, Innsbruck-Wien, 1987, pp. 112-122 を参照

35) Dechow, *Dogma and Mysticism*, p. 350.

36) A.Pourkier, *L'hérésiologie chez Épiphane de Salamine*, Paris, 1992, pp. 23, 487-488.

37) ピーター・ブラウン『古代末期の形成』足立広明訳，慶応義塾大学出版会，2006 年，47 頁。

の対象としたように正統的教会とは対立関係にあった人々，特にグノーシス主義者と呼ばれ，彼らに固有の救済神話を解釈原理として聖書を自在に解釈しつつ，数多くの聖文書を生み出していったセクト的集団だけではなかった。彼はこれらのリストに，オリゲネスやアポリナリオスを初めとする，教会内でかつて尊敬されていた教師たちの堕落の物語を加えたのである。

　第二の特徴は，それに伴いエピファニオスが「異端」の定義を変容させたことであり，彼にとって「異端」が意味したものは何かを問う必要がある。教会内の指導者をも痛烈に批判して異端者のリストに加えたエピファニオスにこのような反異端論の執筆を促した直接の契機となったのが，370年代のアポリナリオス派との論争であった[38]。エピファニオスが376年の後半にオリゲネスに関する章を書いていた時，彼は同時にアンティオキアで正統派の主教の継承に関する交渉に従事しており，アポリナリオス派との論争の解決に当たっていた。アポリナリオスは異教文化の復興に反対し，ニカイア公会議においては共に正統主義を擁護した仲間であり，アタナシオスの友人でもあったが，その彼がその後「部分的には後の単性論にも見られる命題に立脚し，キリストの人間的本性を制限するという仕方で」[39] キリストにおける神性と人性の結合の問題を解決しようと試みるようになった。アポリナリオス主義は362年以降の教会会議でたびたび異端判決を受け，381年にコンスタンティノポリスで開催された第2回公会議において決定的に断罪された。アポリナリオスをめぐる教義的問題は，何年間もエピファニオスを悩ませることになった。ライマンは，エピファニオスにとっては，以前にニカイア公会議を擁護した際のアポリナリオスの輝かしい教えについて知っていただけに，この論争は特に苦痛に満ちたものであっただろうと推測している[40]。エピファニオスは374年に正統的信仰の教説を叙述した『鎖でつながれた人（*Ancoratus*）』の中ではオリゲネスとアポリナリオスの弟子

---

[38]　アポリナリオス派との論争について詳しくは，Jon F.Dechow, *Dogma and Mysticism*, pp. 60-84, J.Rebecca Lyman, "The Making of a Heretic: The Life of Origen in Epiphanius *Panarion* 64", *Studia Patristica* 31,1997, pp. 445-451 を参照。

[39]　H. クラフト『キリスト教教父事典』水垣渉・泉治典監修，教文館，2002年，49頁。

[40]　J.Rebecca Lyman, "The Making of a Heretic", pp. 446-447.

たちを結び付けたが,『パナリオン』において彼はオリゲネスとアポリナリオスを共に, すべての異端者の中で最も重要な者として断罪することになった。

　ライマンは, エピファニオスが『パナリオン』における異端者を記述するに際して, 彼らを蛇や獣として分類する自然史のイメージを体系的に活用することで, 反異端論に新たな要素を導入したことを指摘する。彼は『パナリオン』の序文で, 蛇の種類を特定した上でその処方薬を記した自然学者たちの入門書を引用しており, 彼はこの反異端論駁を医術や自然学の入門書の方法に則って構成することにより, 教会にとって有害な教師像を体系的に分類するとともに,「薬効としての新たな正統派のビジョン」を提供したのである[41]。その際に彼が, 当時の砂漠の無学な禁欲主義グループにも理解しやすい「教会的コイネー」を用いていることは, 禁欲主義が広まっていたローマ世界にその影響力を浸透させることに非常に役立った[42]。

　第三の特徴は, 彼がオリゲネスの異端的イメージを描く際に, 伝記的要素を導入していることである。従来の研究者たちはエピファニオスがここに採用した資料の信憑性を疑い,「低俗なエピソード (vulgar episode)」[43]や「混乱したゴシップ (confused gossip)」[44]として片付けている。しかしライマン[45]は, エピファニオスが『パナリオン』64のテクストにおいてオリゲネスを異端者として描くに際して, こうした低俗な伝記的記述から始めていることにむしろ着目し, それが後続のオリゲネスの神学的思想の問題に関する叙述以上に読者に与えた文学的効果について示唆に富む考察を行っている。この点に着目しつつ,『パナリオン』64のテクストを考察したい。

---

41) J. Rebecca Lyman, "Origen as Ascetic Theologian : Orthodoxy and Authority in the fourth-century church", *Origeniana Septima*, Leuven, 1999, pp. 189-190.

42) A. Pourkier, *L'hérésiologie chez Épiphane de Salamine*, pp. 486-488.

43) Dechow, *Dogma and Mysticism*, p.136

44) H. Crouzel, *Origen,* New York, 1989,p.36. 従来のオリゲネス研究者たちがこの話の信憑性を否定してきたことについて, H. Crouzel and H. De Lubac, *Exegese medieval I,* Paris, 1959, pp. 257-260 参照。

45) J.Rebecca Lyman, "The Making of a Heretic", pp. 447-449.

4.『パナリオン』64 における「異端者」像

『パナリオン』64 においてエピファニオスがオリゲネス神学に対する批判を開始する前に，オリゲネスに関する伝記的記述（1,1-4,2）から始めていることは重要である。エピファニオスは最初にオリゲネスのアレクサンドリア時代の名誉ある生い立ちと神学活動，迫害による苦難について簡潔に述べ（1,1-3 この部分はエウセビオスの『教会史』の記述と部分的に重なっている），次に歴史的信憑性の乏しい三つのエピソード（1,4-2,6）を挿入した後，彼がパレスチナに活動の拠点を移すきっかけと，その後の神学活動の深刻な影響について記述している（2,7-4,2）。エピファニオスはそれらの記述を終えた後に，オリゲネスの神学思想の問題に関する批判に移っているのである。

ここで資料問題について言えば，オリゲネスの生涯を再構成する資料としてはその大部分がエウセビオス（260/265-338/339年）の『教会史』の記述に負っており，オリゲネス研究者たちはそれを批判的に検討しつつオリゲネスの生涯を描いてきた。エピファニオスに比してエウセビオスの記述の方が遙かに信憑性が高いのは，エウセビオスがオリゲネスの著作のみならず，書簡資料にも容易に接近可能な立場にあったからである。というのもオリゲネスの学問的遺産を管理するためにカイサレイア教会の書庫の管理を委託されたパンフィロスは，迫害で捕縛された後には獄中で『オリゲネスのための弁明』を記したが，パンフィロスを師と仰ぐエウセビオスは師の殉教後にこの弁明書を完成させ，この学術的図書館の管理を引き継いだからである。なおオリゲネスの生涯については，ノータンが行った史料批判的な包括的研究によってエウセビオスが『教会史』で用いた様々な資料の間の相違についても解明が行われ，その後に刊行されたアンリ・クルゼルの研究によってその足跡を辿ることが可能となった。小高毅の一連のオリゲネス研究は，クルゼルの研究成果を前提しつつ，ノータン説を検討するという着実な方法論に基づいており，筆者も多くをこの三者の研究に負っている。

こうした視点からエピファニオスによるオリゲネスの伝記的記述部分をエウセビオスの『教会史』の記述と比べてみれば，エピファニオスにおいては歴史記述上の明白な誤りが認められると共に，信憑性の乏しい言い伝えが導入されていることは明らかとなる。エピファニオスはそれ

らを用いて，それまで人々の間で名声を得ていたオリゲネスの英雄的イメージと，痛烈な批判とを交錯させつつ記述しており，これが本書に新たな異端者のイメージの描きを導入したエピファニオスの叙述の手法となっている。その意図はどこにあったのだろうか。

『パナリオン』64 の序論部分でエピファニウスは，オリゲネスが聖なる殉教者の息子で，十分な教養を身につけて教会内で育ち，広範な学識で知られ，異教徒による迫害に屈しなかったことを告げており，この部分は一見オリゲネスの神学的遺産の継承者であったエウセビオスの『教会史』の記述と部分的に重なっているように見えるものの，以下に示すように時代的記述に明らかな誤りがある。

「彼は，神聖にして祝福された殉教者レオニダスの息子であり，彼自身も若き日に非常な迫害を受けた（καὶ αὐτὸς δὲ τὰ πλεῖστα διωχθεὶς ἐν τῇ νέᾳ αὐτοῦ ἡλικίᾳ）。彼はギリシア人たちの教養に従って学び，教会内で育ち，デキウス帝の時代に（ἐν χρόνοις Δεκίου τοῦ βασιλέως）アレクサンドリアで著名な者となった。彼は生まれにおいてエジプト人であるが，アレクサンドリアに住んで成長し，恐らくは一時期アテネの学校に行ったこともあったようだ。彼は信仰の聖なる御言葉とキリストの御名のために多くの苦難を受けたが，それはこの都市内をしばしば引き回されたり，侮辱されたり，耐えがたい拷問に渡されたりしたものであったと言われている（λέγεται）」。

エピファニオスは，本書のこれに先立つ箇所に描かれたもっと初期の異端の始祖たちとは驚くほど対比的に，オリゲネスをあたかも聖なる殉教者のように寛大に扱っているように見える。この導入部ではオリゲネスは彼の反異端論の通常の語彙に見られるような蛇でもなければ誘惑者，雑草，毒，悪霊に取りつかれた者，高慢な者，争論好きとして描かれてはいない。さらに彼はオリゲネスを，『パナリオン』63 で論じた，いわゆるオリゲネス主義者と称される砂漠の奇妙なグループとは区別している。しかしオリゲネスの生涯に関する年代記述に大きな誤りがあり，エピファニオスはアレクサンドリアでの活動開始の時期をデキウス帝の

治世（在位249–251年）と記しているが、これはオリゲネスの晩年の時期に当たる。エウセビオスはオリゲネスがすでに10代の頃にアレクサンドリアで彼のキャリアを開始した時期を、セプティミス・セウェルス帝の治世（在位193–211年）の209年としている（『教会史』第六巻1–2章）。また彼が激しい迫害を受けた時期についてもエピファニオスはアレクサンドリア時代に設定しているが、エウセビオスはアレクサンドリア時代にキリスト教徒に加えられた迫害ではオリゲネス自身は迫害に会うことなく、殉教した彼の弟子たちに最後まで付き添って励ましたと述べている（『教会史』第六巻4–5章）。他方オリゲネス自身が迫害による拷問を受けたのは、彼の晩年の時期に当たるデキウス帝による迫害の時であり、この時の拷問がもとで死去したと伝えられている。

　従ってエピファニオスは、オリゲネスが晩年にカイサレイアの迫害で拷問を受けた出来事を、若き頃の出来事に移し変えて、後続の根拠の乏しい三つの話と強引に結び付けようとしたと思われる。これらはオリゲネスがアレクサンドリアで受けた迫害のゆえに背教的行為を行ったという内容の話であり、デショウはこれらの三つの話が「非常に疑わしいものなので、それらは民間伝承の領域に押しやられるべきである」[46]と述べており、エピファニオス自身もこれらの話が単なる伝聞にすぎないことを認めている。

　その第一は、アレクサンドリアの守護神セラビスを祀る神殿のセラペイオンを舞台とした次のような話である。

「言い伝えによれば（ὡς λόγος）、ある時、異教徒らが彼の髪を剃り、彼らがセラペイオンと呼ぶ彼らの偶像の神殿の階段に彼を座らせ、異教に拝礼するおぞましい行為のために階段を上る人々にヤシの枝を手渡すように命じた。というのも偶像に仕える彼らの祭司たちはこうした動作をしていたからである。だが彼は〔枝を〕取り、恐れも躊躇いもなく、大声で大胆な確信をもって、「来て、取るがよい。偶像の枝ではなく、キリストの枝を」と叫んだ。さらに、古代の人々が言い伝えに従って（κατὰ παράδοσιν）、彼についてその勇敢な

---

[46] Dechow, *Dogma and Mysticism*, pp.135–136

行為を伝えている話は数多く存在している」(1,4-5)。

このエピソードは，それに先立つ記述（「彼は信仰の聖なる御言葉とキリストの御名のために多くの苦難を受けた」）の実例として導入されているが，エピファニオスは次のような注釈を加えている。

「だが彼のこれらの称賛に値する行為は最後まで維持されなかった。というのも彼はその学識と受けた教育の非常な卓越性のために著しい嫉妬による中傷の的となり，むしろこれが彼の時代の権威ある指導的立場の者たちを挑発することとなったのだから」(2,1)。

続いてエピファニオスは第二の話を簡単に紹介している。

「すなわち悪の実行者たちが悪魔的な謀略によって，彼に対して最も恥ずべき行為を加え，そのようにして彼を罰しようと企てて，彼の身体を虐待するためにエチオピア人を用意しておいた。だがオリゲネスは悪魔的な仕業による観念に耐えることができず，遂に口を開き，いずれかを選択せねばならないのであれば，むしろ犠牲を捧げることを選ぶと言った。広く伝えられているように，彼はこれを自発的意図によって（ἑκουσίᾳ γνώμῃ）行ったのではなかった。しかし彼はともかくこれをすることに同意したのであり，彼の両手には香が積まれ，それを祭壇の火の中に投げ入れたのだった」(2,2-3)。

このエピソードについてもエピファニオスは，「こうして彼はこの時，審判者なる聖証者たちや殉教者たちによって殉教者から排除され，教会からも追放されたのだった」と注釈を加えて，これによって彼がアレクサンドリアを退去してパレスチナに活動の拠点を移さざるを得なくなったと述べている。だがアレクサンドリア退去の問題については本章の最初に見たように，当時のアレクサンドリア教会内部の指導権をめぐる抗争が主たる原因であった。この話も歴史的出来事とは考え難いので，研究者はこの話の由来について，エウセビオスが伝えている，アレクサン

ドリアにおけるオリゲネスの女性の弟子ポタミアエナの有名な殉教の記述の異説として広まっていたのではないかと推測している（『教会史』第六巻5章）[47]。

第三の話は，オリゲネスがアレクサンドリアを退去してエルサレムに到着した際に，彼が「聖書解釈における卓越性と高い教養を身につけた人物だったゆえに」，教会で話してくれるようにと司祭たちに依頼された際の出来事として語られている。司祭たちが強く依頼したので「彼は立ち上がり，ただ詩編49篇のうちからこの節を，その他のすべての節を省いたまま，朗読した。「神は背く者に言う。『なぜあなたは私の戒めを説き，あなたの口に私の契約を受けるのか』」と。そして彼は聖書の巻物を巻き取るとそれを返し，激しく泣きながら席に着くと，皆も彼と共に泣いた」(2,7-8) と語られている。この話についてエピファニオスは注釈を付けずに紹介し，三つの話がここで終わっている。

この第三の話も資料的裏付けのないもので，彼がアレクサンドリアを退去する以前にカイサレイアの聖堂で説教を依頼された出来事が，ここではアレクサンドリア退去直後の出来事とされ，エピファニオスは退去先をカイサレイアからエルサレムに移した上，これに先立つ物語に暗示された背教行為をオリゲネスがあたかも悔いていたかのような話に仕立て上げている。パレスチナの主教たちに依頼されてオリゲネスが説教を行った時期は，先に見たように，アレクサンドリア退去を余儀なくされる事件が起こる約15年前の215年であり，エピファニオスはこれらの二つの出来事を強引に結び付けようとしている。エピファニオスの記述との関係で注目されるのが，オリゲネス論争を開始する以前のヒエロニュムスの証言であり，オリゲネスに対してこうした根拠なき中傷が広まっていたと推測される。「教理上の新奇な説のためでなく，異端のためでもなく——現今，凶暴な犬どもが言いふらしていることではあるが——，彼（オリゲネス）の弁舌と学識の誉れに耐えられず，彼が口を開くと，皆自分が物言えぬ者らであるように思われたためである」（『第

---

[47] *The Panarion of Epiphanius of Salamis, Book II and III*, p. 132 の脚注9参照。ポタミアエナの殉教の際に，「アキュラスという裁判官は彼女の全身に残酷な拷問を加えた後，最後には，彼女を剣闘士に引き渡して弄ばさせる，と彼女を脅した」。しかし彼女はこれを拒絶して，殉教の死を遂げたと伝えられている。

33書簡』5)。

　このようにしてエピファニオスは，教会内で尊敬され「聖書解釈における卓越性と高い教養を身につけた」オリゲネスの教師像を，一挙に異端者のイメージに塗り変えてしまったのである。ライマンは「この話の真偽はともかく，それらは禁欲的生活を送る聴衆のために効果的に用いられ，構築されている」と述べ，それを二つの点から指摘している。それはまず「彼の背教が不本意な質のものだったこと」[48]で，ここでは不本意ながらも背教者となったオリゲネス像が描かれていることである。それは4世紀における新たな異端の実例を提示することになった。「以前のユスティノスやエイレナイオスの修辞学的モデルとは違い，異端者は外部の者としては描かれていない。これらの話の中でオリゲネスの異端は明らかに哲学に由来するものでもなければ，彼は真に教会に帰属してはいない異質な背教者でもなければ，悪しき教師に従ったのでもない。オリゲネスの異端は，深い教養と禁欲を身につけた教会人が，他者の必要によって強制され，彼自身の賜物を制御できないという，もっと戦慄すべき内的過ちなのである」[49]。

　ライマンが第二に指摘しているのは，彼が他者の必要によって語るように強いられ，強制されて，背教したとみなされていることである[50]。エピファニオスはオリゲネスの描きにおいて，初めは聖なる殉教者としての生い立ちや学識，迫害の最中に示した勇敢な振る舞いを称賛しているように見えるものの，一貫してそれらを両義的に用いていることに注目しなければならない。デショウは，少なくとも第一と第三の話については必ずしもオリゲネスに好意的でない訳ではなく，第二の背教の話の基礎固めとしての役割を果たしているとみなしているが[51]，オリゲネスの英雄的行為として伝えられていた振る舞いそれ自体が，エピファニオスの時代の禁欲主義者のモデルには適合しないことを彼は十分に意識していたと考えられる。オリゲネスはまさにその学識のゆえに，他者によって語ることや教えることを強いられ，ついには大胆に語ることになるが，

---

48) J. Rebecca Lyman, 'The Making of a Heretic', p. 449.
49) *Ibid*, pp. 450–451.
50) *Ibid*, p. 449.
51) Dechow, *Dogma and Mysticism*, p.135.

それが彼を罪に導いてしまった。それゆえエピファニオスはこれらの話を通じて，オリゲネスの学識と輝かしさは，彼を罪に導く危険と紙一重であることを示し，無学と沈黙こそが救いへの道であることを同時代の禁欲主義的修道士たちに伝えようとしたのである。

エピファニオスはこれらの伝記的記述を終えるに当たり，ニカイア公会議で断罪されたアレイオス（250頃-326年）をオリゲネスと結び付けている。そして「というのもアレイオスもまた彼（オリゲネス）からその口実（τὰς προφάσεις）を得ており，その継承者のアノモイオス派や他の人々もまた〔同様である〕」(4,2) と述べて，オリゲネスが後続の異端の祖であるという彼の主張を結論づけている。

これらの記述を根拠のない伝聞として片付けてしまうのは簡単であるが，禁欲主義と殉教者崇敬の隆盛を見た4世紀の教会において，エピファニオスがオリゲネスの権威を失墜させるために，オリゲネスの学識と雄弁さを強調することによって悪意に満ちた構成を行っていることは明瞭である。エピファニオスがこの時代の多くの教養ある神学者たちとは違い，世俗的教養や哲学に敵対的であったことはよく知られている。ライマンは「彼はオリゲネスの思弁的ないし哲学的関心をはっきりと断罪する必要はない。彼はただ禁欲主義者たちの教育にとって危険な点を強調する話を語るだけでよいのだ」[52] と述べて，これらの箇所で，明らかに尊敬され，英雄的な教師に対して，エピファニウスが巧妙な論争を開始していると見ることができると結論づけている。次にエピファニオスがオリゲネス神学に対して加えた批判を検討したい。

5. オリゲネスの復活論批判

エピファニオスは『パナリオン』64の伝記的部分に続いて，4,3以下でオリゲネス神学に対して以下の七つの告発のリストを提示している（64.4.3-4.11）。

告発
1. 従属論（リスト 64,4.3-4; 具体的反論 64,6.1-64,9.4），

---

52) J. Rebecca Lyman, "The Making of a Heretic", p. 449.

2. 魂の先在（リスト 64,4.5-8），
3. 神の似像の喪失（リスト 64,4.9），
4. 創世記 3: 21 の皮膚の覆い（リスト 64,4.9），
5. 復活論（リスト 64,4.10; 具体的反論 64,9.5-64,72.9），
6. 楽園とその水や川に関する「創世記」の記述のアレゴリー解釈（リスト 64,4.11）。
7. 天上と地下の水に関する「創世記」の記述のアレゴリー解釈（リスト 64,4.11）。

このうちの第一番目の従属論の告発の意図は，三位一体論におけるオリゲネスの議論がアレイオスとその継承者であるアノモイオス派の人々に直接通じるものであることを示すことにあり，反論の細部には反アレイオス的傾向が表れている。

第五番目の告発がオリゲネスの復活の教説に向けられているが，『パナリオン』64 全体の構成を見ると，エピファニオスが反論のほとんどをオリゲネスの復活論に関する議論に費やしていることは明らかであり（64,9.5-64,72.9），デショウが指摘するように，第一番目の従属説に対する告発以外の六つの項目はすべてオリゲネスの復活の教説に対する反論を準備するものとなっている[53]。従ってここではオリゲネスの復活論批判に焦点を当てて見ることにしたい。

エピファニオスは復活論に対する告発リストにおいて，「彼〔オリゲネス〕は死者の復活を不完全なものにしたのであり，時に言論によってこれを支持し，時に完全に否定し，時にその一部が復活する〔と主張している〕」と述べているが，復活を物質主義的に捉えるエピファニオスには，パウロに基づいて復活前と復活後の身体を連続性と差異性の緊張に満ちた関係において理解していたオリゲネスの立場[54]は理解できなかったと思われる。このテクストを詳しく分析したデショウの研究によれば，エピファニオスは三つ目に挙げた「部分的復活論」に該当する

---

53) Jon F. Dechow, *Dogma and Mysticism*, p. 349. なお，この書の 10-12 章で論じられたオリゲネスに対するエピファニオスの告発内容についての要約として，Jon F. Dechow, "The Heresy Charges against Origen", in *Origeniana Quarta,* Innsbruck-Wien, 1987, pp. 112-122 を参照。

54) 本書第 2 章 II,3 および第 3 章 II,5 参照。

第6章 オリゲネス神学が異端とみなされた経緯　　　　　　245

と思われるオリゲネスの復活論を,『詩編第一篇注解』から二度引用し，さらにメトディオスの『復活について』から長々と引用することによって批判を構成しているが，資料の用い方の点でも，神学的議論の内容の点でも不備が認められる。オリゲネスの神学に対する批判の部分は次のように構成されている。

　まず資料について見れば，エピファニオスは初めにオリゲネスの『詩編第一篇注解』を引用し（10.1-10.4），次いでこれとかなり重複する形でメトディオスの『アグラオフォン，あるいは復活について（*Aglaophon seu de resurrectione*）』からもオリゲネスの『詩編第一篇注解』の引用を行っている（12,1-16,7）。3世紀後半に小アジアで神学活動を行ったオリュンポスのメトディオスは，小アジア的な物質主義の立場から魂の先在と復活した身体の霊的本性に関するオリゲネスの見解を反駁している[55]。彼の『アグラオフォン，あるいは復活について』は，オリゲネスの復活論をめぐる対話編であり，この対話編の大きな断片がギリシア語，スラブ語，シリア語で残されている[56]。特に本書との関連で言えば，この対話編にはオリゲネスの復活論の代弁者として最初にアグラオフォンが，次にプロクロスという二人の架空の人物が登場しているが，エピファニオスはアグラオフォンの対話部分は引用せずに，二人目の代弁者のプロクロスの対話を収録しており，この著作の約半分がオリゲネスの復活論を批判する目的でエピファニオスの『パナリオン』64に収録されている。オリゲネスは『詩編第一篇注解』において詩編1: 5LXX（「それゆえに不敬虔な者は裁きにおいて甦らないだろう（διὰ τοῦτο οὐκ ἀναστήσονται οἱ ἀσεβεῖς ἐν κρίσει）」）という一節について扱う際に，単純な信仰者たちの復活理解に疑問を投げかけているために，この世の肉体との同一性において復活を理解しようとするメトディオスとエピファニオスにとっては，この箇所はオリゲネスが復活を否定した証拠と受け取られたのである。

　オリゲネスの『詩編第一篇注解』の引用の後，エピファニオスはメト

　55）クラフト前掲書，380頁。
　56）彼の生涯については，小アジア南西部リキア地方のオリュンポスの主教で，311年頃にカルキスで殉教したということ，オリゲネス神学の反対者であったことしか伝えられていない。

ディオスの『アグラオフォン，あるいは復活について』から，この箇所の説明をするオリゲネスの二人目の代弁者のプロクロスの言葉を引用し[57]，その後にメトディオスの反論を引用するに際して，プロクロスに対してではなく，最初の代弁者アグラオフォンの対話部分——この部分は削除されている——に対する反論を引用するという誤りを犯している[58]。エピファニオスがメトディオスのテクストを無造作に切断し，引用の手順の誤りを犯していることは，エピファニオスが自ら扱っている資料を真に理解してはいないことを示すものである[59]。さらに資料の問題について言えば，エピファニオスが本書でも扱ったオリゲネスの復活論に関する中心的テクスト（『諸原理について』，『ケルソス駁論』，『ヨハネ福音書注解』，『マタイ福音書注解』）を全く無視していることも問題である。さらに神学的議論の内容についても，オリゲネスの復活論の代弁者として登場しているプロクロスの発言は必ずしもオリゲネスの復活論を正確に伝えておらず，著者メトディオスの物質主義的理解の影響を免れてはいないのである[60]。

以上のようにエピファニオスの反異端論争におけるテクストの引用は傾向的で，極めて不正確であることはよく知られており，クラフトが『パナリオン』について，「エピファニオスが入手し得るあらゆる資料を無批判に集成して異端史としたものである。実際この著作によって，古代教会の異端史の記述は救いがたく混乱させられた」と述べ，さらに彼が「大胆にも，最もひどい，およそありそうにない報告さえも事実として伝え，いざとなれば，自分自身が証人であるとさえ主張することをはばからなかったのみならず，論争により作り出された異端者の架空の名称から新しい異端や分派をでっち上げた」と批判しているのもあながち誇

---

[57] 64,17.1-18,5.

[58] 64,19.3 以下。

[59] Dechow, *Dogma and Mysticism*, p.358. H. Crouzel, *Origen: The Life and Thought of the First Great Theologian,* Translated by A. S. Worrall, Harper and Row, 1989, pp. 256-257.

[60] プロクロスがオリゲネスの「部分的復活論」を代弁して，「この身体は永遠に不変のまま留まりえない限り，復活はこの身体に関して理解される必要はない」（64,17.3）と述べていることや，またオリゲネスの身体的エイドスの観念を物質主義的に理解して，一定しない量の水を保持する皮膚に例えていることなどから判断して，メトディオスはオリゲネスの復活理解を歪めて伝えていることがわかる。この点について詳しくは，Dechow, *Dogma and Mysticism*, pp. 357-366, H. Crouzel, *Origen,* pp. 256-257 参照。

張ではない[61]。

6.「球形の体」の問題

6世紀の教会論争の経緯　その後6世紀に再燃したオリゲネス論争について見れば，論争の舞台はエジプトからパレスチナの修道院に移り，この地では5世紀後半以降に修道院制度と隠遁型のラウラの二つの修道形態が広範な発展を遂げていた。カッパドキア出身の修道士サバス（532年死去）によって483年にラウラ Mar Saba が設立された後，当時オリゲネス主義の影響下にあった修道士たちが，この風潮に十分な理解を持たない修道院長のサバスに不満を抱いて離脱し，彼らが507年に新たな修道施設（新ラウラ）を設立したことから，オリゲネス主義を信奉する修道士と反対派の対立が表面化し，修道士たちの指導権をめぐる教会政治争いに発展した。この頃には教会論争の主題はすでに三位一体論からネストリオス主義のキリスト論やそれに関連する「三章問題」に変わっていたが，オリゲネス主義をめぐる論争の主題は1世紀半前と変わらなかった。

互いに論敵の追放と帰還を繰り返しながら対立する両陣営は，当時のコンスタンティノポリスの総主教メナスに活発に働きかけを行い，最終的にメナスは反オリゲネス主義者の不服申し立てを皇帝ユスティニアノス（在位 527-565 年）に回送した。これを受けて皇帝はエルサレム近郊の「新ラウラ」のオリゲネス主義修道士たちの動きを鎮静化する目的で直ちにメナスに手紙を送り，十箇条から成るオリゲネスと彼の教説を断罪する手紙を送った（「メナス宛て書簡」）。

その後の教会論争は非常に複雑な経緯を辿っているために，この問題に関しては別の機会に譲らねばならないが，オリゲネス問題との関連で概観しておきたい。6世紀の教会史においては，いわゆる「三章問題」と呼ばれるネストリオス主義をめぐる三人の神学者（当時ネストリオス主義の祖とみなされていたモプスエスティアのテオドロス，その手紙の真偽が問題となったエデッサのイーバス，キュロスのテオドレトス）の著作が主題となった。皇帝ユスティアノスは当時優勢であったキリスト単性論者

---

61) クラフト前掲書, 123-124 頁.

たちを味方に付けるために「三章」に異端宣告を下したが，キリスト両性論の立場をとる西方ラテン教会の激しい反対を呼び起こした。それはカルケドン会議において西方のキリスト両性論が正統と認められていたためであり，皇帝の単独決定は教会会議の決議事項に反対するものだったからである。その際ローマ教皇ヴィギリウスが西方の司教たちと皇帝ユスティニアノスの側双方からの圧力に翻弄されて「三章」に対する態度を頻繁に変えたことが混乱に拍車をかけた。

553年の第5回教会会議で「三章」が異端として断罪されることとなり，異端宣言文の第11箇条のリストにオリゲネスの名が付加された。皇帝ユスティニアノスはこの会議の直前にオリゲネスに対して15箇条から成る異端宣告を下したが，その内容には新しいものはない。本書の論考との関連で見れば，その内容がオリゲネスに単独で向けられたのではなく，むしろその対象はパレスチナのオリゲネス主義者たちと，それに付随してエヴァグリオスの思想を暗示していることは，特筆すべきである[62]。一連の異端宣告の中でオリゲネスは復活の際に「球体の体」で甦ると主張したとして断罪されているので，次にこの問題の経緯について考察したい。

ユスティニアヌス帝は『メナス宛て書簡』の第5箇条でオリゲネスの復活論を断罪して，「復活の時，人間の体は，現在われわれがまとっている体とは似ても似つかぬ球形でよみがえると言う者，あるいは考える者は排斥される」と書き送った[63]。さらに公会議直前にオリゲネスとその教説に異端宣告を下したが，宣告文の第10箇条には「復活後の主の身体はエーテル状のものであり，球形のものであり，復活した他の者たちの身体も同様のものとなるであろう。また，キリストがまず第一に自分に固有の身体を脱ぎ捨てた後，同様にすべての身体の本性は存在せざ

---

[62] 以上の6世紀の教会論争の経緯については主として，Karl Baus, Hans-Georg Beck, Eugen Ewig, Hermann Josef Vogt, *The Imperial Church from Constantine to the Early Middle Ages*, Translated by Anselm Biggs, 1980 New York, pp. 447-455 及び，水垣渉・小高毅編『キリスト論論争史』日本キリスト教団出版局，2003年，177-243頁を参照した。なおこの問題については，Miyako Demura, "Origenist Controversy and Church Politics" in *Studies of Religion and Politics in the Early Christian Centuries*, Edited by David Luckensmeyer and Pauline Allen, St Pauls, 2011, pp. 115-122 を参照。

[63] PG 86/1,973A. 邦訳は小高毅編，前掲書434頁。

るもの（τὸ ἀνύπαρκτον）になるであろう。このように言う者はだれであれ排斥される」と記されている[64]。これらの異端宣告文に見られるオリゲネスの復活理解，特に彼が復活の体を「球体（σφαιροειδῆ）」であるとみなしたという批判であるが，これは現代に至るまで教会史に多大な影響を及ぼしてきた。実際に P. ケッチャウは 1913 年の『諸原理について』の校訂本の第三巻 10 章 3 にテクストの欠損があることを指摘し，元来オリゲネスがここではっきり復活の体が球体であることを示したが，ルフィーヌスが当時の教会の状況を考慮して削除したとみなした[65]。ケッチャウの指摘は M・ド・ファユや G. W. バターヴォースの英訳版にも及んでいる[66]。

「球体の体」の問題については，H. チャドウィック[67]と H. クルゼルの研究[68]によってこの表現がオリゲネス批判の対象となった経緯についての考察がなされ，オリゲネス自身の説ではないことが明らかにされたことで決着を見た。彼らの研究によれば，この表現はオリュンポスのメトディオスとヒエロニュムスがオリゲネス論争の文脈で，オリゲネスの『祈りについて（De oratione）』に見られる天体の形態に関する議論を，非常にあいまいな形で復活論の文脈で用いたことに基づくものである。「球体の体」の表現は，すでに紀元前 6 世紀のクセノファネスやパルメニデス，プラトンの『ティマイオス』など，ギリシアの多くの哲学者が天体を球体であると理解する見解を示していたことに由来する。オリゲネスは『祈りについて』31,3 において，フィリ 2: 10 の「こうして，天上のもの，地上のもの，地下のものがすべて，イエスの御名にひざまずく」という箇所を解釈した際に，天体に関してはこの表現を物体的意味で受け取るべきではないことをこうした哲学的伝統に則って示したのであり，その際彼は天体の体が球体であることを主張した人々の例に言及しているにすぎない。従ってこの箇所では彼は復活の問題を全く論じてはいない。チャドウィックはこれが後のオリゲネス主義者の見解である

---

[64] PG86/1,989C. 邦訳は小高毅編，前掲書 437 頁。
[65] E.de Faye, Origène, Paris,1928, p.III.
[66] Origen, *On the First Principles,* by G.W.Butterworth, London,1973, p.141, 脚注 5 参照。
[67] H.Chadwick,"Origen, Celsus, and the resurrection of the Body", in *HTR*, XLI,1948, pp. 83-102.
[68] H.Crouzel, *Origen*, pp. 248-257.

可能性を示唆している[69]。

　この問題の手掛かりとなるのがまず，前述のメトディオスの『アグラオフォン，あるいは復活について』に，魂の先在と復活した身体の霊的本性に関するオリゲネスの神学を揶揄して，復活の体の外観は「球形か，多角形か，それとも立方体になるのか」と登場人物のアグラオフォンに尋ねさせている場面が見られることである[70]。またルフィーヌスとの間にオリゲネスの神学を巡る激しい論争を展開したヒエロニュムス（340頃-420年）もまた，反オリゲネス論争の文脈でこのイメージに言及している。彼は『エルサレムのヨアンネス反駁（Contra Ioannem Hierosolymitanum）』29において，変貌した主は「太陽ないし球体の丸さで」現れるために彼の肢体を喪失してはいないと述べて，オリゲネスを暗に批判している[71]。従ってメトディオスとヒエロニュムスの球形の体に関する記述は，オリゲネスの復活論に関する記述を直接引用して批判したものではないのであり，復活における「球体の体」の問題は，オリゲネスの『祈りについて』における天体の体への言及が文脈を無視して安易に6世紀のオリゲネス論争に用いられたために生じたと推測される。

7. オリゲネスの神学的遺産と「テクスト共同体」

　これまでの考察を通じて，教会史においてオリゲネスが異端者とみなされてゆく経緯を，オリゲネスの復活論の問題に焦点を当てて文献学的に辿ってきた。そこで明らかになったのは，一連のオリゲネス論争が必ずしもオリゲネス自身の神学を扱ったものではなく，むしろオリゲネス神学の影響が後に新たな教会内の対立を引き起こす中で様々な論争が教会政治的意味合いを強く持って展開されたために，オリゲネス自身に関する証言やオリゲネスの神学的テクストが大きく歪められた形で伝えられたことである。本章では特にオリゲネス論争の火付け役となったエピ

　69）H. Chadwick, op.cit., p.96. H. Chadwick (ed.), *Alexandrian Christianity*, Philadelphia, 1955, pp. 381-382.
　70）『アグラオフォン，あるいは復活について（*Aglaophon seu de resurrectione*）』（GCS III.15.1）。
　71）ヒエロニュムス『エルサレムのヨアンネス反駁（*Contra Ioannem Hierosolymitanum*）』29（PL26）。Crouzel, *Origen,* pp. 252-253参照。

第 6 章　オリゲネス神学が異端とみなされた経緯　　251

ファニオスの『パナリオン』の記述と 6 世紀の異端宣告に焦点を当てて考察したが，エピファニオスの哲学・神学的思索への敵意や学問軽視の個人的資質と，ニカイア公会議への頑ななまでの忠誠心は，オリゲネス神学の持つ多元主義的傾向を許容することを不可能にしたことが事態の発端であった。というのも本書の考察から明らかになったように，オリゲネスの聖書主義は聖書に基づく限り多様な解釈の立場に余地を残すものであり，テクストの比較を通じてヘレニズム諸思想やユダヤ教との対話を可能とするものであったが，エピファニオスの異端論駁はニカイア正統主義の旗印のもとでオリゲネスを後続の異端の祖とみなすことにより，それらの多様性を一元化する方向を目指していたためである。

　そうした一元化の帰結は，古代都市アレクサンドリアにおいて長い期間にわたって培われてきた宗教・文化的伝統の破壊をもたらすこととなった。キリスト教の国教化政策によって 391 年にテオドシオス帝は，前述のテオフィロスの求めに応じてエジプトの異教神殿や図書館を破壊する許可を与えた。しかしテオフィロスがアレクサンドリアの主教の間は微妙な均衡を保っていたアレクサンドリアにおけるキリスト教と異教およびユダヤ教の関係は，412 年のテオフィロスの死去に伴い，彼の甥で強硬派のキュリロスが主教に就任した直後から一層緊張の度合いを強めることとなった。キュリロスは強硬な反異端政策と反ユダヤ人政策をとったことが知られており，ユダヤ人によるアレクサンドリア教会の火事騒ぎからキリスト教徒に対するユダヤ人の暴動に発展し，それがきっかけで多くのユダヤ人が殺害され，町から追放されることになり，その後異教に対する圧力も次第に強まった。

　国際的学術都市アレクサンドリアの終焉を象徴する出来事として知られるのが，ヒュパティアの殺害事件である。1853 年のチャールズ・キングスレイの小説『ヒュパティア』によって歴史上広くその名が知られるようになり，2009 年にはアレハンドロ・アメナーバル監督によって映画化されたヒュパティアは，当時一級の女性哲学者，数学者，天文学者として教育に当たり，彼の弟子の中には異教徒のみならず，後のキュレネの主教となるシュネシオスその他のキリスト教徒も含まれてい

たが，この地で 415 年にキリスト教徒によって殺害されている[72]。この事件にキュリロスが直接関与したかどうかについては資料的に疑問が残る。しかし彼はアレクサンドリアにおける自らの勢力の拡大のために，彼のユダヤ人迫害に批判的だった都市長官のオレステスを敵対視し，ニトリアの砂漠に住む無学な修道士たちを呼び寄せて彼を襲撃させている。また通常は町の病者やホームレスの世話を担当する屈強なパラバラニと呼ばれる修道兵を従えていたことが知られている。彼らパラバラニによるヒュパティアの虐殺も，オレステスに対する彼女の影響力を削ぐねらいがあったとみなされており，彼らによる虐殺の責任は免れないと見なされている[73]。

　テオフィロスとキュリロスの二人の主教によってキリスト教内の異端グループと共に，ユダヤ教，異教の文化は徹底的に弾圧され，それ以前の多様な文化と宗教の出会いの場としての古代アレクサンドリアの伝統に終焉がもたらされ，それ以降キリスト教は寛容さを失う結果になった。だがオリゲネスの神学的遺産は 6 世紀の異端宣告によって途切れた訳ではなく，ルフィーヌスやヒエロニュムスのラテン語訳を通して中世に伝えられた。オリゲネスの遺産が後世に伝えられたことは，いわばピーター・ブラウンが「テクスト共同体」と呼ぶような共同体がある形で存在していたためと思われる。ブラウンは，「古代末期は聖人の時代でした。しかし，それはまた新しい「テクスト共同体」と呼ばれたものの時代でもあったのです。この「テクスト共同体」では，人々は空間的にはブリタニアと中央アジアのように，しばしば非常に離れた場所で暮らしていましたが，彼らは一連の聖なる書物を共有することで結びついていると感じていたのです」と述べ，「聖なる書物を熱中して読む貪欲な読者の

---

[72] キングスレイの小説『ヒュパティア』の邦訳『ハイペシア』上・下が大正 13 年に村山勇三訳で刊行されている。ヒュパティアを主人公として 2009 年スペインで公開されたアメナーバル監督の映画の原題は AGORA で，日本では 2011 年「アレクサンドリア」の題名で公開となった。古代都市アレクサンドリアが辿った歴史について詳しくは，El-Abbadi & Fathallah (eds.), *What happened to the Ancient Library of Alexandria*, Brill, 2008 を参照。さらに当時のアレクサンドリアにおけるキリスト教の状況については，小高毅『人と思想　オリゲネス』189 頁を参照されたい。

[73] ヒュパティアの殺害に関する古代の証言として，ソクラテス『教会史』VII, 13-14 参照。なおこの問題に関する最近の優れた研究として，Maria Dzielska, *Hypatia of Alexandria*, Harvard University Press, 1995 を参照。

第6章 オリゲネス神学が異端とみなされた経緯

姿は，古代末期に新たに現れたもののひとつとして大変重要です」と注目すべき指摘を行っている[74]。

オリゲネスは正統信仰の確立者と言われるアタナシオス以前に，新約聖書正典の観念に基づく聖書解釈の方法を確立し，異教の側からの批判やグノーシス主義的異端文書に対する論駁に貢献すると共に，長期にわたる『ヘクサプラ』編纂の作業を通じて，ユダヤ教徒に対するのみならず，教会内部の読者に対してもキリスト教の聖書解釈の正当性を論証することに尽力した。彼の聖書解釈の神学的遺産はアントニオスに代表される砂漠の禁欲主義的修道士やアタナシオスに深い影響を与え[75]，大バシレイオスとナジアンゾスのグレゴリオスが共同で編集したオリゲネスの著作からの詞華集『フィロカリア』によって東方世界に伝えられた他[76]，バルタザールが「彼の遺産は匿名の形でアウグスティヌスに及び，そして彼を通じてさらに彼の道を辿って中世盛期に至った」[77]と述べたように西方世界にも深く影響を及ぼしたのであった。

オリゲネスの影響は後世の修道制的禁欲主義にも多大な影響を及ぼしたが，これはすでに本書で見たようにオリゲネスをめぐる長期にわたる論争を引き起こすこととなった。エピファニオスは肉体性を軽視するような極端な禁欲実践を行う修道士たちの源泉をオリゲネス神学に見出し，オリゲネスの思想を徹底的に断罪したのであったが，これらの嫌疑をオリゲネスの神学的活動から直接引き出すことは困難であることが明らかとなった。オリゲネス論争の火種となったのは，禁欲的実践を中心とした隠修士たちがオリゲネス神学を極端な形で実践に適用したことにあった。これに対して，4世紀以降には共住制を中心とした修道共同体がローマ帝国に広がっていった。こうした修道共同体は，聖書を熱心に読み，研究する「テクスト共同体」として，ヒエロニュムスやバシレ

---

74) ピーター・ブラウン『古代末期の形成』足立弘明訳，慶應義塾大学出版会，2006年，「日本語への序文」19頁。この問題について詳しくは，G.Fowden, "Religious Communities", *Late Antiquity: A Guide to the Postclassical World,* ed.G.Bowersock, P.Brown and O.Grabat, Cambridge,1999, pp. 82-106 を参照。

75) この点について，本章注1) に挙げた文献を参照。

76) クラフト前掲書，166頁参照。

77) 引用は Robert J. Daly S. J. の英訳版 *Spirit and Fire,* C.U.A.Press, 1984, pp. 1-2 による（原著 Hans Urs von Barthasar, *Geist und Feuer,* Sarzburg / Leipzig, 1938）．

イオス，アウグスティヌスなどが設立した修道制を特徴づけることになる[78]。オリゲネスと後世の禁欲主義との関係は，彼の異端宣告の重要な要因であっただけに非常に複雑であるが，オリゲネスがある意味で「テクスト共同体」の形成を目指して聖書研究に基づく著述活動を行った神学的遺産は，後のバシレイオスやニュッサのグレゴリオス，ミラノのアンブロシウス[79]やアウグスティヌス[80]，聖証者マクシモスの聖書解釈に継承されたのであり，さらに「聖書を聖書によって解釈する」オリゲネスの内在的聖書解釈やパウロ主義はプロテスタントの聖書主義の先駆とも言えるものである。

---

[78] K. S. フランク『修道院の歴史 砂漠の隠者からテゼ共同体まで』戸田聡訳, 2002 年, 教文館, 40-55 頁, 小高毅『人と思想 オリゲネス』183-184 頁参照。

[79] C.Markschies, "Ambrosius und Origenes. Bemerkungen zur exegetischen Hermeneutik zweiter Kirchenväter", *Origeniana Septima,* Leuven, 1999, pp. 545-570; B. Studer, "Das Christusbild des Origenes und des Ambrosius", *Origeniana Septima,* Leuven, 1999, pp. 571-590.

[80] Robert D. Crouse, "Origen in the Philosophical Tradition of the Latin West: St.Augustine and John Scottus Eriugena", *Origeniana Quinta,* Leuven, 1992, pp. 565-569; G. Heidl, "Did the young Augustine Read Origen's Homily on Paradise?", *Origeniana Septima,* Leuven, 1999, pp. 697-704.

結　論

　本書では，エピファニオスによるオリゲネス批判を出発点としてこれまでの教会史において異端とみなされてきたオリゲネスの神学思想，特に彼の復活論の形成をアレゴリー解釈との関連において再検討し，彼の復活論が聖書伝承に基づきつつ，同時代の様々な思想的要請のもとにダイナミックに形成されたことを，ギリシア思想の伝統，グノーシス主義諸派，ユダヤ教との論争の検討を通じて明らかにしてきた。オリゲネスは，初期キリスト教が未だ確固とした地位を獲得しておらず，周辺世界から様々な批判が加えられる状況の中で，キリスト教徒の正典（カノーン）としての聖書の解釈を通じて周辺世界からの批判に答え，キリスト教のアイデンティティの確立に努めたのであった。

　聖書解釈者としてのオリゲネスの重要性をオリゲネス自身のテクストに基づいて再評価することを意図した本書では，オリゲネスが著作活動を行ったアレクサンドリアの多文化主義的状況を視野に入れて，ヘレニズム諸思想，グノーシス主義諸派，ユダヤ教との競合関係の中で生み出されたオリゲネスの復活論の成立と特徴を，彼の聖書解釈の方法に焦点を当てて検討してきた。それによってこれまで適切に評価されてこなかった聖書解釈者としてのオリゲネスの意義とその影響について現代の視点から再評価することが可能になると共に，4世紀以降の教会の歴史において異端とみなされてゆく経緯についても明らかにされたと思う。「聖書を聖書から解釈する」オリゲネスの内在的聖書解釈の方法はまさにアレクサンドリアの多文化主義的状況の賜物であり，その後の教会史における聖書解釈の方法を決定づけることになったのである。

　第1章では，「いかなる異端的逸脱をも正当化するようなアレゴリー解釈の型を提供し，すべてのキリスト教の教義に影響を及ぼした一連の

反動の出発点」と評されたエピファニオスのオリゲネス批判から出発して，オリゲネスの『諸原理について』におけるアレゴリアの意味について検討し，彼がアレクサンドリアのホメロス研究において発展した文献学的方法を継承して，一つの聖書テクストの意味を別の聖書テクストを通じて解明する方法を採用しているとの見方を示した。オリゲネスが神学的活動を行ったアレクサンドリアは，かつて「学問のコスモポリス」として古代図書館を中心とした文献学の一大発展地であり，オリゲネスの時代には諸宗教や思想が競合する多文化主義的様相を呈していた。彼に先立つフィロンとクレメンスは，当時の異教哲学からなされた聖書伝承に対する批判に対して弁明を行う際に，哲学的傾向の強い寓意的なアレゴリー解釈を行ったが，これはアレクサンドリアとは対抗関係にあったペルガモンの文献学が神話的記述の合理的解釈法として発展させた方法であった。これに対してオリゲネスはむしろアレクサンドリアの文献学的伝統を継承し，聖書を聖書によって解釈する方法を採用した。オリゲネスはこうした聖書内在的なアレゴリー解釈の方法をパウロの聖書解釈の範例を通じて聖書的に根拠づけ，聖書解釈者として多くの著述活動を行った。彼の聖書的アレゴリー解釈は転義的解釈（トロポロギア），霊的解釈（アナゴーゲー）と共にその後の西欧キリスト教の様々な聖書解釈法として発展を遂げたのである。

　第2章では，オリゲネスが論敵ケルソスに対して行った反論を『ケルソス駁論』の叙述を通じて確認し，ギリシア哲学の視点からキリスト教に加えられた復活論批判に対して，オリゲネスが聖書解釈を通じてどのように答えたかを検討した。両者の議論の考察を通じて明らかになったのは，第一にケルソスが当時流布していた様々な民間伝承資料を駆使しながら，キリスト教の教説を激しく攻撃しているのに対して，オリゲネスはケルソスの批判を冷静に受け止め，聖書テクストに基づいてその妥当性について検討し，読者をキリスト教の死生観や復活論についての正しい理解に導こうとする姿勢を貫いていることである。その意味でオリゲネスの論述は，ケルソスの批判を直に論破することを目的とした論駁的性格というよりも，「信仰の弱い」読者を意識して，聖書解釈を通じてキリスト教の教えを弁明しようとする護教的性格が強いと言える。第二にオリゲネスの復活に関する論争方法に一貫して認められるのが，ケ

ルソスの思想基盤である古典ギリシアの伝統に基づく神，人間，世界についての理解と，聖書に基づくキリスト教の神，人間，世界についての理解を逐一対比しながら論じることにより，両陣営の理解の相違を読者に明確な形で提示し，最終的な判断を読者に委ねていることである。オリゲネスはケルソスの抱くプラトン主義的な魂と肉体の二元論的把握に対して，パウロの復活論解釈を通じて，復活が「より善いものへの変化（μεταβολὴ ἐπὶ τὸ βέλτιον）」であり，魂が神によってふさわしい身体を付与されることであると反論している。そうした彼の手法には，ノースが提示したように，諸宗教が競合する「諸宗教の市場化」の実例を認めることができる。

第3章では，グノーシス主義諸派とオリゲネスとの間で交わされた復活の問題をめぐる論争を，オリゲネスの聖書解釈を中心に考察した。復活論をめぐる最近の新約聖書学の研究動向を概観すれば，復活について聖書には多様な理解の立場が存在していたことが次第に明らかになっており，これらの聖書証言に基づいて復活論論争を展開した初期キリスト教神学者たちの間には，強調点の置き方に従ってさらに大きな相違が見られる。本章では復活に関する聖書伝承の中でも特に，パウロの復活をめぐる記述と福音書の復活・顕現伝承の記事の解釈に焦点を当てて，初期キリスト教の復活理解の変遷を辿りながら，オリゲネスの復活論の特徴について考察した。

その結果明らかになったのは，当初グノーシス主義諸派がしばしばパウロを引用していたために，2，3世紀の護教論者たちはパウロの復活理解よりは，福音書に見られる反仮現論的復活理解（肉体の復活）を教義として発展させたが，オリゲネスはパウロ書簡を中心として旧約聖書や福音書の記述にも見られる復活理解（終末論的様態変化）を聖書引用の形で示したために，彼の聖書解釈に見られるパウロ主義は当時の教会としては例外的な位置を占めることになったことである。オリゲネス神学の評価を巡る問題は当時のパウロ受容の問題と複雑に関係しており，さらに彼が教会内の「単純な」復活の理解を批判したことも，後にオリゲネス批判を呼び起こしたと推測される。

第4章では，オリゲネスが福音書に記述されたイエスの復活に関する記述をどのように理解しているかを，彼の聖書解釈の特徴である「霊的

解釈（アナゴーゲー）」と「エピノイア論」を中心に検討した。オリゲネスの霊的解釈法は聖書テクストを無視した恣意的な解釈方法ではなく，その起源において聖書学的関心から出発しており，ヨハネ福音書やパウロの範例に依拠した聖書解釈法である。さらに「エピノイア論」は，ロゴスなるキリストが人々の能力に合わせて顕現したというオリゲネスに独自の聖書解釈であり，福音書の「山上の変貌」の記事の解釈と結合されてイエスの顕現形態の神秘性を指摘する文脈で用いられている。この動機は解釈学的意図に基づいて構築されており，オリゲネスは聖書神学者として旧・新約聖書に記述された復活者に関する様々な信仰告白的記述が帰着する統一的焦点を「エピノイア」の観念に集約させたのである。それによってオリゲネスは，仮現論的見解に対抗するために物質主義的復活理解の典拠を福音書から引き出す従来の正統的教会の方法をとらずに，むしろイエスの復活の身体の「奇跡性」を示す聖書の記事に着目して復活論を展開したのである。

　さらにオリゲネスの『ヨハネ福音書注解』におけるグノーシス主義解釈の批判を検討することにより，オリゲネスは論敵ヘラクレオンがヨハネ福音書のテクストに付したグノーシス主義的解釈を努めて忠実に引用しつつ，その解釈や聖書引用の矛盾を指摘しつつ反論を行うという手法をとっていることが明らかになった。このようなオリゲネスの反論の手法は，反異端論者たちが論敵を戯画化して攻撃したのとは異なり，聖書テクストに基づいて論敵の解釈の妥当性を判断すべきことを読者に伝えるもので，それによって読者はヘラクレオンが元来の聖書テクストに対して二次的にグノーシス主義的解釈を付け加えた寓意的解釈を行っていることをはっきりと知ることが出来るのである。

　以上のように，復活をめぐるオリゲネスの論争は，キリスト教の復活理解が何ら不合理な教えではないことを読者に伝えると共に，当時のヘレニズム世界の伝統的死生観を，聖書に基づくキリスト教の視点に置き換えることを意図するものであった。それは様々な宗教思想が競合するアレクサンドリアの多文化主義的文脈において展開された論争であり，読者を正しい聖書解釈に導き，読者にその最終的判断を委ねているところに，他の反異端論者との相違が認められる。彼の復活理解はギリシア思想における魂と身体の二元論的伝統とも，また独自の救済神話に基づ

くグノーシス主義の脱身体的救済論とも相違していたばかりか，初期キリスト教における正統的教会が展開した復活の肉体性を強調する復活論理解とも異なる「終末論的様態変化」であった。これはオリゲネスが聖書から引き出した復活理解であり，特にパウロの影響が顕著に認められる。

第5章では，現代的視点から問題となっているオリゲネスの聖書解釈と反ユダヤ主義の問題について検討した。オリゲネスはアレクサンドリアを退去してカイサレイアに移住した後にユダヤ教との論争に着手しているが，未だユダヤ教と未分化な状況にあった教会はユダヤ教との競合関係にあった。ここではオリゲネスがイエスの死の解釈をめぐってユダヤ教との間で行った論争を考察したが，イエスの死に関する一連の彼の解釈が後の西欧の反ユダヤ主義に影響を与えるようなものであったかどうかについては研究者の意見が分かれるところである。実際にオリゲネスにおいて反ユダヤ主義的記述がなされた背景には，ユダヤ教との競合関係にあった当時のキリスト教会が自己定義の必要に迫られていた状況があり，また福音書伝承に内在する反ユダヤ主義的視点を，彼が聖書解釈者として彼自身の状況において新たに再発見したことも重要な要因である。現代的視点から見れば，ここにオリゲネスの聖書主義の限界を見ることができるだろう。

さらにオリゲネスが長期にわたって取り組んだ『ヘクサプラ』の編纂についても，これによって彼が七十人訳のテクスト伝承を損なったとの批判がなされる一方，これによってオリゲネスがキリスト教の伝統におけるテクスト批評の父としての地位を確立したとみなす立場もある。ここから明らかになるのは，現代のわれわれは聖書解釈者としてオリゲネスが果たした役割を彼のテクストに基づいて適切に評価する必要があると共に，彼のユダヤ教批判はキリスト教公認後の5世紀の主教キュリロスの時代に生じたユダヤ人迫害やアレクサンドリアからの追放事件とは全く異質なものだということである。

最後の第6章では，聖書解釈者オリゲネスが後にどのようにしてキリスト教会にとって危険な異端者とみなされていったのか，その過程をエピファニオスの『パナリオン』64に描かれたオリゲネスの伝記的記述と，それに続くオリゲネスと彼の復活論に対する異端宣告を中心に検

討した。オリゲネスの影響は後世の修道制的禁欲主義にも多大な影響を及ぼし，4世紀にはオリゲネスをめぐる長期にわたる論争を引き起こすこととなった。一連のオリゲネス論争の火付け役となったのがエピファニオスの『パナリオン』である。エピファニオスは肉体性を軽視するような極端な禁欲実践を行う修道士たちの神学の源泉をオリゲネスに見出し，オリゲネスを後続の異端の祖とみなして彼の思想を徹底的に断罪したのであったが，この研究で明らかになったのは，一連のオリゲネス論争が必ずしもオリゲネス自身の神学を扱ったものではないということである。むしろオリゲネス神学の影響が新たな教会内の対立を引き起こす中で，彼の神学を巡る様々な論争が教会政治的意味合いを強く持って展開される過程で，オリゲネス自身の神学的テクストやオリゲネスに関する証言が大きく歪められた形で伝えられていった。特にエピファニオスの哲学・神学的思索への敵意や学問軽視の個人的資質と，ニカイア公会議への頑ななまでの忠誠心は，オリゲネス神学の持つ多元主義的傾向を許容することを不可能にし，これが後のオリゲネスに対する異端宣告へとつながった。

　オリゲネスの問題を時代状況との関連で見れば，オリゲネスが生きた時代は，まさに非合法宗教とみなされていたキリスト教が周辺世界に対して自他ともに宗教的寛容を求めた時代であり，オリゲネスは諸宗教の平和・共存を主張する宗教多元主義の実例であったと言える。オリゲネスは聖書解釈を行う際に聖書に基づく内在的聖書解釈の立場をとっており，その限りで多様な聖書解釈の立場に余地を残すものであり，テクストの比較を通じてヘレニズム諸思想やユダヤ教との対話を可能とするものであった。

　しかしエピファニオスの反異端論の視点は，ニカイア正統主義の旗印のもとでオリゲネスを後続の異端の祖とみなすことにより，そうした多様な解釈を一元化する方向をとり，6世紀のオリゲネスに対する異端宣告に決定的な影響を与えることになった。それは諸宗教が競合する「市場の状況」がある徹底的な仕方で変化を遂げ，皇帝の回心が「宗教的多元主義（religious pluralism）の消滅」（ストロウムサ）をもたらしたことを意味する。

　このように歪められた形でオリゲネスの神学的遺産が教会史において

伝えられ，断罪された一方で，聖書神学者としてのオリゲネスの直接的影響は実際のところ，砂漠の隠修士たちの禁欲主義的実践のみならず，ヒエロニュムスの聖書研究やバシレイオス，アウグスティヌスの修道制の理念に示されるような，聖書の学びと研究を中心とした「テクスト共同体」の形成につながっていったのであり，西欧の修道院の聖書研究の伝統や，さらに後のプロテスタントの聖書主義に継承されていったのである。

オリゲネスの生涯とその思想的遺産がこのような形で，その後長い間異端とみなされるに至ったことは教会史における非常に不幸な出来事であったが，最後にオリゲネスが『ケルソス駁論』の冒頭部分においてイエスの沈黙を非常に印象的に描いていたことを想起しておきたい。

> *CCels*. 序論1「われらの救い主にして主なるイエス・キリストは，偽証された際に「沈黙していた」し，告訴された際には「何も答えなかった」。それは彼が，彼自身の全生涯とユダヤの人々の中でなした行為が，偽証を論駁する声や告訴に対する弁明の演説よりも優っていると信じたからである。だから神を愛するアンブロシオスよ，わたしには，あなたがなぜケルソスの論述におけるキリスト者に対する偽証と，彼の書物による教会の信仰に対する告訴に対してわたしたちに弁明することを求めておられるのかわかりません。あたかも諸事実の中には，偽証を消し去り，何らかの効力を伴う説得力を告訴に全く与えないような，明瞭な論駁や，どんな書物よりも優れた言葉が存在しないかのようではありませんか。そこで，イエスが偽証された際に「沈黙していた」ことについては，さしあたりマタイの言葉を提示すれば充分でしょう。なぜならマルコもマタイと同じ効力を持つ言葉を書いたのですから」[1]。

この記述はイエスに倣い，聖書の真理を生きたオリゲネスにもそのまま当てはまるのであり，後にエウセビオスの教会史の記述や，大バシレイオスとナジアンゾスのグレゴリオスが共同で編集したオリゲネスの著

---

1) 引用は，出村みや子訳『キリスト教教父著作集 8 オリゲネス 3 ケルソス駁論 I』教文館，1987年，3頁。

作からの選書集『フィロカリア』が，彼のテクスト伝承と共に後代に伝えられ，そのような偽証に対して静かに反論していることも忘れてはならない。さらに現代の研究者たちの地道なテクストへの取り組みによって，オリゲネスがその後の聖書解釈の歴史に与えた影響が徐々に明らかにされつつあるのである。

あ と が き

　本書は，2009年4月3日に東京大学大学院人文社会系研究科に提出し，同年10月4日の博士論文審査委員会の口頭試問を経て，2010年3月24日に博士（文学）の学位を授与された博士論文「聖書解釈者オリゲネス——復活をめぐる論争を中心として」に基づき，刊行を意図して手を加えたものである。

　オリゲネス研究には宗教学，聖書学，教父学などの様々な領域の知見が必要であるが，それらの各分野で活躍する鶴岡賀雄先生，大貫隆先生，市川裕先生，佐藤研先生，宮本久雄先生の五人の研究者に今回博士論文の審査をお引き受けいただき，貴重な助言をいただくことができたことは望外の喜びであった。これら先輩の諸先生方にはいずれも大学院時代から親しい交わりとご指導をいただいており，日本宗教学会，日本聖書学研究所，中世哲学会，東方キリスト教学会などでかつての私のような多くの若手研究者を育てておられる方々である。今後もこれらの分野で日本の若手研究者が育つためにこの研究がその一助となればと思う。

　オリゲネスが著述活動を行った古代アレクサンドリアは，古代哲学や宗教思想，文献学や自然学的探求が十全に開花した文化都市であり，様々な民族と文化の伝統が混在する多文化都市として繁栄したものの，4世紀におけるローマ帝国の宗教政策の転換や教会政治の問題，この都市を襲った大地震などの自然災害を通じてその伝統が失われていた。オリゲネスの復活論を中心に，聖書の復活の記事をいかに解釈するかという問題をめぐって教会史上展開された様々な論争を考察した本書は，ある意味で過去の失われた文化的伝統を現代の視点から甦らせる試みである。実際オリゲネスをめぐる論争は異なる宗教・文化的伝統の平和共存を模索する現代世界への重要な指針を提供するものである。さらに千年に一度という先の東北地方を襲った3.11の大震災を経験したこの時に，死と復活の問題を主題とした研究を刊行することは何らか意味があるので

はないかと思う。自然災害や人々の争いが，それまで人々が築いてきた文化の営みを一瞬にして破壊してしまうことはこれまでの歴史が教えるところではあるが，古代アレクサンドリアで生み出された文献を私たちが読むことは，過去の人々の知的営為が時代と地域を超えて文化的遺産として人類に継承され，その後の新たな歴史を創造していくことを私たちにはっきりと確信させるものである。復活の問題には，こうした伝統の継承をめぐる人類的希望が含まれていることは重要である。

　このオリゲネス研究は彼の主著である『ケルソス駁論』の翻訳と注釈作業をすすめながら研究発表を重ねていく形でなされたため，こうして一つの研究としてまとまるまでに多くの時間がかかってしまった。この研究は，教会史において異端とされたオリゲネスの神学思想の現代的意義を，「テクスト共同体」の形成に見ることで締めくくられているが，私自身が教父学研究の魅力を実感したのも，聖書を始めとする古典的テクストを共に読むことを通じて形成される真理探究の共同性の交わりの中で育てられたとの思いを深くするからである。本書は，これまで私を教父学の領域に導いて下さった多くの諸先生方のご指導なしには生まれえなかったとの思いを強くしている。

　ここにすべての方々のお名前を挙げることはできないが，まずはこれまで私の研究活動におけるよき助言者であり，日々の育児や家事，介護の労苦を共に担ってくれた夫の出村和彦と，研究・教育活動を通じて日頃から様々な支援をいただいている東北学院大学の同僚の皆様に心よりの感謝を申し上げたい。今回博士論文の刊行を知泉書館に推薦してくださった金子晴勇先生には，大学時代から信仰の導きと共にアウグスティヌスやルターの思想についてご指導いただいたが，とりわけ聖書解釈の問題がヨーロッパ思想の転換点において非常に重要な役割を果たしたことを教えていただいたことは今でも忘れがたい。新約学のみならず，教会史やグノーシス主義文献についてもご指導をいただいた荒井献先生は，大学院進学時にオリゲネス研究のテーマと共に，『ケルソス駁論』の翻訳の機会を与えてくださった。海外で定期的に開催される国際学会に出席して発表するようになったのも荒井先生の後押しのお陰である。その後アメリカのノートルデイム大学において客員研究員として受け入れ，本格的な教父学研究の指導をしてくださったのがチャールズ・カン

あとがき

ネンギーサー先生である。ヨーロッパにおける教父学の伝統の優れた継承者である先生が，私たちとの交流を通じて何度も来日して日本の研究者との交流を大切にしてくれたことは，日本の教父学の発展にとっても重要な機会となった。

最後に，今回の震災で出版事業にも少なからぬ影響が出ている中で適切かつ迅速に編集作業をすすめ，本書の出版を可能にしてくださった知泉書館の小山光夫社長に心より感謝を申し上げたい。

なお本書は，東北学院教育研究基金よりの博士論文出版助成の交付を受けて刊行されたものである。

2011年5月15日

出村　みや子

参考文献表

1　教父文献一般

テクスト

Corpus Christianorum: Series Graeca, Turnhout: Brepols, 1974-
Corpus Christianorum: Series Latina, Turnhout: Brepols, 1954-
Corpus Christianorum: Series Apocryphorum, Turnhout: Brepols, 1983-
P. ケッチャウ（Koetschau）によるベルリン・アカデミーの校訂版, *Die griechischen christlichen Schriftsteller der ersten drei Jahrhunderte* (GCS),Bde.I(1899)-XI(1933)
最初の英訳 *Ante-Nicene Christian Library* (ANCL), Edinburgh,1869-72
ケッチャウによる独訳テクスト *Bibliothek der Kirchenväter,* Munich, 1926-27
現在最も信頼できるテクストとしてフランス語との対訳テクストが, *Sources Chrétiennes* (SC) シリーズとして 1962 年より刊行中.
J. P. Migne: *Patrologiae cursus completes; series graeca* (PG)
J. P. Migne: *Patrologiae cursus completes; series graeca* (PL)

邦訳テクスト

荒井献・水垣渉編『キリスト教教父著作集』全 22 巻が刊行中, 教文館, 1987 年-
小高毅編『原典　古代キリスト教思想史』全 3 巻, 教文館, 1999-2001 年
上智大学中世思想研究所編訳監修『中世思想原典集成』全 20 巻, 平凡社, 1992-94 年
P. ネメシュギ編『キリスト教古典叢書』創文社, 1963 年-
秦剛平訳『エウセビオス　教会史』(全 3 巻) 山本書店, 1986-88 年
日本聖書学研究所編『聖書外典偽典』教文館, 1975-82 年

辞書・事典他

大貫隆・名取四郎・宮本久雄・百瀬文晃編『岩波キリスト教辞典』岩波書店, 2002 年
『旧約新約聖書大事典』教文館, 1989 年
H. クラフト　『キリスト教教父事典』水垣渉・泉治典監修, 教文館, 2002 年
Biblia Patristica (Index des citations et allusions biblique dans la literature patristique), III(Origène), Paris, 1980.
Crouzel, H., *Bibliographie Critique D'Origène, Instrumenta Patristica; VIII,*1971.
―――,*Bibliographie Critique D'Origène, Instrumenta Patristica VIII; A, Supplement I,*

1982.

Kannengiesser, Charles , *Handbook of Patristic Exegesis, vol.I, 2004*, Brill.

Lampe, G. W. H. (ed.), *A Patristic Greek Lexicon,* Oxford,1976.

Liddell and Scott, *Greek-English Lexicon,* Oxford, 1968.

McGuckin, John Anthony (ed.),*The Westminster Handbook to Patristic Theology,* London, 2004.

―――(ed.),*The Westminster Handbook to Origen,* London, 2004.

研　究

秋山学『教父と古典解釈：予型論の射程』創文社，2001 年

荒井献『初期キリスト教史の諸問題』新教出版社，1973 年

荒井献・出村みや子・出村彰『総説　キリスト教史Ⅰ　原始・古代・中世篇』日本キリスト教団出版局，2006 年

ルイ・ブイエ『キリスト教神秘思想史1　教父と東方の霊性』大森正樹・長戸路信行・中村弓子・宮本久雄・渡辺衆訳，平凡社，1996 年

K. バイシュラーク『キリスト教教義史概説　上』掛川富康訳，教文館，1996 年

カンペンハウゼン『古代キリスト教思想家Ⅰギリシア教父』三小田敏雄訳,新教出版社, 1963 年

出村みや子「護教論者における信仰と知の問題」,『中世における信仰と知』上智大学中世思想研究所，近刊予定

秦剛平・H. W. アトリッジ共編『キリスト教の正統と異端』Lithon, 1992 年

宮本久雄『教父と愛智―ロゴスをめぐってー』新世社，1989 年

水垣渉・小高毅編『キリスト論論争史』日本キリスト教団出版局，2003 年

水垣渉『宗教的探求の問題――古代キリスト教思想序説』創文社，1984 年

森本あんり『使徒信条――エキュメニカルなシンボルをめぐる神学黙想』新教出版社， 1995 年

J. M. ロッホマン『講解・使徒信条――キリスト教教理概説』古屋安雄・小林真知子訳, ヨルダン社，1996 年

関川泰寛『アタナシオス神学の研究』教文館，2006 年

谷隆一郎『人間と宇宙的神化』知泉書館，2009 年

Bauer, W. *Orthodoxy and Heresy in Earliest Christianity,* Philadelphia, 1971.

Baus, Karl, Hans-Georg Beck, Eugen Ewig, Hermann Josef Vogt, *The Imperial Church from Constantine to the Early Middle Ages*, Translated by Anselm Biggs, 1980 New York.

Eijk, A.H.C.Van, " 'Only That Can Rise Which Has Previously Fallen':The History of A Formula", *JTS* 22,1971, pp.517-29.

Harnack, A. von, *Die Mission und Ausbreitung des Christentums* (4th ed.; Leipzig: Hinrichs, 1924).

Kelly, J.N.D. *Early Christian Creeds,* Third edition, New York,1981.

Prigent, P. *Justin et l'Ancien Testament: L'Argumentation scriptuaire du traité de Justin contre toutes les hérésies comme source principale du Dialogue avec Trypho et de la Première Apologie,* Paris, 1964.

Schoedel, W.S. *Athenagoras;Legatio and De Resurrectione,*Oxford,1972.

Simonetti, Manlio *Biblical Interpretation in the early church : An Historical Introduction to Patristic Exegesis,* translated by Jon A. Hughes, Edinburgh, 1994.

2 オリゲネス研究

テクスト

フランス語との対訳テクスト Sources Chrétiennes(SC) シリーズのうち，以下の版を用いた。

*Contre Celse:*132(1967),136(1968),147(1969),150(1969),227(1976): Marcel Borret 編・訳

Traité des Principes: 252(1978),253(1978),268(1980),269(1980),312(1984): Henri Crouzel, Manlio Simonetti 編・訳

Commentaire sur l'Évangile de saint Jean I-XX: 120(1966), 157(1970), 222(1975), 290(1982): Cécile Blanc 編・訳

『諸原理について』の英訳テクスト G.W.Butterworth, *Origen, On First Principles,* Harper & Row, 1973.

『ケルソス駁論』の英訳テクスト *Origen, Contra Celsum,* translated with an introduction and notes by H.Chadwick, Cambridge,1980.

『マタイ福音書注解』の独訳テクスト H.J.Vogt, *Origenes.Der Kommentar zum Evangelium nach Matthäus,* Stuttgart.1983.

邦訳テクスト

出村みや子訳『ケルソス駁論 I』教文館，1987年，『ケルソス駁論 II』教文館，1997年

小高毅訳『諸原理について』創文社，1978年

小高毅訳『オリゲネス ヨハネによる福音注解』創文社，1984年

研　究

有賀鐵太郎『オリゲネス研究』創文社，1981年

出村みや子「オリゲネスにおけるイエス弁明の方法――『ケルソス駁論』I-II 巻における争点としての修辞的手法について」，『キリスト教史学』第 41 集，1987年，21-35 頁

―――「オリゲネスの歴史観とアレクサンドリアの知恵神学」，『荒井献先生還暦・退職記念献呈論文集』教文館，1991年，315-339 頁

―――「初期キリスト教の復活理解の変遷（1）オリゲネスの復活論におけるパウロの影響」，『ノートルダム清心女子大学キリスト教文化研究所　年報』第 21 号，1999年，1-31 頁

─────「初期キリスト教の復活理解の変遷 (2) オリゲネスの復活論における福音書伝承の問題」,『ノートルダム清心女子大学キリスト教文化研究所　年報』第22号, 2000年, 1-23頁

─────「古代教父のグノーシス像」, 大貫隆・島薗進・高橋義人・村上陽一郎編『グノーシス　陰の精神史』岩波書店, 2001年, 189-199頁

─────「オリゲネスの聖書解釈における古代アレクサンドリアの文献学的伝統の影響──『マタイ福音書注解』17巻29-30を中心に」,『東北学院大学論集　教会と神学』第43号 2006年, 1-25頁

─────「初期キリスト教とグノーシス主義諸派の関係をめぐって──オリゲネスの聖書解釈を中心として」,『東北学院大学キリスト教文化研究所紀要』第26号, 2008年, 56-75頁

─────「エピファニオスのオリゲネス批判──『パナリオン』64の伝記的記述の検討を中心に」,『東北学院大学論集 教会と神学』48号, 2009年3月

─────「アレクサンドリアの聖書解釈の伝統における貧困と富の理解」,『聖書学論集　経験としての聖書　大貫隆教授献呈論文集』リトン, 2009年, 531-550頁

小高毅『オリゲネス──『ヨハネによる福音注解』研究』創文社, 1984年

─────『人と思想　オリゲネス』清水書院, 1992年

Andresen, C. *Logos und Nomos : Die Polemik des Kelsos wider das Christentum,* Berlin,1955.

Bader, R. Der ἀληθής λόγος *des Kelsos,* Stuttgart-Berlin,1940.

Barthasar, Hans Urs von, *Geist und Feuer,* Sarzburg / Leipzig,1938(*Spirit and Fire* translated by Robert J.Daly, C.U.A.Press,1984).

Bostock, D. G. "Quality and Corporeity", *Origeniana Secunda,* 1980, pp.323-337.

Chadwick, H. "Celsus, and the resurrection of the body," *Harvard Theological Review* 41, 1948,pp.83-102.

─────, *Early Christian Thought and the Classical Tradition,* Oxford, 1966.（邦訳『初期キリスト教とギリシア思想』中村坦・井谷嘉男訳, 日本基督教団出版局, 1983年）

Crouse, Robert D. "Origen in the Philosophical Tradition of the Latin West: St.Augustine and John Scottus Eriugena", in *Origeniana Quinta,* Leuven, 1992, pp.565-569.

Crouzel, H. *Origen : The Life and Thought of the First Great Theologian,* 1989, Harper & Row.

Danielou, Jean *Sacramentum Futuri,* Paris,1950.

Demura, Miyako "The Resurrection of the Body and Soul in Origen's Contra Celsum", *Studia Patristica,* IX/3, 1991,pp.375-381.

─────, "The Biblical Tradition of resurrection in Early Christianity; Pauline Influence on Origen's Theology of Resurrection", *Annual of the Japanese Biblical Institute,* vol. XXV/XXVI, 1999/2000, pp.135-151.

─────, "Origen as Biblical Scholar in his *Commentary on the Gospel according to*

Matthew XVII,29", *Scrinium, vol.4: Patrologia Pacifica* (Selected papers presented to the Western Pacific Rim Patristic Society 3rd Annual Conference in Nagoya, Japan, September 29-October 1,2006 and other Patristic Studies),V.Baranov and B.Lourie (eds.), St Petersburg: Axioma, 2008.12, pp.23−31.

―――, "Origen's allegorical interpretation and the Philological tradition of Alexandria", *Origeniana Nona* ,2009, pp.149−158.

―――, "Poverty and Asceticism in Clement and Origen of Alexandria", *Prayer and Spirituality in the Early Church* vol.4,2009, pp.119−132 .

―――, "Reception of Pauline letters and the formation of the Canonical principle in Origen of Alexandria", *Scrinium vol.6: Patrologia Pacifica*, 2010, pp.75−84.

―――, "The Origenist Controversy and Church Politics", *Studies of Religion and Politics in the Early Christian Centuries*, Edited by David Luckensmeyer and Pauline Allen, St Pauls, 2011., pp.115−122.

Dawson, John D. *Christian Figural Reading and the Fashioning of Identity,* London, 2002.

Lange, N.R.M.De *Origen and the Jew : Studies in Jewish-Christian Relations in third-century Palestine,* Cambridge, 1976.

Dechow, Jon F. "The Heresy Charges against Origen", *Origeniana Quarta,* Innsbruck, 1985, pp.112−122.

―――, *Dogma and Mysticism in Early Christianity : Epiphanius of Cyprus and the Legacy of Origen,* Peters, 1988.

―――, "Origen and Early Christian Pluralism", Charles Kannengiesser and William L. Petersen, eds., *Origen of Alexandria: His World and His Legacy,* University of Notre Dame Press, 1988, pp.337−356.

Dorival, G."Origene et la Resurrection de la Chair", *Origeniana Quarta,*1987,pp.291−321.

―――, "Remarques sur la forme du *Peri Archon*," *Origeniana,* 1975, pp.33−45.

Heidel, G. "Did the young Augustine Read Origen's Homily on Paradise?", *Origeniana Septima,* Leuven, 1999, pp.697−704.

Edwards, Mark Julian *Origen against Plato, Ashgate Studies in Philosophy and Theology in Late Antiquity,* 2002.

Fédou, Michael *Christianisme et Religions Païennes dans le Contre Celse d' Origène,* Paris, 1988.

Hanson, R. P. C. *Allegory & Event; A Study of the Sources and Significance of Origen's Interpretation of Scripture,* London, 2002.

Harl, M. "Structure et coherence de *Peri Archon*," *Origeniana,* 1975,pp. 11−32.

Hoffmann, R. J. *Celsus On The True Doctrine: A Discourse Against the Christians,* Oxford, 1987.

Kannengiesser, Charles and William L. Peterson (ed.), *Origen of Alexandria—His World and his Legacy,* University of Notre Dame Press, 1988.

Kannengiesser, Charles "Origen, Systematician in *De Principiis*", *Origeniana Quinta,* Leuven, 1992, pp.395-405.

―――, "Origen's Doctrine Transmitted by Antony the Hermit and Athanasius of Alexandria", *Origeniana Octava*, Leuven, 2003, pp.889-900.

Keim, T. *Celsus' Wahres Wort,* Zürich, 1873.

Koch, Hal *Pronoia und Paideusis. Studien über Origenes und sein Verhältnis zum Platonismus,* Berlin, 1932.

Lubac, H. de *Histoire et esprit: L'intelligence de l'écriture d'après Origène,* Paris,1950.

Markschies, C. "Ambrosius und Origenes, Bemerkungen zur exegetischen Hermeneutik zweiter Kirchenväter", *Origeniana Septima,* Leuven,1999, pp. 545-570.

Martin, A. "Aux Origines De L'Alexandrie Chrétienne : Topographie, Liturgie, Institutions", *Origeniana Octava,* Leuven, 2003.

McGuckin, J. A. "Caesarea Maritima as Origen Knew It," *Origeniana Quinta,* Louven,1992, pp.3-25

―――, "Origen as Literary Critic in the Alexandrian Tradition", *Origeniana Octava,* Leuven, 2003, pp.121-136.

―――, *The Transfiguration of Christ in Scripture and Tradition,* New York, 1986.

Neuschäfer, Bernhard *Origenes als Philologe,* Friedrich Reinhardt Verlag Basel, 1987.

Pichler, K. *Streit um das Christentum: Der Angriff des Kelsos und die Antwort des Origenes,* Frankfurt am Main, 1980.

Steidle, Basilius "Neue Untersuchungen zu Origenes' *Peri Archon,*" Zeitschrift für die neutestamentliche Wissenschaft 40, 1941, pp.236-43.

Studer, B. "Das Christusbild des Origenes und des Ambrosius", *Origeniana Septima,* Leuven, 1999, pp.571-590.

Torjesen, Karen Jo *Hermeneutical Procedure and Theological Method in Origen's Exegesis,* Berlin, 1985.

Trigg, Josef W. *Origen: The Bible and Philosophy in the Third- Century Church,* SCM Press LTD, 1983.

Wilken, R. *The Christians as the Romans Saw Them,* New Haven,1984. (邦訳『ローマ人が見たキリスト教』三小田敏雄他訳，ヨルダン社，1987 年)

3　古代アレクサンドリア関係

テクスト

Philo ,10　vols.Loeb Classical Library, London 1929-1962.

Clemens Alexandrinus 3 vols, *GCS,*Berlin 2nd ed. 1970, 4th ed. 1985.

M.Patillon & G.Bolognesi (eds.), *Aelius Theon: Progymnasmata,* Paris: Les Belles Lettres, 1997.

邦訳テクスト

アレクサンドリアのフィロン『観想的生活・自由論』土岐健治訳，教文館，2004 年

アレクサンドリアのフィロン『世界の創造』野町啓・田子多津子訳，教文館，2007

年

研　究

ジャン＝イヴ・アンプルール『甦るアレクサンドリア』周藤芳幸訳, 河出書房新社, 1999年

モスタファ・エル＝アバディ『古代アレクサンドリア図書館』松本慎二訳, 中公新書, 1991年

ルチャーノ・カンフォラ『アレクサンドリア図書館の謎　古代の知の宝庫を読み解く』竹山博英訳, 工作舎, 1999年

デレク・フラワー『知識の灯台　古代アレクサンドリア図書館の物語』柴田和雄訳, 柏書房, 2003年

E. M. フォスター『アレクサンドリア』中野康司訳, 晶文社, 1988年

秦剛平『描かれなかった十字架——初期キリスト教の光と闇』青土社, 2005年

―――『乗っ取られた聖書』京都大学学術出版会, 2006年

グッドイナフ『アレクサンドリアのフィロン入門』野町啓・兼利琢也・田子多津子訳, 教文館, 1994年

出村みや子「アレクサンドリア神学における貧困と富の理解(1)——アレクサンドリアのクレメンスの『救われる富者は誰か』を中心に」,『東北学院大学キリスト教文化研究所紀要』第27号, 2009年, 45-64頁

―――「アレクサンドリア神学における貧困と富の理解(2)——アレクサンドリアのフィロンの『観想的生活』を中心に」,『東北学院大学キリスト教文化研究所紀要』第28号, 2010年, 43-62頁

―――「アレクサンドリア神学における貧困と富の理解(3)——「神学の侍女(ancilla theologiae)としての哲学の位置付けをめぐって——」,『東北学院大学キリスト教文化研究所紀要』第29号(印刷中)

―――「古代アレクサンドリアの聖書解釈の系譜——フィロン, クレメンス, オリゲネス—」,『エイコーン—東方キリスト教研究』第41号, 2010年, 27-49頁

M. ヘンゲル『キリスト教聖書としての七十人訳　その前史と正典としての問題』土岐健治・湯川郁子訳, 教文館, 2005年

チャールズ・カンネンギーサー「古代アレキサンドリアにおける古典哲学とキリスト教の釈義との出会い」出村和彦訳,『中世思想研究』第38号, 1996年

野町啓『謎の古代都市アレクサンドリア』講談社学術新書, 2000年

ダニエル・ロンドー『アレクサンドリア』中条省平・中条志穂訳, Bunkamura, 1999年

ケネス・シェンク『アレクサンドリアのフィロン　著作・思想・生涯』土岐健治・木村和良訳, 教文館, 2008年

山田耕太「ギリシア・ローマ時代のパイディアと修辞学の教育」,『敬和学園大学研究紀要』第17号, 2008年, 217-231頁

Bigg, Ch. *The Christian Platonists of Alexandria,* Oxford, 1886.

Dorival, G. "Les débuts du christianisme à Alexandrie", in *Alexandria: Une mégapole cosmopolite,* Paris, 1999

Dzielska, Maria *Hypatia of Alexandria,* Harvard University Press, 1995.

El-Abbadi & Fathallah (eds.), *What happened to the Ancient Library of Alexandria*, Brill, 2008.

Henrichs, Albert "Philosophy, the Handmaiden of Theology", *Greeks, Roman and Byzantine Studies 9,* 1968, pp.437–50.

Jakab, Attila *Chrétiens d'Alexandrie. Richesse et pauvreté aux premièrs temps du christianisme (Ier-3e siècles). Essai d'histoire sociale, I,* Villeneuve d'Asq, 1998.

Mimouni, S. C. "À LA RECHERCHE DE LA COMMUNAUTÉ CHRÉTIENNE D'ALEXANDRIE AUX Ier-IIe SIÈCLES", *Origeniana Octava,*2003, pp.137–163.

Osborn, Eric *Clement of Alexandria,* Cambridge, 2005.

Pearson, Birger A.& James E. Goehring (eds.,), *The Roots of Egyptian Christianity,* Philadelphia, 1986.

Runia, David T. "Philo and Origen : A Preliminary Survey", *Origeniana Quinta,* 1992, pp.333–339.

―――, "The structure of Philo's allegorical treatises", *Vigiliae Christianae* 38, 1984, pp.209–256.

―――, "Further observation on the structure of Philo's allegorical treatises", *Vigiliae Christianae* 41, 1987, pp.105–138.

―――, *Philo in Early Christian Literature,* Van Gorcum, Asren, 1993.

Smith, Robert W. *The Art of Rhetoric in Alexandria,* Martinus Nijhoff – The Hague, 1974.

Stroumsa, Guy G. "Alexandria and the Myth of Multiculturalism" *Origeniana Octava,* Leuven, 2003, pp.23–29.

Hoek, Annewies van den *Clement of Alexandria and the Use of Philo in the Stromateis,* Brill, 1988.

―――, "Origen and the Intellectual Heritage of Alexandria", *Origeniana Quinta,* 1992, pp.40–50.

4 新約聖書

研 究

レイモンド・E・ブラウン『キリストの復活――福音書は何を語るか』佐久間勤訳, 女子パウロ会, 1997年

出村みや子「新約聖書はなぜ27文書になったのか」,『AERA Mook「新約聖書」がわかる』朝日新聞社, 1998年, 52-55頁

原口尚彰『ガラテアの信徒への手紙(現代新約注解全書 別巻)』新教出版, 2004年

―――『ガラテアの信徒への手紙』新教出版, 1997年

ヘルムート・ケスター著『新しい新約聖書概説 上――ヘレニズム時代の歴史・文化・宗教』井上大衛訳, 新地書房, 1989年

―――『新しい新約聖書概説 下――初期キリスト教の歴史と文献』永田竹司訳,

新地書房，1990 年
三好迪『福音書のイエス・キリスト3 旅空に歩むイエス』講談社，1984 年
E.S. フィオレンザ『初期キリスト教の軌跡と宣教』出村みや子訳，ヨルダン社，1987 年
E.P. サンダース『パウロ』土岐健治・大田修司訳，教文館，1994 年
佐竹明『ガラテアの信徒への手紙注解』新教出版社，2004 年
佐藤研「Q 文書」，木幡藤子・青野太潮編著『現代聖書講座第二巻　聖書学の方法と課題』日本基督教団出版局，1996 年
―――『聖書時代史　新約篇』岩波書店，2003 年
―――『禅キリスト教の誕生』岩波書店，2007 年
―――『はじまりのキリスト教』岩波書店，2009 年
W. シュミットハルス『黙示文学入門』土岐健治・江口再起・高岡清訳，教文館，1986 年
A. シュヴァイツァー『使徒パウロの神秘主義』シュヴァイツァー著作集第 10,11 巻，武藤一雄・岸田晩節訳，白水社，1957-58 年（原著 1930 年）
山岡三治・井上洋治〔編〕『復活信仰の理解を求めて』サンパウロ，1997 年
山内眞『復活　その伝承と解釈の可能性』日本基督教団出版局，1979 年
Babcock William S. (ed.), *Paul and the Legacies of Paul,* Dallas,1990.
Baumgarten, J. *Paulus und die Apokalyptik,* Neukirchener Verlag,1975.
Bultmann, R. *Theologie des Neuen Testaments,* Tübingen, 1954（邦訳『新約聖書神学』II, 川端純四郎訳，新教出版社，1980 年）
Bynum, C. W. *The Resurrection of the Body in Western Christianity,200-1336,* New York, 1995.
Campenhausen, H. von, *The formation of the Christian Bible,* Philadelphia, 1972.
Cullmann, O. *Immortality of the Soul or Resurrection of the Dead ?* （邦訳『霊魂の不滅か死者の復活か』岸・間垣訳，聖文社，1966 年）
de Boer, Martinus C. *The Defeat of Death--Apocalyptic Eschatology in 1 Corinthians 15 and Romans 5, Journal for the Study of the New Testament Supplement Series 22,* 1988.
Dewart, Joanne E. McWilliam *Death and Resurrection,* Wilimington, Delaware: Michael Glazier, 1986
Dunn, James D.G. *The Epistle to the Galatians,* London, 1993（J.D.G. ダン『ガラテヤ書の神学』山内眞訳，新教出版社，1988 年）
Ehrman, Bart D. "Heracleon, Origen, and the text of the Fourth Gospel" *Vigiliae Christianae* 47,1993, pp.105-118.
Fitzmyer, J. A. *The Gospel according to Luke X-XXIV, The Anchor Bible,* 1985.
Jacobson, A. J. "The Literary Unity of Q", *JBL* 101, pp.365-389.
Käsemann, E. "On the Subject of Primitive Christian Apocalyptic" *New Testament Questions of Today,* Philadelphia,1969.
Mattei, Steven Di "Paul's Allegory of the Two Covenants (Gal 4.21-31) in Light of First-Century Hellenistic Rhetoric and Jewish Hermeneutics", *NTS* 52, 2006, pp.102-122.

Metzger, Bruce M. *The Canon of the New Testament : Its Origin, Development, and Significance, Oxford,1987*

Neusner, J. *What is Midrash ?,* Philadelphia: Fortress,1987

Petersen, William L. (ed.,), *Gospel Tradition in the Second Century: Origins, Recensions, Text, and Transmission,* University of Notre Dame Press,1989.

Schneemelcher, W. "Paulus in der griechischen Kirche des zweiten Jahrhunderts", *ZKG* 75, pp.1-20

Steck, O. H. *Israel und das gewaltsame Geschichck der Propheten. WMANT 23.* Neukirchen-Vluyn: Neukircher Verlag,1967.

Trumbower, Jeffrey A. "Origen's Exegesis of John 8: 19-53: The Struggle with Heracleon over the Idea of Fixed Natures", *Vigiliae Christianae* 43,1989, pp.138-154.

Wiles, M. F. *The Spiritual Gospel : The Interpretation of the Fourth Gospel in the Early Church,* Cambridge, 1960.

Wolinski, J. "Le Recours au ΕΠΙΝΟΙΑΙ du Christ dans *le Commentaire sur Jean D' Origène* ", *Origeniana Sexta,* 1995, pp.465-492.

5　グノーシス主義について

テクスト

James M. Robinson (General Editor), *The Nag Hammady Library, in English,* Harper & Row, 1988(Revised Edition).

Epiphanius II, Panarion haer.34-64, herausgegeben von Karl Holl, Berlin : Akademie-Verlag,1980.

The Panarion of Epiphanius of Salamis, Book I(Sects1-46), translated by Frank Williams, E.J.Brill, 1987.

The Panarion of Epiphanius of Salamis, Book II and III (Sects 47-80, De Fide), translated by Frank Williams, E.J.Brill, 1994.

荒井献・大貫隆責任編集『ナグ・ハマディ文書』全4巻，岩波書店，1997-98年

研　究

荒井献『荒井献著作集6　グノーシス主義』岩波書店，2001年

大貫隆・島薗進・高橋義人・村上陽一郎編『グノーシス　陰の精神史』岩波書店，2001年

大貫隆・島薗進・高橋義人・村上陽一郎編『グノーシス　異端と近代』岩波書店，2001年

大貫隆『グノーシスの神話』岩波書店，1999年

─────『グノーシス考』岩波書店，2000年

─────『ロゴスとソフィアーヨハネ福音書からグノーシスと初期教父への道』教文館，2001年

E. ペイゲルス『アダムとエバと蛇　楽園神話解釈の変遷』絹川久子・出村みや子訳，

ヨルダン社，1993 年
クルト・ルドルフ『グノーシス　古代末期の一宗教の本質と歴史』大貫隆・入江良平・筒井賢治訳，岩波書店，2001 年（原著 Kurt Rudolph, *Die Gnosis*, Göttingen, 1990）
筒井賢治『グノーシス　古代キリスト教の〈異端思想〉』講談社選書メチエ，2004 年
Arai, S. "Die Gegner des Paulus im I Korintherbrief und das Problem der Gnosis," *New Testament Studies,* 19,1973, pp.430-437.
Bauer, W. *Orthodoxy and Heresy in Earliest Christianity,* Fortress Press,1971.
den Broek, R. van *Studien in Gnosticism and Alexandrian Christianity,* Leiden: Brill,1996.
Koschorke, K. *Die Polemik der Gnostiker gegen das kirchliche Christentum,* Leiden, 1976.
Markschies, C. "Valentinianische Gnosis in Alexandrien und Ägypten, *Origeniana Octava.* Leuven,2003, pp,331-346.
Pagels, E. *The Johannine Gospel in Gnostic Exegesis: Heracleon's Commentary on John,* SBLMS, Nashville-New-York,1973.
―――, *The Gnostic Gospels*, New York,1979（邦訳『ナグ・ハマディ写本　初期キリスト教の正統と異端』荒井献・湯本和子訳，白水社，1982 年）．
―――, *The Gnostic Paul : Gnostic Exegesis of the Pauline Letters,* Philadelphia,1992.
Pearson Birger A. & J.E.Goehring, *Studien in Antiquity and Christianity 1* ,Philadelphia:Fortress,1990.
Pearson, Birger A. *Gnosticism and Christianity in Rome and Coptic Egypt,* New York,2004.
―――, *Gnosticism, Judaism, and Egyptian Christianity,* Fortress Press, 1990.
Poffet, Jean-Michel *La Méthode Exégétique d'Héracléon et d'Origène ; commentateurs de Jn 4: Jesus, la Samaritaine et les Samaritains,* Editions Universitaires Fribourg Suisse, 1985.
Strutwolf, H. *Gnosis als System,* Göttingen, 1993.

6　禁欲主義的修道制

研　究

朝倉文市『修道院　禁欲と観想の中世』講談社現代新書，1995 年
K. S. フランク『修道院の歴史　砂漠の隠者からテゼ共同体まで』戸田聡訳，教文館，2002 年
鈴木順『古代末期禁欲論とエヴァグリオス』Lithon, 2009 年
戸田聡『キリスト教修道制の成立』創文社，2008 年
Brown, Peter *The Body and Society : Men, Women and Sexual Renunciation in Early Christianity,* New York, 1988.
Clark, Elizabeth A. *The Origenist Controversy: The Cultural Construction of an Early Christian Debate,* Princeton University Press,1992.
Corrigan, Kevin *Evagrius and Gregory : Mind, Soul and Body in the 4th Century,* Ashgate, 2009,

Griggs, C.Wilfred *Early Egyptian Christianity from its Origins to 451 C.E.,* Brill, 1993.

Guillaumont, A. *Les six centuries des 'Kephalaia gnostica' d'Évagre le Pontique, Patrologia Orientalis 28.1,* Paris, 1958.

―――, *Les 'Kephalaia gnostica' d'Évagre le Pontique et l'histoire de L'origenism chez les grecs et chez les syriens, Patristica Sorbonensia 5,* Paris,1962.

Lyman, J. Rebecca "Origen as Ascetic Theologian: Orthodoxy and Authority in the fourth-century church", *Origeniana Septima,* Leuven,1999,pp.187-194.

O'Laughlin, Michael "The Anthropology of Evagrius Ponticus and its sources", Charles Kannengiesser and William L.Petersen, eds., *Origen of Alexandria: His World and His Legacy,* University of Notre Dame Press, 1988, pp.357-373.

―――, "New Question Concerning the Origenism of Evagrius", *Origeniana Quinta,* Leuven, 1992, pp. 528-534.

Pourkier, A. *L'hérésiologie chez Épiphane de Salamine,* Paris,1992.

―――,"The Making of a Heretic: The Life of Origen in Epiphanius *Panarion* 64", *Studia Patristica* 31,1997,pp.445-451.

Rubenson, S. *The Letters of St.Anthony. Origenist Theology, Monastic Tradition and the Making of a Saint,* Lund:Lund University Press, 1990.

―――, "Origen in the Egyptian Monastic Tradition of fourth century", *Origeniana Septima,* Leuven,1999,pp.310-337.

7　ユダヤ教との関係

研　究

L. H. フェルトマン・秦剛平編『ヨセフスとキリスト教　ヨセフス研究2』山本書店，1985年

秦剛平『ヨセフス　イエス時代の歴史家』ちくま学芸文庫，2000年

秦剛平・H. W. アトリッジ共編『キリスト教とローマ帝国』リトン，1992年

市川裕『宗教の世界史7　ユダヤ教の歴史』山川出版社，2009年

大貫隆編『イスカリオテのユダ』日本キリスト教団出版局，2007年

ペーター・シェーファー『タルムードの中のイエス』上村静・三浦望訳，岩波書店，2010年

ヨセフス著『ユダヤ古代誌』秦剛平訳，山本書店，1980年

Brandon, S. G. F. *The Fall of Jerusalem and the Christian Church,* Londres,1951.

Heither, Theresa "Juden und Christen Anregungen des Origenes zum Dialog", *Theologische Quarterschrift,* Stuttgart, 1997.

Klijn A. F. J. and G.J.Reinink, *Patristic Evidence for Jewish-Christian Sects,* Leiden, 1973.

North, J. "The development of Religious Pluralism", J. Lieu, J. Northand T. Rajak, eds., The *Jews among Pagans and Christians in the Roman Empire,* London-New York: Routledge, 1992.

Runia, David T. "Caesarea Maritima and the Survival of Hellenistic-Jewish Literature"

Avner Raban and Kenneth G.Holum (eds.), *Caesarea Maritima ; A Retrospective after Two Millenia,* Leiden, Brill, 1996, pp.476-495.

Stroumsa, Guy G. "From Anti-Judaism to Antisemitism in Early Christianity？", O. Limor, Guy G. Stroumsa, eds., *Contra Iudaeos: ancient and medieval polemics between Christians and Jews,* J.C.B.Mohr (P. Siebeck), 1996.

Taylor, Miriam S. *Anti-Judaism and Early Christian Identity,* Brill, 1995

Vogt, Hermann-Josef "Die Juden beim späten Origenes: Antijudaism und Antipaganismus", H.Frohnhofen (ed.), *Christlicher Antijudaismus und Antipaganismus : ihre Motive und Hintergründe in den ersten drei Jahrhunderten,* Hamburg, 1990, pp.152-169.

Wilken, R. "Creating A Context : Anti-Judaism and Scholarship on Origen" *Origeniana Octava,* Leuven,2003, pp.55-59.

8 宗教学，現代思想その他

研 究

ピーター・ブラウン『古代末期の世界──ローマ帝国はなぜキリスト教化したか』宮島直機訳，刀水書房，2002 年

─────，『古代末期の形成』足立広明訳，慶應義塾大学出版会，2006 年

藤縄謙三『ギリシア神話の世界観』新潮社，1971 年

エマニュエル・レヴィナス『外の主体』合田正人訳，みすず書房，1997 年

Dillon, J. *The Middle Platonists,* New York 1977.

Fowden, G. "Religious Communities", *Late Antiquity: A Guide to the Postclassical World,* eds. G.Bowersock, P.Brown and O.Grabat, Harvard University Press, 1999, pp.82-106.

Jaeger, W. *The Theology of the Early Greek Philosophers,* Oxford, 1968.

Inwood, B. (ed.), *The Cambridge Companion to the Stoics,* Cambridge, 2003.

Lloyd,G. E. R. *Aristotle: The Growth & Structure of His Thought,* Cambridge, 1977（邦訳『アリストテレス』川田殖訳，みすず書房，1981 年）

Long, A. A. *Hellenistic Philosophy,* London, 1973.

Reynolds, L. D. & N. G. Wilson, *Scribes & Scholars,* Oxford,1968（邦訳 L. D. レイノルズ / N. G. ウィルスン『古典の継承者たち ギリシア・ラテン語テクストの伝承にみる文化史』西村賀子・吉武純夫訳，国文社，1996 年）

人名索引
（古代・中世）

アウグスティヌス　5, 12, 126, 178, 192, 221, 253, 254, 261
アグラオフォン　109, 245, 246, 250
アタナシオス（アタナシウス）　221, 235, 253
アテナゴラス　25, 108, 144, 145, 158
アプレイウス　98
アポリナリオス（アポリナリオス派，アポリナリオス主義）　235, 236
アポロ　42, 43, 98
アリスタルコス　49, 54, 56, 58, 215, 216, 219
アレイオス　6, 7, 226, 243, 244
アレクサンドロス大王　4, 33, 34, 35, 38, 60
アレクサンドロス（主教）　224
アントニオス　253
アンブロシウス（ラテン教父）　53, 254
アンブロシオス（オリゲネスの後援者）　78-80, 88, 90, 106, 185, 186, 261
イエス　5, 16, 28, 35, 41, 42, 74, 77-79, 81, 82, 85-90, 93-105, 107, 117, 127, 130, 132-142, 145, 151, 153, 165-186, 188, 190, 191, 193, 197, 203-209, 210-212, 213, 249, 257-259, 261
ヴァレンティノス　25, 126, 146, 147-149, 151, 152, 161, 185
エイレナイオス　25, 108, 138, 146, 148-153, 158, 181, 242
エヴァグリオス　228, 229, 231, 232, 248
エウノミオス　7
エピファニオス（主教）　7-9, 23, 24, 26, 29, 50, 76, 148, 149, 222, 227-230, 240-246, 251, 253-256, 259, 260
オリゲネス　3-29, 31-33, 37-40, 42, 43, 45-51, 54-57, 59, 60, 65, 67-97, 100-128, 130, 131, 133-135, 139, 145, 147, 153, 155, 156-163, 165-193, 195-197, 199-262

カルヴァン　129
ガレノス　3
キケロ　65, 95, 108
キュリロス（主教）　17, 202, 220, 251, 252, 259
クウィンティリアヌス　95
クリュソストモス　67, 68, 182, 233
クレオパトラ7世　38
グレゴリオス（ナジアンゾスの）　179, 253, 261
グレゴリオス（ニュッサの）　254
クレメンス（アレクサンドリアの）　1, 11, 19, 26, 38, 40, 42, 51-53, 60, 62-65, 67-69, 119, 121, 181, 184, 204, 225, 226, 256
クレメンス（ローマの）　140, 141, 158
ケルソス　15-18, 27, 71-75, 77-101, 103-120, 131, 135, 139, 158, 159, 165-169, 171-173, 177-179, 182, 184, 191, 201-203, 206, 207, 214, 217, 246, 256, 257, 261
ソクラテス（哲学者）　89, 114, 115
ソクラテス（教会史家）　202, 252
タキトゥス　35
ディオスコロス　230, 233
テオドシウス帝　4, 229
アエリオス・テオン　92
テオクティストス（主教）　224
デメトリオス（主教）　39, 223-226
デメトリオス（ファレロンの）　36, 60
テルトゥリアヌス　25, 84, 108, 129, 142, 143, 146-148, 155, 158
トリュフォン　68, 97
ネストリオス　7, 247
ネメシウス　114

パウロ　　27, 28, 35, 43, 56, 57, 59, 65-69,
　　71, 73-75, 82, 87, 90, 104, 109, 111-113,
　　121, 126-130, 132, 133, 136, 140, 143,
　　145-147, 153, 156-159, 163, 165, 169,
　　170-173, 176-178, 185, 192-197, 205,
　　214, 223, 244, 254, 256-259
バシリデース　　25, 126, 148
バシレイオス　　182, 253, 254, 261
パピアス　　25, 145
パンタイノス　　120, 225
パンフィロス　　223, 224, 237
ヒエロニュムス　　46, 76, 109, 215, 219,
　　222, 223, 228, 233, 241, 249, 250, 252,
　　253, 261
ヒッポリュトス　　53, 148, 152
ヒュパティア　　251, 252
フィロン　　3, 26, 38, 40, 43, 51-53, 60-62,
　　64, 65, 67-69, 71, 74, 75, 114, 115, 119,
　　120, 121, 256
フォティオス　　223, 224
プトレマイオス（天文学者）　　3
プトレマイオス（グノーシス主義者）
　　138, 148
プトレマイオス1世（ソーテール）
　　32, 34-36, 60
プトレマイオス2世（フィラデルフォス）
　　35, 37

プトレマイオス3世（エウエルゲテス）
　　35, 37
プルタルコス　　65, 80
プロクロス　　245, 246
プロティノス　　3
ヘラクレイトス　　59, 68, 69, 108
ヘラクレオン　　28, 185-191, 258
ホメロス　　34, 38, 46, 49, 53, 54, 57-59,
　　61, 68, 110, 115, 116, 215, 256
ポリュフィリオス　　17, 123
マクシモス　　182, 184, 221, 254
マルキオン　　25, 126, 142, 143, 145, 146,
　　155, 160-162, 191, 201, 202
メトディオス　　109, 245, 246, 249, 250
メナス　　6, 7, 221, 247, 248
モンタノス（モンタノス派）　　5, 25
ユスティニアヌス帝　　6, 7, 12, 109, 125,
　　221, 222, 232, 248
ユスティノス　　25, 80, 81, 97, 100, 108,
　　142, 144, 145, 148, 154, 158, 242
ユリアヌス帝　　17
ヨセフス　　32, 33, 202-211
ルフィーヌス　　55, 160, 228, 249, 250,
　　252
ルター　　129

人名索引
（現代）

青野太潮　127, 212
秋山学　52, 53
荒井献　113, 125, 129, 139, 140, 141, 175, 210, 221
有賀鐵太郎　10, 127, 128, 223
大貫隆　43, 86, 99, 125, 137, 139, 149, 150, 152, 180, 214, 227, 230
小高毅　6, 7, 10, 13, 14, 56, 79, 125, 156, 161, 185, 216, 221-223, 230, 232, 237, 248, 249, 252, 254
小林稔　139, 149, 151
佐藤研　43, 130, 210, 212, 231, 232
鈴木順　231
谷隆一郎　182
土岐健治　44, 52, 130, 144, 218
野町啓　31, 32, 36, 51-54, 94
秦剛平　32, 39, 41, 42, 46, 204, 207, 209, 215, 217
宮本久雄　99
三好迪　136, 177, 178
村岡崇光　132, 141, 153
山内眞　68, 130, 131, 133, 135, 136, 175

モスタファ・エル＝アバディ　31, 48
フォン・アルニム　114
アルル，M.　160
アンドレーゼン，C.　80, 81, 84, 110
イェーガー，W.　116
ウィリアムス，F.　229
ヴィルケン，R.　103, 104, 119, 200-203, 214
ウルリッヒ，U.　217-220
ファン・エイク，A.H.C.　153
エドワーズ，M.J.　56, 122-124
カステン，J.　149
カンネンギーサー，C.　14, 41, 51, 70, 72, 75, 162, 193, 221

フォン・カンペンハウゼン，H.　40, 70, 146, 149, 224, 225
ギヨモン，C.　231
クラーク，E.　228
クラフト，H.　11, 235, 245-247, 253
グラント，R.M.　140
グリックス，C.W.　230, 233
クルゼル，H.　12, 13, 161, 185, 237, 249
クルマン，O.　129
ケスター，H.　33, 40-42
コショルケ，K.　147, 150-152
シーガル，A.F.　42, 43
シェーファー，P.　46, 47, 76, 86
ジェイコブ，Ch.　47
シモネッティ，M.　70, 161, 188, 189
シュテイドレ，B.　160
シュネーメルヒャー，W.S.　145, 154
ストロウムサ，G.G.　18-22, 91, 200, 227, 260
チャドウィック，H.　77, 79-81, 97, 106, 108-110, 121, 122, 158, 249
テイラー，M.S　200
デヴァルト，J.E.McWilliam　140
デショウ，Jon F.　23-25, 230, 234, 239, 242, 244
トリッグ，J.W.　218
ドリワル，G.　160
ノース，J.　21, 22, 91, 119, 257
ノータン，P.　218, 237
ノイシェーファー，B.　46, 47, 76
ノック，A.D.　21, 81, 97
ハイザー，T.　201
バイシュラーク，K.　149
バイナム，C.W.　143
バウアー，W.　39
バラス，Z.　203, 204, 206, 209
フォン・バルタザール　12

フォン・ハルナック，A.　59
ハンソン，R.P.C.　50, 68, 76
ピヒラー，K.　91, 92, 94, 95
ブーキエ，A.　234
フェドゥ，M.　15-18, 25
フォークト，H-J.　193, 201
フォスター，E.M.　20, 31
ブラウン，P.　136, 227, 234, 252, 253
フラワー，D.　31, 36, 46
ブロワーズ，P.　213
ペイゲルス，E.　108, 125, 146
ヘンゲル，M.　44, 110, 218

ホフマン，R.J.　84, 86, 88
マクガッキン，J.A.　37, 48, 175, 178, 180-184, 192, 215, 225
マッティ，Steven Di　59, 67-69
マルクシーズ，C.　192
ライマン，J.R.　235, 236, 242, 243
ラング，N.R.M.De　86
ルドルフ，K.　125, 149, 230
ルニア，D.T.　121, 209
ロッホマン，J.M.　129
ロンドー，D.　31

文献索引

アウトリュコスに送る　144
アグラオフォン，あるいは復活について
　（*Aglaophon seu de resurrectione*）
　　109, 245, 246, 250
アフリカヌス宛て書簡　216
アリステアスの手紙　37, 218
アレクサンドリアの友人たちへの手紙
　　222, 223
イエスの系図（*Sepher Tol'doth Yeshu*）
　　86
異端反駁　138, 148, 149, 150, 152, 158
祈りについて（オリゲネスの）　249, 250
祈りについて（エヴァグリオスの）
　　231
イリアス　54, 215
占いについて　108
ウルガータ　219
エチオピア語エノク書　131, 132
エレミヤ書ホミリア　203, 209-212
黄金のろば　99
オデュッセイア　54, 215
オリゲネス擁護論　223, 224

神々の本性について　108
神の国　17
教会史（エウセビオスの）　204, 206, 223, 237-239, 241, 261
教会史（ソクラテスの）　252
偽クレメンス文書　42
ギリシア人への勧告　52
キリストの肉体について　142
鎖でつながれた人　235
グノーシス的断章　231
ケルソス駁論　15-18, 27, 71-74, 77-79, 81-84, 89-92, 96, 97, 100, 101, 104, 107, 109, 110, 112, 114, 115, 120, 135, 159, 165, 166, 167, 171, 172, 179, 182, 191, 201-203, 206, 207, 214, 217, 246, 256, 261
古ストア派断片集　114
国家　115

七十人訳（七十人訳聖書，LXX）　28, 33, 37, 44, 49, 108, 110, 135, 177, 179, 181, 215-220, 245, 259
使徒教父文書　139-141, 145, 154
使徒たちの手紙　141, 153
詩編第一篇注解　245
修行論　231
殉教者行伝　143, 144
シリア語バルク書　131, 132
諸原理について　13, 54-57, 65, 85, 89, 109, 114, 125, 127, 155-157, 160-162, 169, 170, 189, 222, 223, 225, 246, 249, 256
真正な教え　77-80, 85, 87-91, 96, 131, 165, 167, 214
ストロマテイス　52, 62, 120
聖書外典偽典　99, 132, 141, 153, 154, 180, 181
世界の不滅性　114, 115
総覧（シュンタグマ）　148

ティマイオス　51, 249

ナグ・ハマディ文書　18, 41, 42, 117, 126, 137-139, 147, 150, 173, 174, 192
ニコデモ福音書　99
人間の本性について　114

パイドン　107
パナリオン（薬籠）　8, 23, 50, 148, 222, 230, 233, 234, 236, 237, 238, 243, 244, 245, 246, 251, 259, 260
プロギュムナスマタ　92, 93

ヘクサプラ（ヘクサプラ改訂版）　6, 28, 46, 49, 203, 214-221, 253, 259
ペトロ行伝　175, 178, 181
ペトロの宣教　45
ヘブル人福音書　43

メナス宛て書簡　7, 221, 247, 248
マタイ福音書注解　60, 133, 188, 192, 193, 197, 201, 206, 207, 246
マルキオン反駁　143

ユダヤ古代誌　32, 204, 205, 206, 207
ユリアヌス論駁　17
ヨハネ行伝　117, 175, 178, 180, 183
ヨハネ福音書注解　28, 43, 117, 170, 184-186, 189, 191, 222, 223, 246, 258
予備教育　60, 61, 62, 64

ルフィヌスへの弁明　222
レギノス書簡　150
レトリカ　94, 95

用語索引

ア　行

アカデメイア派　　106, 108, 109
アパテイア　　53
「現れた」　　134, 135, 176
アレイオス論争　　7, 226
アレクサンドリア（古代都市アレクサンドリア，アレクサンドリア学派，アレクサンドリア図書館，アレクサンドリア文献学）　　3-6, 9-11, 14, 15, 17-21, 24-27, 31-54, 57, 59, 60, 62, 63, 68, 69, 71, 75, 77, 78, 92, 94, 96, 114, 115, 119-121, 123-125, 127, 128, 160, 165, 175, 178, 181, 183, 185, 188, 189, 193, 199, 200, 202, 209, 210, 212, 214, 215, 217, 220-226, 228, 230, 232, 237-241, 251, 252, 255, 256, 258, 259
アレゴリア　　53, 54, 57, 59, 68-75, 189, 191, 256
アレゴリー解釈　　7-9, 23, 24, 26, 38, 43, 46, 50-55, 57, 59-65, 67, 68, 70-75, 119, 121, 124, 161, 162, 189-191, 228, 234, 244, 255, 256
アンティオキア学派　　67, 68
アンティ・セミティズム　　6, 78, 200, 202
「生き方」　　119
遺産（オリゲネスの遺産，神学的遺産）　　12-14, 23, 25, 29, 41, 46, 193, 217, 226, 237, 238, 250, 252-254, 260, 261
一元化　　22, 228, 251, 260
異端（異端的）　　5-13, 18, 22-26, 28, 29, 39, 41, 42, 45, 50, 90, 109, 125-128, 130, 138, 145-150, 152-154, 156, 158, 160-162, 181, 185, 191, 192, 221-224, 226-238, 241-243, 246, 248-255, 258-261
異教（異教哲学，異教禁止令）　　3, 4, 15, 17, 18, 27, 70, 77, 80-84, 87, 89-91, 95, 97, 99, 101, 149, 159, 202, 229, 233, 235, 238, 239, 251-253, 256
エーテル　　7, 134, 194, 248
エビオン派　　43, 49, 200, 214, 216
エピクロス主義（エピクロス主義者）　　78-80, 105, 106
エピノイア（エピノイア論）　　28, 117, 135, 171-176, 179, 181-184, 258
王立図書館　　4, 35, 36, 37, 48
オリゲネス（オリゲネスの聖書解釈，オリゲネスの正統性，オリゲネス批判，オリゲネス論争）　　6-11, 22, 23, 26, 29, 32, 38, 46, 47, 50, 54, 56, 57, 59, 60, 67, 68, 70, 76, 109, 161, 163, 170, 182, 188, 189, 195, 196, 199, 202, 203, 211, 221-223, 226, 228, 230, 232, 233, 241, 247, 249, 250, 255-257, 259, 260

カ　行

カイサレイア　　17, 46, 48, 49, 71, 78, 121, 185, 203, 204, 209, 213-215, 220, 223, 224, 226, 237, 239, 241, 259
解釈（アレゴリー解釈，解釈学，解釈法，字義的解釈，道徳的解釈，霊的解釈）　　7-10, 12, 13, 23, 24, 26, 28, 38, 43, 46, 50-55, 57, 59-75, 119, 121, 124, 161, 162, 165, 170, 171, 173, 175, 178, 180, 183, 184, 188, 189-191, 211, 228, 234, 244, 255-258
回心（皇帝の回心）　　21, 22, 52, 91, 212, 227, 260
架空のユダヤ人　　85, 93, 94, 97, 100
「学問のコスモポリス」　　20, 26, 36, 256
仮現論（反仮現論）　　103, 136-139, 141-143, 147, 153, 154, 159, 163, 165,

167-169, 171, 175, 178-181, 184, 257, 258
カッパドキア　216, 221, 224, 247
カテケーシス（カテケーシス学校）
　　14, 91, 120, 160, 224, 225
体の復活　7, 77, 97, 107, 113, 125, 127, 129, 131, 139, 142, 143, 145, 146, 153-159, 163, 193, 195, 196, 257
寛容（宗教的寛容）　22, 252, 260
擬人神観　25, 191, 230, 232
奇跡（奇跡性）　15, 81, 86, 100-104, 118, 134, 167-169, 171-173, 180, 205, 258
球形　7, 247, 248, 250
球体（「球体の体」）　248-250
救済（救済論，救済神話）　27, 118, 140, 175, 180, 181, 183, 184, 188, 222, 235, 258, 259
競合（諸宗教の競合）　6, 21, 23, 25, 27, 31, 91, 96, 119, 185, 213, 214, 220, 255, 256, 257-260
教会政治　23, 247, 250, 260
驚異的な話　98, 101, 102, 105, 166
「キリスト証言」（「フラウィウス証言」）
　　204, 206, 207
キリスト論論争　5, 6, 248
禁欲主義（禁欲的修道士）　8, 23, 24, 53, 193, 221, 222, 226-230, 232, 234, 236, 242, 243, 253, 254, 260, 261
寓意（寓意的解釈）　26, 51, 53, 54, 58-61, 68, 69, 71-75, 187, 188, 190, 191, 256, 258
グノーシス（グノーシス主義，グノーシス主義的解釈，グノーシス主義者，グノーシス諸派）　5, 6, 11, 15, 18, 23, 25, 27, 28, 31, 39, 42, 44, 45, 51, 54, 69, 77-79, 81, 82, 87, 88, 90, 91, 97, 103, 108, 110, 113, 125-127, 131, 137-139, 141, 145-153, 158-163, 165, 167, 169, 171, 175, 178-180, 183-191, 214, 225-227, 234, 235, 253, 255, 257-259
グローバル化　5, 15, 200
形姿（「イエスの形姿」）　168, 174-176,

178-181, 183, 184, 230, 232
劇作法（劇作法の規定）　82, 85, 92-94
顕現（顕現物語）　70, 127, 133-136, 159, 165, 166, 169-179, 181-184, 257, 258
公認　3, 26, 220, 259
護教（護教論，護教論者，護教家）
　　65, 69, 81, 82, 84, 87, 88, 100, 145, 163, 257
コスモポリス（学問のコスモポリス，コスモポリタニズム）　20, 26, 32-34, 36, 256
古典ギリシア（古典ギリシアの伝統，古典ギリシア・ラテン文化）　5, 27, 35, 81, 119, 257
古ローマ信条　99
コンスタンティノポリス（コンスタンティノポリス公会議）　6, 223, 224, 233, 235, 247

サ　行

サドカイ派　193, 194, 196, 197
砂漠の隠修士　8, 261
サラーハガル伝承　60, 62
三元的人間観　54
三層的聖書解釈　56, 65
三段階法　56
「三章」，「三章問題」　247, 248
「山上の変貌」　175, 258
三位一体（三位一体論）　162, 244, 247
死生観　107, 111, 113, 119, 120, 195, 256, 258
自然（自然本性，自然学，自然学者）
　　54, 84, 85, 99, 108, 112, 118, 131-133, 159, 161, 236
自発的貧困　8
借用理論　100
宗教（宗教間対話，宗教多元主義，宗教多元論）　6, 15-19, 21, 22, 119, 260
「諸宗教の市場化」　21, 91, 96, 119, 260
修辞的　40, 69, 89, 91, 92, 94
修辞学　59, 63, 64, 68, 92-94, 161, 242

修道士（禁欲的修道士）　7, 8, 22-24, 221, 226, 228-234, 243, 247, 252, 253, 260
「資料の沈黙」　39, 41, 44
終末論（終末論的様態変化，終末論的存在様態の変容）　81, 97, 107, 112, 115, 129, 131, 133, 143, 163, 197, 257, 259
受肉（受肉論）　115-118, 153, 179
「神学の侍女」　60, 65
信仰（「信仰の弱い」読者）　27, 119, 165, 256
神性顕現　134, 135, 175-178, 184
人類愛　117
神話　18, 19, 21, 27, 34, 38, 54, 60-62, 71-74, 88, 91, 93, 97, 98, 100-104, 110, 125, 137, 139, 148-151, 174, 187, 188, 235, 256, 258
ストア（ストア派，ストア哲学）　43, 53, 61, 106-109, 114-116
「聖人伝の時代」　234
性的放埓　227
正典（カノーン）　6, 41, 44, 86, 88, 137, 183, 192, 193, 212, 218, 253, 255
正統（正統主義，ニカイア正統主義，正統的教会）　6, 10, 22, 24, 27, 34, 38, 40-42, 79, 122, 125, 126, 128, 139, 143, 145-147, 149, 151, 153, 154, 157-159, 168, 169, 171, 178, 185, 186, 189, 192, 221, 225, 228, 234-236, 248, 251, 253, 258, 259, 260
聖書（聖書解釈，聖書解釈者，聖書主義，聖書注解）　3, 4, 6, 7, 9, 11, 14, 23, 25-29, 31-33, 37, 38, 41-44, 46, 47, 49-52, 54-57, 59-62, 64-78, 81, 82, 87-93, 95-97, 99-102, 104, 106, 107, 109-112, 114-117, 119-121, 123-127, 129-136, 140, 141, 145, 148, 152-155, 158, 159, 161-163, 165-167, 169-182, 184, 186-193, 195-200, 202, 203, 209-224, 226-228, 235, 241, 242, 251, 253-262
「聖書を聖書によって解釈する」　59, 67, 90, 91, 119, 196, 213, 217, 254, 256

世俗化　21, 91
従属説　125, 234, 244
セラピス，セラペイオン　4, 36
先在（魂の先在説）　125, 162, 231, 234, 244, 245, 250
相互主観性　178
想念（ファンタシア）　105-107, 231
ソフィスト　63

タ　行

「体系」　150, 152
多元論・多元主義　6, 15-19, 21, 22, 260
多文化主義　9, 15, 18, 19, 21, 26, 27, 33, 35, 228, 255, 256, 258
脱身体的　27, 139, 147, 159, 169, 171, 259
単性論　235, 247
知恵　43, 56, 60-67, 113, 124, 175, 209, 210, 212
逐語主義　25
中期プラトン主義　80, 110, 118, 162
「長身の兄弟たち」　230, 231
テクスト（テクスト解釈論，「テクスト共同体」）　6, 250, 252-254, 261
哲学（哲学的，哲学者）　3, 17, 26, 27, 36, 40, 52, 54, 60, 68, 73, 77, 80, 81, 85, 87, 89, 90, 93, 95, 97, 106, 108, 112, 114-116, 122-124, 149, 161, 165, 202, 209, 213, 225, 230, 243, 249, 251, 256
伝記（伝記的記述）　29, 236, 237, 243, 259
転義的解釈（トロポロギア）　71-75, 170, 256
図書館（アレクサンドリア図書館，王立図書館，古代図書館，姉妹図書館，新アレクサンドリア図書館）　3, 4, 15, 26, 31, 32, 35-38, 45-49, 60, 121, 188, 209, 215, 225, 237, 251, 256

ナ　行

内在（内在的理解，内在的解釈）　27,

51, 54, 56, 59, 60, 67, 75, 191, 196, 203, 209, 213, 220, 254-256, 259, 260
ネストリオス主義　7, 247
ニカイア（ニカイア公会議，ニカイア正統主義）　10, 22, 227-229, 234, 235, 243, 251, 260
肉体（復活の肉体性，肉体の復活）　27, 113, 125, 127, 129, 131, 139, 141-143, 145, 146, 153-159, 163, 193, 195, 196, 257, 259
二元論　27, 113, 131, 257, 258

ハ行

パウロ（パウロ書簡，パウロ主義，パウロの受容）　27, 28, 35, 43, 56, 57, 59, 65-69, 71, 73-75, 82, 87, 90, 104, 109, 111-113, 121, 126-130, 132, 133, 136, 140, 143, 145-147, 153, 156-159, 163, 165, 169-173, 176-178, 185, 192-197, 205, 214, 223, 244, 254, 256-259
迫害　4, 5, 23, 143, 144, 159, 212, 227, 237-239, 242, 252, 259
パラバラニ　252
反異端論（反異端論者，反異端文書，反異端論駁）　6-8, 23-25, 28, 45, 90, 126, 145-150, 152, 160, 192, 227, 233-236, 238, 246, 258, 260
反ユダヤ主義　6, 18, 28, 78, 199-204, 209, 210, 213-215, 220, 259
非神話化　88
皮膚の覆い　234, 244
比喩（比喩的，比喩的解釈）　53, 59, 60, 66-70, 73-75, 122
ピュタゴラス派　114
ファロス（ファロス島，ファロスの灯台）　4, 34, 35
福音書　28, 39, 41-43, 60, 78, 86, 88-90, 93, 96, 97, 99, 100, 103, 104, 109, 117, 125, 127, 129, 133, 134, 136-142, 150, 159, 163, 165-173, 175-178, 180, 181, 183-193, 195-197, 201, 206-212, 220, 223, 246, 257-259
復活（復活信仰，復活理解，復活論，復活論論争，身体の復活，肉体の復活）　7-9, 23, 25-29, 31, 70, 77, 78, 96-101, 104-109, 111-115, 118-120, 125-137, 139-147, 153-160, 163, 165-178, 180, 181, 183, 184, 192-199, 205, 223, 230, 231, 234, 243-246, 248-250, 255-259
復活・顕現（復活・顕現物語，復活・顕現伝承）　70, 127, 135, 165, 169, 172, 176-178, 257
プトレマイオス朝（プトレマイオス王朝）　4, 32, 35, 38
物質主義　25, 127, 136, 137, 145, 158, 159, 165, 168, 169, 171, 177, 178, 244-246, 258
「普遍救済論」　222
プラトン（プラトン主義，プラトン哲学）　3, 11, 27, 43, 51, 60, 63, 74, 80, 81, 100, 105-107, 110-116, 118-124, 162, 165, 227, 249, 257
プレーローマ　174, 186-188
プロテスタント　10, 130, 219, 222, 254, 261
文献学（文献学的伝統，アレクサンドリア文献学）　9, 14, 15, 26, 31, 35, 37, 38, 45-50, 53, 54, 57, 60, 69, 70, 75, 77, 90, 92, 94, 119, 120, 124, 125, 165, 188, 191, 193, 199, 215, 217, 221, 250, 256
ペルガモン（ペルガモン図書館，ペルガモン王国）　36-38, 48, 53, 54, 256
ヘレニズム（ヘレニズム時代，ヘレニズム世界，ヘレニズム社会，ヘレニズム思想）　3-6, 9, 17, 21, 25, 31-38, 47, 52, 54, 63, 68, 70, 77, 78, 91, 93, 95, 97, 100, 101, 114, 118, 119, 121, 161, 209, 251, 255, 258, 260
変化（様態変化）　7, 14, 22, 23, 26, 29, 97, 111, -118, 128, 130, 133, 143, 145, 147, 157-159, 163, 179-181, 183, 184, 227, 257, 259, 260
ホミリア　6, 43, 162, 193, 203, 209-213,

用 語 索 引　　　　　　　　　　　　　　　291

221, 229
「ホメロスをホメロスから説明すべし」
　38, 46, 54, 58, 59
本文批評　38, 219, 220

マ〜ラ 行

「全く変化がない」　114
密儀宗教　98
ミドラッシュ的　68
民間伝承　81, 82, 87, 88, 90, 239, 256
問題発見的カテゴリー　200
モンタノス主義　5
ムーセイオン　4, 32, 35, 37, 46-48, 215
無神論　79, 106
メセナ（メセナの時代）　32, 35
黙示（黙示思想・黙示文学）　108, 127, 130-134, 138, 139, 145, 147, 158, 159, 170

ユダヤ人キリスト教（ユダヤ人キリスト教徒）　39, 42-44, 200, 216
ユネスコ　3, 15, 45
予型論　53, 67, 68, 70
預言　86, 93, 100, 168, 176, 181, 205, 206, 208

預言者　75, 78, 121, 131, 141, 154, 168, 181, 205, 210-212
予備教育　60-62, 64, 67
甦り，甦る　4, 97, 99-101, 103, 104, 133, 140, 144, 157, 168, 248
黄泉（黄泉帰り，黄泉帰りの神話，黄泉下り）　97-104, 106, 168
蘇り，蘇る　97-104, 112
「より善いものへの変化」　112, 257

ラウラ（新ラウラ）　247
ラビ　37, 71, 94, 199, 203, 209, 213, 215-217, 220, 239
霊（霊性，霊的解釈，霊の体，霊的復活）　12-14, 28, 66, 67, 70, 128, 133, 139, 147, 153, 154, 165, 170, 171, 175, 178, 220, 256-258
歴史・批判的方法　50, 70
論争（論争的文脈，反異端論争，反グノーシス主義論争，復活論争）　8, 9, 24, 27, 45, 97, 126, 148, 160, 165, 184, 185, 189, 191, 197, 246
論駁　6, 29, 43, 78, 85, 87-91, 119, 123, 142, 145, 150, 153, 160, 161, 184, 185, 188, 189, 202, 214, 227, 250, 253, 254, 256, 261

出村みや子（でむら・みやこ）
1955年仙台市に生まれる。東京女子大学哲学科卒業。東京大学大学院人文科学研究科宗教学・宗教史学専攻博士課程満期退学。現在，東北学院大学文学部総合人文学科教授，博士（文学）
〔著訳書〕オリゲネス『ケルソス駁論I』，オリゲネス『ケルソス駁論II』（以上，教文館），『聖書の風土・歴史・社会(現代聖書講座第1巻)』(日本キリスト教団出版局，共著)，『グノーシス 陰の精神史』，『グノーシス 異端と近代』(以上，岩波書店，共著)，『総説 キリスト教史1 原始・古代・中世』(日本キリスト教団出版局，共著)ほか

〔聖書解釈者オリゲネスとアレクサンドリア文献学〕 ISBN978-4-86285-111-6

2011年6月15日　第1刷印刷
2011年6月20日　第1刷発行

著者　出村みや子
発行者　小山光夫
製版　ジャット

発行所　〒113-0033 東京都文京区本郷1-13-2
電話03(3814)6161 振替00120-6-117170
http://www.chisen.co.jp
株式会社 知泉書館

Printed in Japan

印刷・製本／藤原印刷